El desierto, la retama y el volcán:
Antología

Giacomo Leopardi

El desierto,
la retama y el volcán:
Antología

Edición, traducción, introducción y notas
de Cristina Coriasso Martín-Posadillo

Alianza editorial
El libro de bolsillo

Diseño de colección: Estrada Design
Diseño de cubierta: Manuel Estrada
Fotografía de Javier Ayuso

PAPEL DE FIBRA
CERTIFICADA

Revisión de textos por Alessandro Ryker
© de la edición, traducción, introducción y notas: Cristina Coriasso
    Martín-Posadillo, 2025
© Alianza Editorial, S. A., Madrid, 2025
    Calle Valentín Beato, 21
    28037 Madrid
    www.alianzaeditorial.es

ISBN: 978-84-1148-842-6
Depósito legal: M. 22.950-2024
Printed in Spain

Si quiere recibir información periódica sobre las novedades de Alianza Editorial, envíe
un correo electrónico a la dirección: alianzaeditorial@anaya.es

Índice

Introducción

En el siglo XIX hay dos grandes acontecimientos literarios que marcan un hito en la historia de las letras italianas: uno de ellos es la publicación de *Los novios*, de Alessandro Manzoni, que, en sus diferentes versiones (1827-1840), crea un lenguaje y un universo nuevos para la novela. El segundo es la publicación de *Cantos* de Giacomo Leopardi (1831), que le coronan, después de Dante y Petrarca, como el más grande poeta italiano y como uno de los más importantes de la literatura universal. La grandeza de su poesía se debe a su exacerbada sensibilidad, así como al hecho de que se trata de una poesía filosófica, que se nutre de un dominio filológico y de un conocimiento enciclopédico, de los que dan cuenta también sus otras dos grandes obras, el diario *Zibaldone* y los *Opúsculos morales*, también presentes en esta antología.

Se puede decir que la obra de Leopardi es fruto de un entorno geográfico y familiar muy concretos, a saber, su ciudad natal, Recanati, en la región de las Marcas, que en tiempos del poeta pertenecía a los Estados Pontificios. Los paisajes de su tierra, junto con las muchas lecturas y vivencias de su juventud, constituyen los materiales imaginarios que impregnan sus textos y que, a lo largo de su breve vida (1798-1837), Leopardi lleva consigo a todas las ciudades donde reside: Roma, Florencia, Bolonia, Pisa, hasta la Nápoles de sus últimos años.

La mayor parte de su niñez y juventud, Leopardi la pasa en la portentosa biblioteca del palacio familiar, que su padre, el conde Monaldo, ha reunido. Giacomo es el primogénito de cuatro hermanos y su familia es la más importante de la ciudad. Desde niño es guiado celosamente por dos preceptores, por su padre —amoroso pero exigente, que querría hacer de él un doctor de la Iglesia— y por la mirada fría de su madre, Adelaide, mujer severísima, religiosamente austera e incapaz de efusiones maternas.

Ya desde niño, Giacomo revela una viva imaginación y una gran sensibilidad, unidas a una inteligencia y memoria asombrosas. Por desgracia, al llegar la edad del desarrollo, se desata en su organismo una tuberculosis ósea, que desemboca, entre otros síntomas, en una grave malformación de la espalda. Así, en el momento mismo del nacimiento de las esperanzas propias de la adolescencia, el joven poeta se ve arrebatado de toda posibilidad de felicidad sentimental y vital, lo cual va a teñir de un tono melancólico toda su poesía.

Esta imposibilidad de consecución del deseo —que la enfermedad y las circunstancias de su vida hacen más patente pero que bien puede extenderse a todo el género humano— Leopardi la plasma a través de su «teoría del placer», de la que en esta antología proponemos diversos fragmentos, y que está presente como un marco de pensamiento en toda su obra. Según esta teoría, el hombre manifiesta una inclinación a lo infinito puesto que tiene un deseo insaciable. Las cosas, por tanto, se le revelan una y otra vez como insuficientes en cuanto descubre su limitación real, ya que todas ellas son limitadas. Para Leopardi, la principal manera de superar esta carencia es la imaginación, que dilata el deseo y hace que la mente yerre, de anhelo en anhelo, en una impresión indefinida que sustituye de algún modo a lo infinito. Este, sin embargo, no existe en la naturaleza, y el dominio de la razón va en detrimento de la imaginación de lo infinito, único simulacro de felicidad posible. El deseo de infinito, que los escritores católicos y una gran parte de los románticos conciben como signo del destino espiritual del hombre, para Leopardi no demuestra nada, sino que es sencillamente un deseo material que el hombre comparte con los animales.

Según Leopardi, este proceso de racionalización que mina la imaginación puede ser visto desde dos diferentes dimensiones —ambas omnipresentes y a veces simultáneas en su obra—, a saber: la dimensión personal, referente a la vida de cada persona, que en la infancia y juventud persigue la apariencia de infinito y en la madurez tiende a hacerse racionalista y realista; y la dimensión histórica, que establece una línea divisoria fundamental entre civilizaciones antiguas y modernas. Así, los antiguos (y los hombres primitivos, los niños, los jóvenes, los tontos, los inocentes, etc.) eran capaces de imaginar los grandes valores de la humanidad (la verdad, el bien, la gloria, el amor) como cosas sólidas y reales, y sus ilusiones tenían una fuerza vital que mostraba una eficacia y efectividad en la vida real. Algo, sin embargo, casi imposible en la modernidad, ya que las sucesivas revoluciones científicas, más que colocar al hombre en una situación de mayor conocimiento, destruyen los sistemas del pasado y le empujan hacia un escepticismo razonado, no dando ya ningún pábulo a la imaginación.

También en lo que se refiere a la superioridad del hombre sobre el resto de las especies y sobre la naturaleza, las ideas de Leopardi son del todo revolucionarias. Siguiendo a Jenófanes de Colofón, nuestro autor tiene muy en cuenta la tendencia del hombre a concebir un dios a imagen y semejanza de la especie humana, lo cual hace que el hombre se crea medida de todas las cosas y considere al resto de la naturaleza como un mero instrumento para sus fines y necesidades. Leopardi afronta, además, el estado moderno de muchas ciencias naturales, empezando por la astronomía, en la que se demuestra que el hombre y toda su historia son una nada dentro de un insignificante globo errante en espacios inmensos imposibles de imaginar...

Los temas que Leopardi aborda en su obra (filológicos, poéticos, traductológicos, filosóficos, científicos, teológicos, etc.) son innumerables. Por ello, con el fin de facilitar una inmersión en la complejidad de este autor tan importante para la cultura europea del siglo XIX —del que se nutrirán Schopenhauer, Nietzsche y Benjamin entre otros—, hemos vertebrado esta antología a partir de sus principales líneas de pensamiento. El lector encontrará aquí, por tanto, textos de la primera etapa de su diario *Zibaldone*, un auténtico ejercicio de «escritura en movimiento»; una selección poética de sus *Cantos*, así como de sus cuentos y diálogos filosóficos conocidos como *Operette morali*.

Cada capítulo de esta antología agrupa distintos textos de las tres mencionadas obras bajo un título temático. El primero es: «Teoría del placer: lo infinito, la nada, el tedio, el recuerdo» (temas fundamentales en Leopardi, esbozados más arriba). Le siguen: «Naturaleza y razón», donde confronta el mundo antiguo con el moderno, y «Naturaleza y arte», donde plantea la misma confrontación en el terreno del arte. En «Poesía y filosofía» se aborda la relación de oposición y confluencia entre estas dos disciplinas. «Ilusiones y realidad» recorre los textos en los que Leopardi desarrolla su pensamiento paradójico; y, finalmente, «El desierto, la retama y el volcán», que reúne algunos de los textos en los que aparecen estos potentes símbolos: el desierto, como fin de todas las ilusiones; la retama, como la parte noble y sensible de la naturaleza; el volcán, como naturaleza destructora e indiferente al sufrimiento de sus criaturas.

Es evidente que, en un autor como el que nos ocupa, esta división temática no puede evitar que temas que aparecen en un capítulo aparezcan también en otros, pues en Leopardi todos ellos se dan entremezclados y, en realidad, están siempre orgánicamente entrelazados. La división que aquí se propone tan solo pretende abrir recorridos posibles en pos de facilitar al lector claves para acercarse a esta gran figura.

Por ello, si bien mantiene el rigor filológico explicitando las ediciones consultadas[1], esta edición ha llevado a cabo

---

1. Para *Zibaldone* hemos seguido la edición de la colección *I Meridiani,* de la editorial Mondadori (1999), con el comentario de Rolando Damiani. Para las *Operette morali (Opúsculos morales)* hemos consultado diversas ediciones: la de Mario Fubini (Loescher, 1979), la de Paolo Ruffilli (Garzanti, 1982) y la de Laura Melosi (BUR, 2010). Para los *Cantos* hemos consultado la edición

una operación de traducción que actualiza el lenguaje de Leopardi con el objeto de hacer más asequible el gran tesoro que el sumo poeta y filósofo italiano, como en una caja de Pandora, encierra para los lectores del mundo de hoy, sin por ello renunciar a la complejidad de su pensamiento ni a los matices y sutilezas de su estilo. Para ello, la editora y traductora ha contado con la valiosa revisión de estilo de Alessandro Ryker en todos los textos de prosa. Así, en el caso de los escritos del diario *Zibaldone* (que pertenecen a los años 1817-1820), al tratarse a menudo de ideas *in fieri* redactadas según van surgiendo, hemos querido facilitar al lector su comprensión, apostando por leves intervenciones que, sin suprimir nada, confieren agilidad y claridad a algunos pasajes, depurando la expresión final del pensamiento leopardiano. Además de las notas del editor, en los ocho *Opúsculos morales* seleccionados se han incluido las notas del propio Leopardi.

Por lo que se refiere a las traducciones poéticas, estas persiguen un acercamiento fonético y semántico al original, tratando de conservar lo «peregrino» y «vago» típicos del lenguaje poético leopardiano; tienden, además, a conservar su métrica y su rima, pero privilegiando ante todo la comprensión y la fidelidad al pensamiento del autor[2].

de Mario Fubini (Loescher, 1978), la de María de las Nieves Muñiz Muñiz (Cátedra, 1998), así como la de Mario Andrea Rigoni (Mondadori, 1998). Damos las gracias también al catálogo digital de los manuscritos originales, realizado por la Biblioteca Nazionale di Napoli y por la Biblioteca Nazionale Centrale di Firenze, que facilita a los estudiosos la labor para la elaboración de toda edición.

2. Aunque son innumerables las traducciones poéticas de los *Cantos* que privilegian la música y la armonía, y conscientes de que la traducción poética es un trabajo arduo y en rigor imposible, para la traducción de los textos de esta edición se ha consultado principalmente la del poeta y traductor Antonio

Se incluye en esta edición una cronología de la vida y obras del autor, así como de los hechos históricos y culturales más sobresalientes de su época. Con todo ello, esperamos ofrecer al lector un primer mapa ideal para una inmersión en una de las mentes más brillantes, profundas y portentosas del pensamiento europeo del siglo XIX: un autor fundamental para comprender el mundo actual.

Colinas; en cambio, entre las que siguen a la vez un estricto celo filológico y métrico, la más consultada ha sido sin duda la fundamental edición de María de las Nieves Muñiz Muñiz.

1. Teoría del placer: lo infinito, la nada, el tedio, el recuerdo

De *Zibaldone*

50-51

Qué dolor oír, en la madrugada siguiente a un día de fiesta, el canto nocturno de los pueblerinos pasando. La infinitud del pasado me venía a la mente al pensar en los romanos, caídos después de tanto estruendo, y en tantos sucesos, ahora pasados, que yo comparaba dolorosamente con aquella profunda quietud y silencio de la noche, del que me hacía darme cuenta el relieve de aquella voz o canto pueblerino.

51

La variedad es tan enemiga del tedio que incluso la propia variedad del tedio es un remedio o un alivio, como vemos todos los días en las personas de mundo. Al contrario, la continuidad es tan amiga del tedio que incluso la continuidad de la misma variedad aburre sumamente, como en las mencionadas personas, y en cualquiera, y, por poner un ejemplo, en los viajeros acostumbrados a cambiar siempre de lugar, de objetos, de compañeros, a la continua novedad, los cuales, pasado un tiempo, sin duda empiezan a desear una vida uniforme, precisamente para variar por medio de la uniformidad después de la continua variedad. (Véase Montesquieu, *Essai sour le Goût. De la variété*).

57

El principio universal de los vicios humanos es el amor propio en tanto que se dirige al propio ser, a las propias virtudes; el propio amor por cuanto se repliega sobre lo ajeno, sobre los demás, sobre la virtud, sobre Dios, etc.

57-58

De príncipes que se hayan matado para evitar una gran desventura o por no poder soportar una ya sobrevenida, como de Cleopatra o Mitrídates, se lee más bien solo entre los antiguos. Pero de aquellos que se han matado por las otras razones que provocan hoy el suicidio, como la melancolía o el amor, que yo sepa no se lee en ninguna historia. Sin embargo, el descontento de la vida, el tedio y la desesperación deberían ser, en estos últimos, mayores que en los primeros, puesto que los antiguos pueden suponer, si no con la razón (la cual está bien persuadida de lo contrario), al menos con la imaginación (que no se persuade nunca), que exista un estado mejor que el suyo, mientras que los modernos, ya en el ápice de la felicidad humana, al descubrirla vana (es más, miserabilísima), ya no pueden recurrir ni siquiera con el pensamiento a ningún lugar, al haber llegado, por así decir, al final y al muro; y por tanto deberían ver esta vida como una habitación verdaderamente horrible y desesperante en todas sus partes, si sus deseos no pueden dirigirse a grados y condiciones inferiores, es decir, a aquellos miserables incrementos de felicidad que un príncipe puede soñar, como conquistas, etc.

70-71

No hay quizá cosa que conduzca al suicidio tanto como el desprecio por uno mismo. Ejemplo de ello es el de aquel amigo mío[1] que fue a Roma decidido a tirarse al Tíber porque le decían que no era nadie. Ejemplo yo mismo, inclinado a exponerme a cuantos más peligros mejor, e incluso a matarme, la primera vez que me desprecié a mí mismo. Efecto del amor propio, que prefiere la muerte al conocimiento de la propia nulidad, etc.; de lo cual se deduce que cuanto más egoísta sea uno, con mayor fuerza y constancia se verá empujado a matarse. De hecho, el amor a la vida es el amor del bien propio; ahora bien, no pareciendo esta ya un bien, etc.

1. Probablemente, Pietro Giordani, amigo de Leopardi, que le visita en 1818, haciéndole esta confidencia (*N. de la T.*).

72

Incluso el dolor que nace del tedio y del sentimiento de la vanidad de las cosas es más tolerable que el propio tedio.

Todo es nada en el mundo, incluida mi desesperación, de la cual todo hombre, igualmente sabio, pero más tranquilo —y yo mismo ciertamente—, en una hora más quieta, conocerá la vanidad, la sinrazón y lo imaginario. Mísero de mí, es vano, es una nada también este dolor mío, que un día pasará y se anulará, dejándome en un vacío universal y en una indolencia terrible que me hará incapaz incluso de sufrir.

73

La razón por la cual el bien inesperado y casual nos es más grato que el esperado es que este es sometido a una comparación con el bien imaginado antes, y porque el bien imaginado es cien veces mayor que el real, por lo cual es necesario que se desfigure y parezca una nimiedad; al contrario del inesperado, que no pierde nada, cualquiera que sea su valor real, debido a la fuerza de la comparación demasiado desigual.

75

El sentimiento que se prueba ante la vista de un campo o de cualquier otra cosa que nos inspire ideas y pensamientos vagos e indefinidos, aunque muy placentero, es sin embargo como un placer que no se puede aferrar, y puede compararse al de alguien que corre detrás de una mariposa bella y colorida sin poderla alcanzar, por lo que siempre deja en el alma un gran deseo: pese a todo, este es el culmen de nuestros placeres, y todo aquello que es determinado y cierto está mucho más lejos de saciarnos que aquello que, por su incerteza, no puede saciarnos jamás.

76

La suma felicidad posible para el hombre en este mundo se da cuando este vive tranquilo en su estado con una esperanza reposada y segura de un porvenir mucho mejor, que por ser cierta —y por ser, el estado en el que vive, bueno—, no lo inquiete y no lo turbe con la impaciencia de gozar de este bellísimo futuro imaginado. Este divino estado lo he experimentado yo de los dieciséis a los diecisiete años durante algunos meses, a intervalos, cuando me encontraba calmadamente *ocupado* en los estudios, sin otras molestias y con la cierta y tranquila esperanza de un alegre porvenir. Y no lo experimentaré nunca más, porque ese tipo de esperanza, *la única que pueda hacer que el hombre esté contento con el presente*, no puede caer más que en un joven de esa edad o, al menos, de esa experiencia.

82

Yo estaba sumamente aburrido de la vida, al borde del estanque de mi jardín, y pensaba, mirando el agua e inclinándome sobre ella con cierto escalofrío: si me tirase, en cuanto saliera a flote, treparía a este borde y, esforzándome por salir tras haber temido perder esta vida, al regresar ileso, sentiría algún instante de alegría por haberme salvado, y un afecto por esta vida que ahora tanto desprecio, y que entonces me parecería más preciada. La tradición en torno al salto de Léucade[2] podría tener como fundamento una observación similar a esta.

84

Una prueba entre mil de cuánto influyen los sistemas puramente físicos en los intelectuales y metafísicos es la de Copérnico, que renueva enteramente en el pensador la idea de la naturaleza y del hombre —concebida por y natural en el antiguo sistema llamado tolemaico—, le revela una pluralidad de mundos, muestra al hombre como un ser no único —así como no son únicos la colocación, el movimiento y el destino de la tierra—, abre un inmenso campo de reflexiones —sobre la infinitud de las criaturas que, según todas las leyes de la analogía, deben habitar los demás globos en todo análogos al nuestro, y aquellos otros, aun aquellos que existen igualmente aunque no aparezcan alrededor de los otros soles, es decir, de las estrellas—, rebaja la idea del hombre y la sublima, descubre nuevos misterios de la creación, del destino de la naturaleza, de la esencia de las co-

---

2. Según el mito, Afrodita salta desde el acantilado de la isla griega de Léucade, que lleva su mismo nombre, para olvidar su desgraciado amor por Adonis; sale ilesa y por tanto se cura; no así la poetisa Safo, no correspondida por Faón, que pierde la vida tras el salto. Este salto de Léucade es protagonista en *Ultimo canto di Saffo* (canto n.º IX) compuesto por Leopardi en 1822. *(N. de la T.)*.

sas, de nuestro ser, de la omnipotencia del creador, de los fines de lo creado, etc.[3].

En mi sumo tedio y mi entero desaliento acerca de la vida, algunas veces, algo reconfortado y aligerado, me ponía a llorar por el destino humano y por la miseria del mundo. Y reflexionaba: yo lloro porque estoy más alegre. En esos momentos, la nada de las cosas me daba la fuerza para dolerme, mientras que, cuando más la sentía y más lleno de ella estaba, no me dejaba el vigor suficiente como para dolerme de ella.

85

Yo estaba asustado de encontrarme en medio de la nada, una nada yo mismo. Sentía que me ahogaba mientras consideraba y sentía que todo es nada, sólida nada.

105

Del mismo modo que en la esperanza, o en cualquier otra disposición de nuestra alma, el bien lejano siempre es mayor que el presente, así, por lo general, en el temor es más terrible el mal.

106-107

¿Cómo puede ser que la materia sienta y se duela y se desespere de su propia nulidad? Y este cierto y profundo sen-

3. Leopardi tenía la versión italiana (Florencia 1751) de la obra *Entretiens sur la pluralité des mondes*, de Fontanelle. *(N. de la T.)*.

timiento (máxime en las almas grandes) de la vanidad e insuficiencia de todas las cosas que se miden con los sentidos, sentimiento no solo de raciocinio, sino verdadero y, por así decir, sensible y doloroso sentimiento, ¿cómo no va a ser una prueba material de que aquella sustancia que lo concibe y lo experimenta es de otra naturaleza? Si el sentir la nulidad de todas las cosas sensibles y materiales supone esencialmente la facultad de sentir y comprender objetos de naturaleza distinta y contraria, ¿cómo podrá dicha facultad estar en la materia? Nótese que yo aquí no hablo de algo que se concibe con la razón, porque de hecho *la razón es la facultad más material que existe en nosotros*, y sus operaciones materiales y matemáticas se podrían atribuir de alguna manera también a la materia; hablo de un sentimiento innato, propio del ánimo nuestro, que nos hace sentir la nulidad de las cosas independientemente de la razón, y por ello presumo que esta prueba tiene más fuerza al manifestar en parte la naturaleza de ese ánimo. *La naturaleza no es material como lo es la razón.*

107

La risa del hombre sensible y oprimido por una cruenta calamidad es signo de desesperación ya madura.

Me entregué enteramente a la alegría bárbara y furibunda de la desesperación[4].

---

4. Leopardi había traducido en 1816 el verso de Virgilio «La salud para los vencidos es desesperar de la salud» (*Eneida* II, v. 54). *(N. de la T.)*

108-109

Observa cómo la debilidad es una cosa amabilísima en este mundo. Si ves a un niño que se te acerca con paso tambaleante y con cierto aire de impotencia, te enterneces ante esta visión y te enamoras de él. Si ves a una bella mujer enferma y frágil, o si eres testigo de algún esfuerzo inútil de cualquier mujer, a causa de la debilidad física de su sexo, te sentirás conmovido y serás capaz de postrarte ante esa debilidad y reconocerla como señora de ti mismo y de tu fuerza, y someterte y sacrificarte a ti mismo al amor y a la defensa de ella. Causa de este efecto es la compasión, la cual, afirmo, es la única cualidad y pasión humana que no tiene ninguna mezcla de amor propio. La única, porque el mismo sacrificio de uno por heroísmo, por la patria, por la virtud, por la persona amada, y así por cualquier otra acción heroica y desinteresada, y cualquier otro afecto, puro, siempre se hace porque, en esas ocasiones, nuestra mente encuentra ese sacrificio más satisfactorio que cualquier beneficio, y cualquier operación de nuestra alma tiene siempre su seguro e inevitable origen en el egoísmo, por mucho que este sea purificado y la operación parezca alejada de él.

Pero la compasión que nace en nuestra alma ante la visión de alguien que sufre es un milagro de la naturaleza que en ese momento nos hace experimentar un sentimiento totalmente independiente de nuestras ventajas o placeres y totalmente relativo a los demás, sin ninguna mezcolanza con nosotros mismos. Y por ello, precisamente, los hombres compasivos son tan raros y la piedad está considerada, especialmente en estos tiempos, como una de las cualidades más admirables y distintivas del hombre sensible y virtuoso. Ello, toda vez que la compasión no tenga algún fundamento en el temor de experimentar nosotros mismos un mal parecido a aquel que vemos: pues el amor propio es muy sutil y se insinúa por todas partes, y se encuentra escondido en los lugares más recónditos de nuestro corazón, aquellos que parecen más impenetrables por esta pasión. Sin embargo, considerando bien las cosas, verás que existe una compasión espontánea, del todo independiente de este temor y enteramente abierta al misterio.

140-141

El dolor o la desesperación que nace en las grandes pasiones, ilusiones, o de cualquier desventura de la vida, no es comparable con el ahogo que nace de la certeza y del sentimiento vivo de la nulidad de todas las cosas, de la imposibilidad de ser feliz en este mundo y de la inmensidad del vacío que se siente en el alma. Las desgracias, de la imaginación o reales, podrán inducir al deseo de muerte o incluso hacer morir, pero ese dolor tiene más de vida (es más, si proviene de la imaginación y de la pasión está lleno de vida), mientras que este otro dolor, del que hablo, es todo muerte; y esa muerte, producida *inmediatamente* por las desgracias, está más viva, mientras que esta otra es más sepulcral: sin acción, sin movimiento, sin calor y sin apenas dolor, sino más bien con una opresión desmesurada y una angustia similar a la que produce el miedo a los fantasmas en la niñez o la idea del infierno. Esta condición del alma es el efecto de grandes desgracias reales y de un alma grande, antaño llena de imaginación y después totalmente despojada de ella, así como de una vida tan evidentemente nula y monótona que hace sensible y palpable la vanidad de las cosas, ya que, sin ello, la gran variedad de las ilusiones que la misericorde naturaleza pone ante nosotros cada día impide esta fatal y sensible evidencia. Y por ello, pese a que esta condición del alma es muy razonable (es más, la única razonable), pese a ser totalmente contraria (es más, la más directamente contraria a la naturaleza), de muy pocos se conoce que la hayan experimentado, como Tasso[5].

142, 27 de junio de 1820

En los arrebatos de amor, en la conversación con la amada, en los favores que de ella recibes, incluso en los últimos, vas en busca de la felicidad más que experimentarla; tu corazón agitado siente siempre una gran carencia, un no sé qué de menos de aquello que esperaba, un deseo de algo, es decir, de mucho más. Los mejores momentos del amor son los de una calma y dulce melancolía en la que lloras sin saber por qué, y casi te resignas serenamente a una desgracia y no sabes cuál. En ese reposo, tu alma, menos agitada, está casi llena y casi saborea la felicidad. (Véase Montesquieu, *Temple de Gnide*, canto 5). Así también en el amor (que es el estado del alma más rico en placeres e ilusiones), la mejor parte, la vía más recta al placer y a una sombra de felicidad, es el dolor.

---

5. Torcuato Tasso (1544-1595), poeta italiano. *(N. de la T.)*.

165-172

El sentimiento de la nulidad de todas las cosas, la insuficiencia de todos los placeres para llenar nuestra alma y nuestra tendencia hacia un infinito que no comprendemos quizá provienen de una razón muy simple y más material que espiritual. Esencialmente, el alma humana (y así todos los seres vivientes) desea siempre, y aspira únicamente, aunque bajo mil aspectos, al placer, es decir, a la felicidad, la cual, bien mirada, es lo mismo que el placer. Este deseo y esta tendencia no tiene límites, porque es congénita con la existencia, y debido a ello no puede hallar un final en este o aquel placer que no puede ser infinito, sino que solamente termina con la vida. Y no tiene límites: 1. ni en su duración, 2. ni en su extensión. Por tanto, no puede haber ningún placer que iguale a 1 en su duración, porque ningún placer es eterno, ni a 2 en su extensión, ya que ningún placer es inmenso y la naturaleza de las cosas conlleva que todo exista limitadamente, que tenga confines y que sea circunscrito. Dicho deseo de placer no tiene límites en su duración porque, como he dicho, no termina sino con la existencia, y por tanto el hombre no existiría si no experimentase este deseo. No tiene límites por extensión porque es sustancial en nosotros, no como deseo de uno o más placeres, sino como deseo *del* placer.

Ahora bien, una naturaleza así conlleva materialmente la infinitud, porque todo placer está circunscrito; pero no así el placer cuya extensión es indeterminada: y el alma, al amar sustancialmente *el* placer, abarca toda la extensión imaginable de este sentimiento sin poderla concebir siquiera, ya que no puede formarse una idea clara de un deseo ilimitado.

Vayamos a las consecuencias. Si deseas un caballo, te parece desearlo como caballo, y como *tal* placer; sin embargo, lo deseas como placer abstracto e ilimitado. Así, cuando llegas a poseer el caballo, alcanzas un placer necesariamente circunscrito y sientes un vacío en el alma porque aquel deseo que tú tenías no queda saciado. Aunque fuese posible que quedase saciado en extensión, no podría hacerlo en duración, porque la naturaleza de las cosas comporta que nada sea eterno. Y suponiendo que esa razón material que te ha dado *tal* placer una vez te quede para siempre (por ejemplo, has deseado la riqueza, la has obtenido y para siempre), esta permanecería materialmente, pero no ya como causa ni siquiera de tal placer, ya que otra propiedad de las cosas es la de que todo se deteriora, que todas las impresiones poco a poco se desvanecen, y que el hábito, igual que quita el dolor, así apaga el placer.

Añadamos a esto que, aunque un placer experimentado una vez durase toda la vida, no por ello el alma estaría saciada, ya que su deseo es también infinito en extensión, de modo que cuando aquel placer igualase la duración de este deseo, no pudiendo igualar su extensión, este permanecería siempre, ya sea de placeres siempre nuevos (como de hecho ocurre), ya sea de un placer que llenase toda el alma. Así las cosas, es fácil comprender que el placer es siempre algo totalmente vano, de lo cual nos maravillamos como si ello se debiera a una naturaleza suya particular, una cualidad que el dolor, el tedio, etc., en cambio no tienen. El hecho es que cuando el alma desea algo agradable, en realidad desea la satisfacción de un deseo suyo infinito, desea *el* placer y no un placer determinado; ahora bien, en la realidad, al encontrar un placer particular —no abstracto— que abarca toda la extensión del placer, la consecuencia es que ese placer, al no satisfacerse ni de lejos su deseo, apenas es placer, porque no se trata de una inferioridad pequeña, sino enorme, respecto del deseo y de la esperanza. Por ello, todos los placeres deben estar mezclados con displacer, como de hecho sucede, porque el alma, al obtenerlos, busca ávidamente aquello que no puede encontrar, es decir, una infinitud de placer, la satisfacción de un deseo ilimitado.

Vayamos al tema de la inclinación del hombre por lo infinito. Independientemente del deseo del placer, existe en el hombre una facultad imaginativa que puede concebir las cosas que no son, y de un modo en el que las cosas reales no son. Considerando la tendencia innata del hombre al placer, es natural que la facultad imaginativa haga de la imaginación del placer una de sus principales ocupaciones. Y, dada la mencionada propiedad de la fuerza imaginativa, esta puede figurarse placeres que no existen y figurárselos infinitos: 1. en número; 2. en duración; 3. y en extensión. El placer infinito que no se puede encontrar en la realidad se encuentra así en la imaginación, de la cual derivan la esperanza, las ilusiones, etc. Por ello no sorprende: 1. que la esperanza siempre sea mayor que el bien; 2. que la felicidad humana no pueda consistir sino en la imaginación y en las ilusiones.

Por tanto, es necesario considerar la gran misericordia y el gran magisterio de la naturaleza que, al no poder despojar al hombre y a ningún ser viviente del amor al placer —que es una consecuencia inmediata y casi lo mismo que el amor propio y la conservación necesarios para la subsistencia de las cosas— ni proporcionarle placeres reales infinitos, ha querido suplir: 1. con las ilusiones, en las que ha sido muy generosa y que hay que considerar como arbitrarias en la naturaleza, ya que esta podía arreglárselas muy bien sin ellas; 2. con la inmensa variedad, para que el hombre, cansado y desengañado ante un placer, recurriese a otro; o, incluso, desengañado de todos los placeres, fuese distraído y confundido por la gran variedad de las cosas, y no pudiese cansarse tan fácilmente de un placer al no tener demasiado tiempo para detenerse en él y dejarlo deteriorarse; y, por otro lado, que no tuviese demasiado campo para reflexionar sobre la incapacidad de todos los placeres de satisfacerlo.

Deduzcan de ello las típicas consecuencias de la superioridad de los antiguos sobre los modernos en cuanto a la felicidad:

1. La imaginación, como he dicho, es la primera fuente de la felicidad humana. Cuanto más reine esta en el hombre, tanto más feliz será el hombre. Lo vemos en los niños. Sin embargo, la imaginación no puede reinar sin la ignorancia, al menos cierta ignorancia, como la de los antiguos. La cognición de lo real, es decir, de los límites y las definiciones de las cosas, circunscribe la imaginación. Y obsérvese que la facultad imaginativa, siendo a menudo mayor en los instruidos que en los ignorantes, no lo es en acto sino en potencia, y por ello, obrando mucho más en los ignorantes, los hace más felices que a aquellos que de la naturaleza habrían recibido una fuente más copiosa de placeres. Y nótese, en segundo lugar, que la naturaleza ha querido que la imaginación no fuese considerada por el hombre como tal, es decir, no ha querido que el hombre la considerase como una facultad engañadora,

sino que la confundiese con la facultad cognoscitiva y que considerase los sueños de la imaginación como cosas reales, y que, por tanto, fuera animado tanto por lo imaginario como por lo real (o incluso más, porque lo imaginario tiene fuerzas más naturales y la naturaleza es siempre superior a la razón). Pero ahora, las personas instruidas, aunque sean muy fecundas en ilusiones, las consideran como tales y las siguen más por voluntad que por persuasión, al contrario que los antiguos, los ignorantes, los niños, y que el orden de la naturaleza.

2. Siendo todos los placeres (así como todos los dolores, etc.) tan grandes como se reputan, se sigue que la grandeza y la cuantía de los placeres van en proporción a la grandeza y cuantía de las ilusiones, y que los placeres, si bien ni siquiera los antiguos los encontrasen infinitos, los encontraban enormes y capaces, cuando no de llenarlos, al menos de mantenerlos a raya. La naturaleza no quería que supiésemos, y el hombre primitivo no sabe que ningún placer le puede satisfacer. Así, al considerar cada placer mucho más grande de lo que lo consideramos nosotros, y dándole con la imaginación una extensión casi ilimitada, y pasando de deseo en deseo con la esperanza de placeres mayores y de una completa satisfacción, alcanzaban el fin querido por la naturaleza, que es el de vivir, cuando no enteramente saciados de esa vida, al menos contentos con la vida en general. Además de la mencionada variedad, que les distraía infinitamente y les hacía pasar rápidamente de una cosa a otra sin tener tiempo de conocerla a fondo ni de deteriorar el placer con la costumbre.

3. La esperanza es infinita como el deseo del placer y tiene además la fuerza, si no de satisfacer al hombre, al menos

de llenarlo de consuelo y de mantenerlo en una vida plena. La esperanza propia del hombre, de los antiguos, de los niños, de los ignorantes, queda casi anulada por el sabio moderno.

Por lo demás, siendo el deseo del placer materialmente infinito en extensión (no solamente en el hombre sino en cada ser viviente), la pena del hombre al experimentar un placer es la de ver enseguida los límites de su extensión, que el hombre no muy profundo tan solo vislumbra.

Por tanto, queda claro:

1. por qué todos los bienes aparecen bellísimos y sumos de lejos, y por qué lo desconocido es más bello que lo conocido; efecto de la imaginación, determinado por la inclinación de la naturaleza al placer, efecto de las ilusiones querido por la naturaleza;

2. por qué el alma prefiere, en poesía y en todo, las ideas infinitas. Dada la consideración hecha aquí arriba, el alma debe naturalmente preferir, sobre todos los demás placeres, el placer que no puede abarcar. En esta belleza aérea, en estas ideas, abundaban los antiguos, abundan sus poetas, en especial el más antiguo, es decir, Homero; abundan los niños, verdaderamente homéricos en esto, los ignorantes, etc.; en definitiva, la naturaleza. El conocimiento y el saber hacen estragos de ellas y a nosotros nos resulta dificilísimo experimentarlas. Por ello mismo la melancolía, lo sentimental moderno, etc., son así de dulces, porque sumergen al alma en un abismo de pensamientos indeterminados de los cuales no logra ver el fondo ni los contornos. Porque en ese tiempo el alma divaga en lo indeterminado e indefinido. El tipo de esta belleza y de estas ideas no existe en lo real, sino solo en la imaginación, y solo las ilusiones

nos lo pueden representar; ni siquiera la razón tiene ningún poder para hacerlo. Sin embargo, nuestra naturaleza era muy fecunda en estas ilusiones y quería que ellas dieran consistencia a nuestra vida;

3. porque nuestra alma odia todo lo que confina sus sensaciones. Buscando el placer en todo, donde no lo encuentra, el alma ya no puede ser satisfecha. Donde lo encuentra, aborrece los confines por las mencionadas razones. Por tanto, viendo la bella naturaleza, ama que el ojo extienda su mirada todo lo posible. Algo que Montesquieu (*Essai sur le goût, De la curiosité*) atribuye a la curiosidad. Mal. La curiosidad no es más que una voluntad del alma a desear un determinado placer, según lo que diré después. Por ello, esta podrá ser la razón inmediata de este efecto (significa que si el alma no experimentara placer a la vista del campo, etc., no desearía la extensión de esta visión), pero no la primaria, ni este efecto es especial y exclusivo de las cosas que pertenecen a la curiosidad, sino de todas las cosas placenteras, y por ello se puede decir que la curiosidad es causa inmediata del placer que se experimenta viendo un campo, pero no del deseo de que ese placer sea sin límites. Excepto que cada deseo de cada placer puede ser ilimitado y perpetuo en el alma, como el deseo en general del placer.

Por lo demás, a veces el alma deseará, y efectivamente desea, una vista restringida y en cierto modo confinada, como en las situaciones románticas. La causa es la misma, es decir, el deseo de infinito, porque entonces, en lugar de la vista, trabaja la imaginación, y lo fantástico suple a lo real. El alma se imagina lo que no ve, aquello que aquel árbol, aquel arbusto, aquella torre le esconde, y va errando en un espacio imaginario y se figura cosas que no podría imaginar si su vista se extendiese por todas partes, porque lo real excluiría lo imaginario. De ahí el placer que, de niño y también ahora, yo siempre experimentaba al ver el cielo, etc., a través de una ventana, una puerta, una casa de paso, como dicen.

Al contrario, la amplitud y la multiplicidad de las sensaciones deleitan muchísimo al alma. Deducen de ello que esta ha nacido para lo grande, etc. No es esta la razón, sino que la multiplicidad de las sensaciones confunde al alma y le impide ver los confines de cada una de ellas, borra el agotamiento súbito del placer, la hace errar de un placer a otro sin poder profundizar en ninguno, y, por tanto, se parece en cierto modo a un placer infinito. De igual modo, la vastedad, aunque no sea múltiple, ocupa en el alma un espacio más grande y es más difícil de agotar. La maravilla, igualmente, deja al alma atónita, la ocupa enteramente y la hace incapaz en ese momento de desear. Además de que la novedad, inherente a la maravilla, es siempre grata al alma, cuya mayor pena es el cansancio de los placeres particulares.

173-177

De esta teoría del placer se deduce que la grandeza, también la de las cosas no placenteras en sí mismas, se vuelve un placer por el mero hecho de ser grandeza. Y no atribuyan esto a la grandeza imaginaria de nuestra naturaleza. Una vez admitida dicha teoría, se descubre (lo cual es verdad) que el deseo del placer se convierte en una pena y una suerte de trabajo habitual del alma. Por tanto:

1. un adormecimiento del alma es placentero. Los turcos se lo procuran con el opio, y es grato al alma, porque en esos momentos esta no se afana por el deseo, porque es como un reposo del deseo atormentado e imposible de satisfacer plenamente; un intervalo como el sueño, en el cual, si bien el alma quizá no deja de pensar, sin embargo, no se da cuenta de ello;

2. la vida continuamente ocupada es la más feliz, aunque no sean ocupaciones y sensaciones vivas y variadas. El ánimo ocupado es distraído por aquel deseo innato que no lo dejaría en paz, o lo dirige a aquellos pequeños objetivos de la jornada (terminar un trabajo, proveer a las necesidades ordinarias, etc.), ya que entonces los considera como placeres (siendo placer todo aquello que el alma desea) y, conseguido uno de ellos, pasa a otro, de manera que es distraído por deseos mayores y no tiene espacio para afligirse de la vanidad y del vacío de las cosas, y la esperanza en aquellos pequeños fines, y los pequeños proyectos de ocupaciones futuras o de esperanzas de un resultado general lejano y deseado, son suficientes para llenarlo y para retenerlo en el tiempo de su reposo, el cual no es lo suficientemente largo como para que aparezca el tedio; además de que el reposo tras el esfuerzo es un placer en sí mismo. Esta debía ser la vida del hombre, y era la de los hombres primitivos, y es la de los salvajes, los agricultores y los animales, no por otra razón sino, principalmente, porque viven felices. Y obsérvese cómo el espectáculo de la vida ocupada, laboriosa y doméstica sigue pareciendo hoy, a quien vive en el mundo, el espectáculo de la felicidad, debido también a la carencia de dolores y de cuidados y aflicciones reales;

3. lo maravilloso, lo extraordinario, es placentero, pese a que su cualidad particular no pertenece a ninguna de las clases de cosas placenteras. El alma experimenta siempre placer cuando está llena (siempre que no sea de dolor), y la distracción viva y entera es un placer absoluto para ella, igual que es un placer el reposo de la fatiga, porque tal distracción es reposo del deseo. Y así como es placentero el estupor causado por el opio (también relativamente al olvido de los males positivos), también lo es el causado por la maravilla, por la novedad, por la singularidad. Aunque la maravilla no sea tan grande como para llenar el alma, de todos modos la ocupa siempre con gran fuerza, y en este sentido es placentera. Nótese que la naturaleza quería que la maravilla: 1. fuese algo normal para el hombre; 2. fuese muy a menudo total, es decir, capaz de llenar toda el alma. Así sucede entre los niños y sucedía entre los primitivos y ahora entre los ignorantes, pero no puede suceder sin la ignorancia; y la ignorancia de hoy ya no puede ser como la del hombre que no vive en sociedad, porque al vivir en sociedad la experiencia de los ancestros y de los contemporáneos le instruye (más o menos, pero le instruye al cabo) y la novedad se vuelve rara;

4. también la imagen del dolor y de las cosas terribles es placentera, como en dramas, poesías, espectáculos, etc. Siempre que el hombre no tema o no se duela, la fuerza de la distracción siempre le resulta placentera. No es necesario que esas imágenes sean de cosas extraordinarias: en ese caso pasarían a la categoría precedente. Pero la simple imagen del dolor, etc., es suficiente para llenar el alma y distraerla;

5. la grandeza de cualquier tipo (excepto del propio mal) es placentera. Naturalmente, lo grande ocupa más espacio

que lo pequeño, salvo si la pequeñez es extraordinaria, en cuyo caso ocupa más que la grandeza ordinaria. Esto que digo de la grandeza es un efecto material que deriva de la inclinación del hombre al placer y no de la inclinación a la grandeza. Acaso pudiera decirse lo mismo de lo sublime, que es algo diferente de lo bello, que gusta al hombre por sí mismo. En definitiva, el tedio no es más que una falta de placer (que es el elemento esencial de nuestra existencia) o de algo que nos distraiga de desearlo.

Si no se diese la tendencia imperiosa del hombre al placer en cualquiera forma, el tedio, esta afección tan común, tan frecuente y aborrecida, no existiría. De hecho, ¿por qué debería el hombre sentirse mal cuando no tiene ningún mal? Imaginemos a un hombre aislado, sin ninguna ocupación espiritual o corporal y sin ningún cuidado o aflicción o dolor positivo, o aburrido por la uniformidad de algo ni penoso ni desagradable por su naturaleza, y díganme por qué motivo este hombre debería sufrir. Y sin embargo vemos que sufre y se desespera, y preferiría cualquier sufrimiento a ese estado: no por otra cosa, sino por un deseo congénito y compañero inseparable de su existencia, que durante ese tiempo no es satisfecho ni engañado ni mitigado ni adormecido. Y es cierto que la naturaleza ha proveído de mil maneras contra este mal, contra el horror y la repugnancia que provoca en el hombre, comparable con el horror del vacío que los antiguos físicos suponían en la naturaleza para explicar algunos efectos naturales. Ha proveído dándole al hombre muchas necesidades y poniendo placer en la satisfacción de la necesidad (como del hambre y de la sed, el frío, el calor, etc.), es decir, manteniéndole ocupado; con la gran variedad, con la imaginación de la nada que también lo ocupa, y también con el temor (el cual, si bien es un efecto natural y espontáneo también del amor propio, hay que considerar el sistema de la naturaleza en general y la admirable armonía y correspondencia de los diversos efectos a este o a aquel fin), con los peligros, los cuales nos hacen apegarnos más a la vida y disuelven el tedio con las turbaciones de los elementos, con los dolores y con los mismos males, porque es más dulce curarse de los males que vivir sin ellos; y con otros desastres que se consideran como males y casi defectos de la naturaleza, excusándola al definirlos como accidentes fuera del orden; pero que quizá siendo males por separado no lo son todos juntos, y pertenecen también ellos al gran sistema universal.

En definitiva, el sistema de la naturaleza respecto del hombre siempre está dirigido a alejar de él este formidable mal del tedio, que, según todos los filósofos, siendo tan frecuente en el hombre moderno, es casi desconocido en el primitivo y así en los demás animales. Y obsérvese cómo los niños, incluso en una casi total quietud, muy raramente o nunca sienten el verdadero tormento del tedio, porque cada mínima bagatela es suficiente para ocuparlos enteramente y la fuerza de su imaginación da cuerpo, vida y acción a cada fantasía que se asome a su mente, etc., y, en definitiva, encuentran en sí mismos una fuente inagotable de ocupaciones siempre variadas. Todo ello sin conocimientos, sin experiencias, sin viajes, sin haber visto, oído, etc., en un mundo estrechísimo y uniforme. Y donde parecería que cuanto más este mundo y este campo se acrecientan y diversifican, tanto más amplio y variado para el hombre debería ser el fondo de las ocupaciones internas, como lo son las de los niños, y el tedio tanto más raro, sin embargo vemos que ocurre todo lo contrario. Una gran lección para quien no quiere reconocer a la naturaleza como fuente casi única de felicidad, y su alteración, como segura causa de infelicidad.

Por lo demás, que la fuerza y la fecundidad de la imaginación: 1. del mismo modo que hacen facilísima la acción, a menudo facilitan la inacción; 2. que la imaginación es cosa bien distinta de la profundidad de la mente (la cual, por el contrario, conduce a la infelicidad) queda claro con el ejemplo de los pueblos meridionales, y en especial de los italianos, con respecto a los septentrionales, ya que los italianos:

1. así como antaño (debido a su entusiasmo, hijo de una imaginación viva y más rica que profunda) eran muy activos, hoy, una de las razones por las que no se dan cuenta o al menos no se desesperan por una vida siempre uniforme y por una perfecta inacción es la misma imaginación, igualmente rica y variada, y la sobreabundancia de las sensaciones que de ella derivan, la cual, sin que ellos se percaten, les sumerge en una especie de *rêve*, como los niños cuando están solos (una idea constantemente presente en Madame de Staël), mientras que los septentrionales, al no disponer de esa fuente de ocupación interna que los consuele, recurren necesariamente a la externa y se convierten en muy activos;

2. la profundidad de la mente y la facultad de penetrar en los más íntimos recovecos de lo real, de lo abstracto, etc., aunque no les sean desconocidas debido a su propia sutileza, pronteza y penetración (que les hace más fácil la concepción y descubrimiento de lo real, que a los demás

les cuesta más trabajo y, por ello mismo, a menudo fallan con toda su profundidad), no son su fuerte y, por el contrario, conforman toda la ocupación y por tanto la infelicidad de los septentrionales cultos (nótese la frecuencia de los suicidios en Inglaterra), que no tienen con qué distraerse de la consideración de lo real. Y aunque parezca que también entre ellos la imaginación es ardiente y original, sin embargo, más que imaginación, es filosofía y profundidad, y su poesía es más bien metafísica, ya que surge más del pensamiento que de las ilusiones. En ellos lo sentimental, más que consuelo, es desesperación, y precisamente por eso, la poesía antigua no ha sido hecha para ellos; de hecho, tienen gustos totalmente diferentes y se complacen en los entes alegóricos, en las abstracciones, etc., y precisamente por esto será siempre cierto que nuestra patria es la patria de la poesía, y la suya, la del pensamiento.

179-181

La infinitud de la inclinación del hombre al placer es una infinitud material y no se puede deducir de ello nada sobre la grandeza o infinitud del alma humana, no más de lo que se pueda deducir en favor de los animales, en los cuales es natural que exista el mismo amor y en el mismo grado, al ser consecuencia inmediata y necesaria del amor propio, como explicaré más abajo.

Por tanto, no se puede deducir nada concreto de la inclinación del hombre al infinito y del sentimiento de la nulidad de las cosas (sentimiento no natural en el hombre, que por ello no se encuentra entre los animales, como tampoco en el hombre primitivo, y que ha nacido de circunstancias accidentales que la naturaleza no quería). Así, el deseo del placer —al ser una consecuencia de nuestra existencia, y por eso mismo infinito y su compañero inseparable, igual que el pensamiento— no sirve para demostrar la espiritualidad del alma humana, como tampoco sirve la facultad de pensar. Es más, es notable cómo este sentimiento, que a primera vista parece la cosa más espiritual del alma humana, en realidad sea una consecuencia inmediata y necesaria (en nuestra condición actual) de lo más material que hay en los seres vivientes, a saber, del amor propio y de la supervivencia, es decir, de aquello que compartimos totalmente con los animales y que, por lo que podemos comprender, en cierto modo puede parecer propio de todas las cosas existentes. Ciertamente no hay vida sin amor por uno mismo y amor por la vida. Por lo que se refiere a la facultad que tiene nuestra imaginación de concebir cierto infinito, un placer que el alma no pueda abarcar (que es la verdadera razón por la que el infinito le place), cuando digo de esta facultad que es independiente de la inclinación al placer, y que estaba en manos de la naturaleza el dárnosla o no, juzgue cada cual cuánto puede demostrar en favor de nuestra grandeza.

Por mi parte, yo creo: 1. que la naturaleza la ha puesto en nosotros solamente para nuestra felicidad temporal, que no podía darse sin estas ilusiones; 2. observo que esta facultad es enorme en los niños, ignorantes, barbaros, etc. Por tanto conjeturo, y me parece muy verosímil, que exista también en los animales en cierta medida y con respecto a ciertas ideas, como son las de los niños, etc.; 3. pienso que la razón, que se pretende considerar como fuente de nuestra grandeza y motivo de nuestra superioridad sobre los demás animales, aquí no tiene nada que hacer sino destruir lo que hay de más espiritual en el hombre, pues no hay nada más espiritual que el sentimiento ni más material que la razón (ya que el raciocinio es una operación matemática del intelecto y materializa y geometriza incluso las nociones más abstractas); 4. que las ilusiones son, por el contrario, muy naturales, animales, actos del hombre y no humanos según el lenguaje escolástico, y pertenecientes al instinto que tenemos en común con los demás animales (si no fuese porque es ahogado por la razón). Aplíquense estas consideraciones a lo que suelen decir los escritores religiosos, a saber, que el no poder hallar nunca satisfacción en este mundo, así como nuestros impulsos hacia un infinito que no comprendemos, los sentimientos de nuestro corazón y cosas tales que pertenecen verdaderamente a las ilusiones, forman una de las principales pruebas de una vida futura.

181-182

Todo lo anteriormente dicho en torno a la teoría del placer es un nuevo argumento de cuánto se podría simplificar la teoría del hombre y de las cosas, y de cómo el sistema entero de la naturaleza gira en torno a poquísimos principios, que producen los infinitos y variados efectos que vemos, una vez establecidos los cuales, se diría que la naturaleza no ha tenido que esforzarse mucho más, pues las consecuencias han derivado de ellos de forma necesaria y como espontánea. Los fenómenos del alma humana nota-

dos por los modernos psicólogos perderían toda la maravi-
lla, la cual normalmente procede de la ignorancia de la re-
lación y dependencia que tienen los efectos particulares de
las causas generales. Por ejemplo, los fenómenos que he
analizado derivan directamente de un principio muy cono-
cido, a saber, el amor al placer. Y este amor al placer es una
consecuencia espontánea del amor por uno mismo y de su
propia conservación. Este es un principio aún más conoci-
do y universal, y casi final. Sin embargo, aunque la natura-
leza pudiese separar existencia y amor por la existencia (de
tal manera que el amor propio fuese una cualidad puesta
por la naturaleza arbitrariamente en el ser vivo), nuestra
manera de concebir las cosas apenas nos permite entender
cómo una cosa que es no ame ser, pareciéndonos que lo
contrario de este amor sería una contradicción con la exis-
tencia. Por ello el amor propio se puede considerar (en la
naturaleza tal como la vemos) también como una conse-
cuencia del existir, y ello, en cierto modo, también entre
los seres inanimados.

Ahora descendamos. Existencia, amor a la existencia
(por tanto por la conservación de esta y de uno mismo),
amor al placer (es una consecuencia inmediata del amor
propio, porque quien se ama a sí mismo está naturalmente
determinado a desearse el bien, que es lo mismo que el pla-
cer, a querer estar más bien en un estado de gozo que en un
estado indiferente o penoso, a aspirar a lo mejor de la exis-
tencia que es la existencia placentera, en lugar de a lo peor
o lo mediocre, etc.), amor a lo infinito, etc., con las demás
cualidades arriba mencionadas. Así, estas cualidades, que
parecen tan dispares y particulares, proceden directamente
del principio general del amor propio, y de un modo tan

necesario y material que, según nuestra forma de entender, se puede decir que la naturaleza, tras darle al hombre el amor propio y la existencia, no tuvo que hacer nada más, y que dichas cualidades (que tanto nos maravillan) vinieron solas, sin su intervención.

183, 12-23 de julio de 1820

Alcanzado un placer, el alma no cesa de desear el placer del mismo modo que no cesa nunca de pensar, pues el pensamiento y el deseo del placer son dos operaciones igualmente continuas e inseparables de su existencia.

185, 25 de julio de 1820

Todo lo que reclama la idea de infinito es placentero por ello mismo, aunque no lo sea por otra cosa. Así, una hilera o un paseo arbolado cuyo final no llegamos a descubrir. Este efecto es como el de la grandeza, pero mucho mayor, ya que esta es determinada mientras que aquella se puede considerar como una grandeza no circunscrita. Si es espaciosa, abierta, aireada e iluminada, esa avenida nos gustará incluso más que si está cerrada por arriba y poco aireada y oscura; por lo menos si la idea de una grandeza infinita que nos tiene que presentar proviene de la grandeza que procede de los sentidos y no es solo obra de la imaginación, que, como he dicho, se complace algunas veces con lo circunscrito y no ve más que una parte para poder imaginar, etc.

188, 26 de julio de 1820

Nótese que, en los locos más melancólicos y desesperados, es muy natural y frecuente una risa estúpida y vacía que no viene de más lejos que de los labios. Os tomarán de la mano con una mirada profundísima y, al dejaros, dirán *adiós* con una sonrisa que parecerá más desesperada y loca que la propia desesperación y locura. Es, sin embargo, algo muy notable también en los sabios reducidos a la íntegra desesperación ante la vida, especialmente tras concebir una resolución extrema que los hace descansar precisamente en esta extremidad de horror, y los placa, como ya seguros de la venganza sobre la fortuna y sobre sí mismos.

210, 14 de agosto de 1820

Decimos mal al decir que un deseo ha sido satisfecho. No se satisfacen los deseos al conseguir su objeto, sino que se apagan, es decir, se pierden y abandonan por la certeza adquirida de no poderlos satisfacer jamás. Y todo aquello que se gana, una vez conseguido el objeto deseado, es conocerlo enteramente.

239

Solo por el odio al tedio vemos hoy día al pueblo correr ávidamente para ver los espectáculos sangrientos de las ejecuciones públicas, y otros que no tienen nada de placentero en sí (como sí podían tenerlo los de los gladiadores y las bestias en el circo, por la carrera, por la parafernalia, etc.), solo porque contrastan fuertemente con la monotonía de la vida. Y del mismo modo todas las demás cosas extraordinarias, y por ello apreciadas, aunque no solo no sean placenteras, sino disgustosísimas.

246

De la teoría del placer expuesta en estos pensamientos se deduce fácilmente cuánto y por qué la matemática es contraria al placer, y, así como la matemática, también todas las cosas que se le parecen o le pertenecen: exactitud, sequedad, precisión, definición, circunscripción, tanto si son propias del carácter y espíritu del individuo como si pertenecen a cualquier cosa corporal o espiritual.

246-248, 18 de septiembre de 1820

Así es. Las cosas por sí mismas no son pequeñas. El mundo no es una cosa pequeña, es más, es muy vasto, especialmente si lo comparamos con el hombre. También la organización de los más ínfimos e invisibles animalillos es una gran cosa. La variedad de la naturaleza solamente en esta tierra es infinita; ¿qué diremos entonces de los otros, infinitos, mundos? De modo que, por una parte, se puede decir que no la grandeza de las cosas sino más bien su nulidad, tan evidente y sensible al hombre, es una pura ilusión. Pero basta con que el hombre haya visto la medida de una cosa, aunque sea desmesurada, basta con que haya llegado a conocer sus partes o a conjeturarlas según las reglas de la razón, para que esa cosa inmediatamente le parezca pequeñísima, se le vuelva insuficiente y él quede totalmente descontento de ella. Cuando Petrarca podía decir de los antípodas: «Y que nuestro día vuela a gente que más allá quizás le espera»[6], ese *quizás* bastaba para dejarnos concebir a aquella gente y aquellos países como algo inmenso y enormemente deleitoso para la imaginación. Tras encontrarlos, ciertamente no se han empequeñecido, ni aquellos países son una pequeñez, pero en cuanto las antípodas han sido vistas en el mapamundi, han desaparecido toda grandeza, toda belleza, todo prestigio de la idea que de ellas se tenía. Por ello la matemática, que mide cuando nuestro placer no quiere medida, define y circunscribe cuando nuestro placer no quiere confines (aunque sean estos vastísimos, es más, *aunque la imaginación sea derrotada por la verdad*), analiza, cuando nuestro placer no quiere análisis ni conocimiento íntimo y exacto de la cosa placentera (*aunque este conocimiento no revele ningún defecto de la cosa, es más, nos haga juzgarla como más perfecta de lo que creíamos, como sucede en el examen de las obras de genio, que, descubriendo todas las bellezas, las hace desaparecer*), la matemática, digo, debe ser necesariamente lo opuesto al placer.

257-259, 3 de septiembre de 1820

En cuanto a las Bellas Artes, hay que distinguir entusiasmo, imaginación, calor, etc., de la invención, especialmente de argumentos. La vista de la bella naturaleza provoca entusias-

6. Francesco Petrarca, *Rimas*, L, vv. 2-3 (refiriéndose a los antípodas antes del Descubrimiento). *(N. de la T.)*.

mo. Si este entusiasmo alcanza a alguien que ya tiene entre las manos un argumento, le beneficiará para la fuerza de la ejecución, y también para la invención y originalidad secundarias, es decir, de las partes, del estilo, de las imágenes, en definitiva, de todo aquello que compete a la ejecución. Pero difícilmente, o nunca, favorece a la invención del argumento. Para que el entusiasmo favorezca a la invención del argumento, es necesario que gire concretamente o sea causado por el propio argumento, como el entusiasmo de una pasión. Pero el entusiasmo abstracto, vago, indefinido, que a menudo los hombres de genio experimentan al oír una música, ante el espectáculo de la naturaleza, etc., no beneficia en absoluto a la invención del argumento, ni siquiera de las partes, porque en esos momentos el hombre está casi fuera de sí, se abandona a una suerte de fuerza extraña que lo transporta, no es capaz de recoger ni de fijar sus ideas; todo lo que ve es infinito, indeterminado, huidizo y tan variado y abundante que no admite ni orden, ni regla, ni facultad de renovar, o disponer, o elegir, o ni tan siquiera de concebir de manera clara y completa, y mucho menos permite *saisir* un punto (es decir, un argumento) en torno al cual concentrar todas las sensaciones e imaginaciones que experimenta y que no tienen ningún centro. Es más, incluso experimentando el entusiasmo de una pasión, y queriendo escoger como argumento la propia pasión, si el entusiasmo está realmente vivo y es verdadero, no sabréis determinar ninguna forma tratable de este argumento. En suma, para la invención de argumentos formales y circunscritos y también primitivos y originales (quiero decir en su primera concepción), no es necesario (es más, perjudica) el tiempo del entusiasmo, del calor y de la imaginación agitada. Hace falta un tiempo de fuerza, pero tranquila; un tiempo de genio actual más que de entusiasmo actual (es decir, un acto genial más que entusiasta), una influencia del entusiasmo pasado, futuro o habitual más que su presencia, y, podemos decir, más su crepúsculo que su mediodía. A menudo es muy adecuado un momento en el que, después de un entusiasmo o sentimiento experimentado, el alma, aunque calmada, regresa como a ondear tras la tormenta y revive con placer la sensación pasada. Ese es quizá el momento más apropiado, y el más frecuente para la concepción de un sujeto original o de sus partes originales. Y, por lo general, se puede decir que en las Bellas Artes y en la poesía las demostraciones de entusiasmo, de imaginación, de sensibilidad, son el fruto inmediato del recuerdo del entusiasmo más que del propio entusiasmo (2 de octubre de 1820). En definitiva, donde la opinión común (que en principio parece verdadera) considera al entusiasmo como padre de la invención y de la concepción y a la calma como necesaria para la buena ejecución, yo digo que el entusiasmo perjudica o más bien impide la invención (que debe ser determinada, y el entusiasmo es ajeno a toda suerte de determinación) y más bien favorece la ejecución, calentando al poeta o al artífice, avivando su estilo y ayudándole sumamente en la formación, disposición, etc., de las partes; todas cosas que fácilmente resultan frías y monótonas cuando el autor ha perdido los primeros impulsos de originalidad.

262

El hombre deja de sentir tedio por el mismo sentimiento vivo del tedio universal y necesario.

269

Quien no tiene una meta no experimenta nunca placer en ninguna acción, excepto en aquellas que son placenteras por sí mismas y en el acto de hacerlas —que son bien pocas, y el placer que procuran es sumamente inferior a la expectativa—; todas las demás no son placenteras si no se hacen con un fin, una esperanza y una expectativa de cosa que aún no existe y que debe surgir de ellas. Si bien muchas de ellas —ya sea porque la meta se va consiguiendo en cada momento, como en el estudio, o porque la meta es tan inherente y está tan identificada con ella que apenas se deja distinguir— se suelen confundir con las acciones placenteras por sí mismas, cuando en realidad solo deleitan ya que están dirigidas a ese fin y a esa esperanza, sin las cuales se vuelven indiferentes o aburridas, como se puede comprobar considerando una misma acción en dos individuos distintos.

273

La mayor parte de los hombres vive por hábito, sin placeres ni esperanzas formales, sin motivo suficiente para mantenerse en vida y hacer lo necesario para sustentarla. Si reflexionasen, dejando de lado la religión, no encontrarían motivo para vivir y, contra natura pero siguiendo la razón, concluirían que su vida es un absurdo, porque haber empezado a vivir —aunque según la naturaleza sí— según la razón no es motivo suficiente para continuar.

284-285, 18 de septiembre de 1820

La esperanza —es decir, una chispa, una gota de ella— no abandona al hombre ni siquiera después de haberle acaecido la desgracia más diametralmente opuesta a esa esperanza, y la más decisiva.

280, 25 de octubre de 1820

Incluso la mera falta de presente es más dolorosa para el joven que para cualquier otro. Las ilusiones en él son más vivas, y, por ello, las esperanzas, más capaces de alimentarlo. Pero el ardor juvenil no soporta la falta total de una vida presente, no le satisface vivir solo en el futuro, sino que tiene la necesidad de una energía actual, y la monotonía y la inactividad presentes le pesan y le apenan con un tedio mayor que a ninguna otra edad, porque el hábito aligera cualquier mal, y el hombre, con un largo uso, se puede acostumbrar incluso al total y perfecto tedio, y encontrarlo mucho menos insufrible que al principio. Lo he experimentado yo, que, por el tedio, al principio me desesperaba, pero, después, a pesar de aumentar en lugar de disminuir, el hábito me lo hacía poco a poco menos terrible y más susceptible de paciencia; hasta que, finalmente, la paciencia del tedio en mí se hizo enormemente heroica. Ejemplo de los encarcelados, que, a veces, incluso se han encariñado con esa vida.

303, 6 de noviembre de 1820

Quien sabe alimentarse de las pequeñas felicidades, recoger en su ánimo los pequeños placeres que ha experimentado durante la jornada, darle un peso dentro de sí a las pequeñas dichas, pasa la vida fácilmente; y, si no es feliz, puede creer serlo y no darse cuenta de lo contrario. Pero quien solo piensa en las grandes felicidades, no considera como logros y no procura nutrirse y rumiar dentro de sí los pequeños accidentes placenteros, los pequeños aciertos, las pequeñas satisfacciones y méritos, etc., y lo considera todo como una nimiedad si no alcanza aquella gran y difícil meta que se propone; vivirá siempre afligido, ansioso, sin goces, y en vez de la gran felicidad, encontrará una continua infelicidad. Sobre todo, porque, aunque consiga esa gran meta, la encontrará muy inferior a la esperanza, como siempre sucede con las cosas largamente deseadas y buscadas.

Historia del género humano[7]

Se cuenta que todos los hombres que al principio poblaron la Tierra fueron creados en todas partes al mismo tiempo, y todos niños, y que fueron alimentados por las abejas, las cabras y las palomas a la manera en que los poetas fabularon sobre la educación de Júpiter. Se cuenta también que la Tierra era mucho más pequeña que ahora (casi todos los países planos, el cielo sin estrellas), que el mar no había

---

7. La *Storia del genere umano* ocupa, en el orden de los *Opúsculos morales* y en el orden de la fecha de composición, el primer lugar en la obra y tiene un carácter introductorio. Fue compuesta del 19 de enero al 7 de febrero de 1824. Inspirado en el modo en que lo hicieran Hesíodo, Ovidio o Platón, Leopardi despliega aquí su mito filosófico sobre las edades del hombre, marcadas, en este caso, por la «teoría del placer», es decir, por la perenne búsqueda de la felicidad como inclinación a lo infinito, y las sucesivas disposiciones de Júpiter para intentar favorecer a sus criaturas. *(N. de la T.)*

sido creado y que había en el mundo mucha menor variedad y magnificencia de la que muestra hoy. Sin embargo los hombres, complaciéndose insaciablemente en observar y considerar el cielo y la tierra, maravillándose de todo ello sobremanera y reputándolo bellísimo, no ya vasto sino infinito, tanto en tamaño como en majestad y gracia, alimentándose de alegres esperanzas y extrayendo de cada sentimiento de sus vidas increíbles deleites, crecían con mucho contento y casi convencidos de ser felices.

Así, una vez consumadas dulcemente la niñez y la primera adolescencia y llegados a una edad más firme, empezaron a experimentar algunos cambios. Puesto que las esperanzas que hasta aquel momento habían albergado día tras día todavía no se habían realizado, les pareció que merecían poca fe. Por otro lado, les parecía que no podían conformarse con lo que gozaban en el presente sin esperar un incremento de bien, sobre todo porque el aspecto de las cosas naturales y cada parte de la vida diaria —bien por la costumbre, bien por haber disminuido en sus almas aquella primera vivacidad— no les resultaban en absoluto tan deleitables y gratos como al principio. Iban por la tierra visitando lejanísimos parajes, ya que podían hacerlo con facilidad al ser lugares llanos, no divididos por los mares ni impedidos por otras dificultades; y, tras no muchos años, la mayor parte de ellos se dio cuenta de que la tierra, aunque grande, tenía límites claros y no tan amplios como para ser incomprensibles, y que, salvo por leves diferencias, todos los lugares de aquella tierra y todos los hombres eran iguales los unos a los otros. Por todo ello crecía su descontento de tal manera que, aun antes de haber dejado atrás la juventud, ya les había invadido totalmente un manifiesto cansancio de su propia existencia. Y según avanzaba la edad adulta, y más aún con el declive de los años, convertida la saciedad en odio, algunos de ellos llegaron a tal desesperación que, no soportando ya la luz y el aliento que en los primeros tiempos habían amado tanto, voluntariamente, de una manera o de otra, se privaron de ellos.

A los dioses les pareció horrible que criaturas vivas prefiriesen la muerte a la vida, y que esta misma, no por necesidad ni por otra causa, en algunos sujetos fuese el instrumento para deshacerla. Y no se puede explicar fácilmente lo mucho que se asombraron de que sus dones fuesen considerados tan viles y abominables que hubiese quien se despojara de ellos y los arrojara con todas sus fuerzas, pues les parecía que habían puesto en el mundo tanta bondad, belleza, orden y condiciones tales como para que aquella estancia no solo fuese tolerada, sino plenamente amada por cualquier animal, y máxime por los hombres, género que habían creado con especial cuidado para que constituyera una maravillosa excelencia. Pero al mismo tiempo, además de estar afectados por una gran piedad ante tanta miseria humana que se manifestaba, sospechaban que, al renovarse y multiplicarse aquellos tristes ejemplos, en poco tiempo, contra el orden del hado, la estirpe humana pudiese perecer, que las cosas se vieran privadas de la perfección que les otorgaba nuestro género, y los dioses, privados de los honores que recibían de los hombres.

Júpiter, por tanto, resuelto a mejorar el estado humano y a dirigirlo hacia la felicidad con mayores ayudas —pues así parecía requerirse—, entendió que los hombres se quejaban principalmente de que las cosas no fuesen inmensas en su proporción, ni infinitas en su belleza, perfección y variedad como al principio habían creído; que, al contrario, las veían limitadas, imperfectas y prácticamente de una sola forma; y que, lamentándose no solo de la edad madura, sino de la naturaleza y de la misma juventud, y deseando las dulzuras de sus primeros años, rogaban fervientemente ser devueltos a la niñez y permanecer en ella durante toda su vida. Algo que Júpiter no podía concederles, al ser contrario a las leyes universales de la naturaleza y a aquellas tareas y utilidades que, según la intención y los decretos divinos, los hombres debían ejercitar y producir. Tampoco podía compartir su propia infinitud con las criaturas mortales, ni hacer la materia infinita, ni infinitas la perfección y la felicidad de las cosas y de los hombres.

Sin embargo, le pareció conveniente aumentar los términos de la creación, adornarla más y hacerla más variada. Así que, una vez tomada tal decisión, amplió la tierra por doquier y le infundió el mar, con el fin de que este, interponiéndose entre los lugares habitados, diversificase la apariencia de las cosas e impidiese que sus confines fuesen fácilmente conocidos por los hombres, interrumpiendo los caminos y representando ante sus ojos, asimismo, una viva similitud con la inmensidad. Las nuevas aguas ocuparon la tierra de Atlántida, y no solo esta, sino muchos otros extensos terrenos, aunque de ella queda un recuerdo especial que ha sobrevivido al paso de los siglos[8]. Muchos luga-

---

8. Según cuenta Platón en *Timeo* y en *Critias,* la isla de Atlántida surgía, grande y poderosa, frente a las Columnas de Hércules. Fue derrotada por Atenas y más tarde se hundió como consecuencia de los terribles terremotos y cataclismos que la trastornaron durante un día y una noche enteras. Leopardi habla de ello en *Saggio sopra gli errori popolari degli antichi,* cap. XII, «Della Terra», y lo menciona también en «Paralipomeni della Batracomiomachia», VII, 33. *(N. de la T.).*

res deprimió, muchos los rellenó elevando montes y colinas, diseminó de estrellas la noche, sutilizó y purificó la naturaleza del aire, aumentó la claridad y la luz del día, reforzó y mezcló los colores del cielo y de los campos con más variedad que hasta entonces, confundió las generaciones de los hombres para que la vejez de unos coincidiese con la juventud y niñez de otros. Y resuelto a multiplicar las apariencias de aquel infinito que los hombres tanto deseaban (puesto que no podía complacerles con su esencia), queriendo favorecer y alimentar sus imaginaciones, de cuya virtud entendía que había derivado tanta felicidad en su niñez, entre los muchos medios que puso en marcha —entre ellos el mar—, creó el eco, lo escondió en los valles y en las cavernas, y dotó a las selvas de un estrépito sordo y profundo en el vasto ondular de sus cimas. Asimismo, creó el pueblo de los sueños[9] y finalmente les ordenó a todos que, engañando de distintas formas el pensamiento de los hombres, les representasen aquella plenitud de no inteligible felicidad que él era incapaz de materializar, así como aquellas imágenes ambiguas e indeterminadas de las que él —si bien habría querido hacerlo y los hombres lo desearan ardientemente— no podía producir ningún ejemplo real.

Gracias a estas medidas de Júpiter, el alma de los hombres halló distracción y sosiego y en cada uno de ellos, fueron reintegrados la gracia y el amor a la vida, así como el convencimiento, el deleite y el estupor de la belleza y de la inmensidad de las cosas terrenales. Y este buen estado duró más tiempo que el primero, sobre todo por la diferencia del tiempo introducida por Júpiter en los nacimientos,

9. Expresión tomada de Hesíodo. *(N. de la T.)*.

de manera que las almas frías y cansadas por la experiencia de las cosas se reconfortaban viendo el calor y las esperanzas de la tierna edad.

Pero con el paso del tiempo, al volver a faltar la novedad y al resurgir y confirmarse el tedio y desprecio por la vida, los hombres se sumieron en tal abatimiento que, según se cree, nació entonces la costumbre —referida en las historias como practicada por algunos pueblos antiguos que la conservaron[10]— según la cual, al nacer alguien, los parientes y los amigos de este se congregaban para llorar por él, mientras que el día de su muerte se celebraba con fiestas y discursos para congratularse con el difunto. Al final todos los mortales cayeron en la impiedad, bien porque les parecía que Júpiter no los escuchaba, bien por estar en la naturaleza de las miserias el endurecer y corromper incluso los ánimos más nobles y alejarlos de lo honesto y de lo recto. Por consiguiente, se engañan totalmente aquellos que consideran que la infelicidad humana haya nacido en primer lugar de la iniquidad y de los actos cometidos contra los dioses, pues la maldad de los hombres no tuvo más inicio que el de sus calamidades.

He aquí por qué, una vez que la soberbia de los mortales fue castigada por los dioses con el diluvio de Deucalión y fueron vengadas las injurias, los dos únicos que escaparon del naufragio universal, Deucalión y Pirra, decían para

10. Heródoto, lib. 5, cap. 4. Estrabón, lib. 11, edit. Casaub., p. 519. Mela, lib. 2, cap. 2. *Antología griega*, ed. H. Steph, p. 16. Coricio de Gaza, *Orat. Fun. In Procop. Gaz.,* cap. 35, ap. Fabric. *Bibl. Graec.,* ed. ver. vol. 8, p. 859 *(Nota de Leopardi).* Las fuentes de lo que Leopardi observa aquí provienen en buena parte de su lectura de *Voyage du jeune Anacharsis en Grèce,* de Jean-Jacques Barthélemy, documentada en *Zib.* 2671 (8 de febrero de 1823), sobre la costumbre de los pueblos bárbaros aquí citada. *(N. de la T.).*

sí mismos que nada podía favorecer más a la estirpe humana que el ser del todo extinguida. Se sentaban en la cima de una montaña llamando a la muerte con recio deseo, lejos de temer o deplorar su destino común. Pese a ello, exhortados por Júpiter a poner remedio a la soledad de la tierra y no soportando —dados su desengaño y desconsuelo ante la vida— la idea de tener que obrar tal generación, extrajeron unas piedras de la montaña y, tal como les fue mostrado por los dioses, las lanzaron a sus espaldas restaurando así la especie humana.

Pero Júpiter, conociendo (por los acontecimientos del pasado) la singular naturaleza de los hombres y que no les basta, como a los otros animales, con vivir y ser libres de todo dolor y molestia del cuerpo —es más, que, deseando siempre y en cualquier estado lo imposible, se desgastan con este deseo por sí mismos tanto más cuanto menos son afligidos por otros males—, para conservar a este mísero género decidió valerse de nuevas artes, las cuales fueron principalmente dos. Una, mezclar sus vidas con verdaderos males; la otra, implicarlas en mil asuntos y fatigas con la intención de entretener a los hombres y distraerlos lo más posible de toda intimidad, bien con su propia alma, bien con su deseo de aquella desconocida y vana felicidad.

Así, en primer lugar difundió entre ellos una gran multitud de enfermedades y un infinita variedad de otras desventuras: en parte queriendo —al variar las condiciones y las virtudes de la vida mortal— corregir el hartazgo y aumentar, con la oposición de los males, el aprecio de los bienes; en parte para que la carencia de placeres les resultase, a los espíritus ejercitados en cosas peores, más soportable que en el pasado; y, en parte, también con la intención de

aplacar y amansar la ferocidad de los hombres, de enseñar-
les a someterse y ceder a la necesidad, de llevarles a confor-
marse más fácilmente con su propia suerte, y de mitigar en
sus almas —apaciguadas por las enfermedades del cuerpo
no menos que por los sufrimientos— la agudeza y la vehe-
mencia del deseo.

Además de esto, sabía que tenía que suceder que los hom-
bres, oprimidos por las enfermedades y las calamidades, es-
tuviesen menos dispuestos que en el pasado a levantar la
mano contra sí mismos, puesto que estarían acobardados y
postrados de corazón, como sucede por la costumbre del
padecimiento, que suele reenganchar a las almas a la vida y
a las mejores esperanzas, ya que los infelices tienen la firme
opinión de que serían muy felices si se deshicieran de sus
males —algo que, de acuerdo con la naturaleza del hombre,
nunca dejan de esperar que de algún modo les vaya a su-
ceder—.

Después creó las tempestades de los vientos y de las nu-
bes, se armó con el trueno y el rayo, le dio a Neptuno el tri-
dente, impulsó los cometas errantes y ordenó los eclipses,
con lo cual, junto con otros signos y efectos terribles, esta-
bleció atemorizar de cuando en cuando a los mortales,
sabiendo que el miedo y los peligros reconciliarían con la
vida, al menos por un breve tiempo, no solo a los infelices,
sino también a aquellos que más la abominaran y que estu-
viesen más dispuestos a rehuirla.

Para ahuyentar la pereza del pasado, indujo en el género
humano la necesidad y el apetito de nuevos alimentos y de
nuevas bebidas que no pudiese conseguir sino con gran es-
fuerzo, pues hasta el diluvio los hombres solo se habían sa-
ciado con las aguas, alimentado con hierbas y frutas que la

tierra y los árboles les suministraban espontáneamente, y con otros nutrientes humildes y fáciles de conseguir —igual que se alimentan, incluso hoy día, algunos pueblos, especialmente los de la California—. Asignó diferentes cualidades climáticas a los distintos lugares, así como a las partes del año, que hasta aquel momento habían sido siempre y en toda la tierra benignas y placenteras, de modo que los hombres no habían necesitado vestido alguno, que desde entonces tuvieron que procurarse para protegerse hábilmente de los cambios e inclemencias del cielo.

Impuso a Mercurio que fundase las primeras ciudades y que dividiese el género humano en pueblos, naciones y lenguas, instaurando la competencia y la discordia entre ellos, y que enseñase a los hombres el canto y las otras artes, las cuales, tanto por su naturaleza como por su origen, fueron llamadas, y aún se llaman, divinas. Él mismo otorgó leyes, estados y órdenes civiles a las nuevas gentes; y por último, queriendo beneficiarlas con un don incomparable, envió entre ellas algunos fantasmas, de semblanzas excelentísimas y sobrehumanas —a los que concedió gran parte del gobierno y del poder sobre aquellas gentes—, que fueron llamados Justicia, Virtud, Amor patrio, y otros nombres parecidos. Uno de ellos fue llamado Amor, que vino a la Tierra por primera vez junto con los otros, ya que antes del uso de las vestimentas lo que impulsaba a un sexo hacia el otro no era el amor, sino el ímpetu de concupiscencia —no muy distinto en los hombres de entonces que en los animales de cualquier tiempo—, del mismo modo que cada cual es atraído por los alimentos y aquellos objetos a los que en realidad no ama, sino que apetecen.

Fue admirable el gran fruto que generaron estas divinas leyes en la vida mortal y hasta qué punto esta nueva condición de los hombres —a pesar de las dificultades, los temores y los dolores, desconocidos por ellos en el pasado— superó en comodidad y en dulzura a la de antes del diluvio. Este efecto provino en gran parte de aquellas maravillosas larvas, las cuales fueron reputadas por los hombres unas veces genios y otras veces dioses, seguidas y adoradas por ellos con inestimable pasión y con enorme y portentoso trabajo a lo largo de extensísimo tiempo, animados a ello con entusiasmo por los poetas y los nobles artistas, de manera que un gran número de mortales no dudaron en donar y sacrificar, a este o a aquel fantasma, su sangre y su propia vida. Algo que no desagradó a Júpiter —bien al contrario, le complacía muchísimo—, ya que consideraba que cuanto más dispuestos estaban los hombres a morir por razones bellas y gloriosas, menos dispuestos estaban a desechar su vida voluntariamente. Estas nuevas disposiciones superaron en mucho a las precedentes también en duración, ya que, pese a haberse rebajado claramente a lo largo de muchos siglos (declinando y, finalmente, incluso precipitando), siguieron siendo válidas hasta llegar a un tiempo no muy remoto con respecto al presente, en el que la vida humana, que en virtud de aquellas disposiciones ya había sido (especialmente en algunos tiempos) casi beata, se mantuvo, por beneficio suyo, medianamente fácil y tolerable.

Las razones y los modos de su alteración fueron los muchos inventos hallados por los hombres para proveer ágilmente y en poco tiempo a sus necesidades; el desmesurado crecimiento de la desigualdad de condiciones y de tareas, instituido por Júpiter entre los hombres cuando fundó y dispuso las primeras repúblicas; la ociosidad y la vanidad que, por estas razones (de nuevo, después de un antiquísimo exilio), ocuparon la vida; el haber disminuido en aquella vida la gracia de la variedad, como siempre debido a la larga costumbre —no solo por la esencia de las cosas, sino también por la consideración de los hombres—, y finalmente las otras cosas más graves, que, al haber sido ya descritas y declaradas por muchos, no procede distinguir aquí. Ciertamente en los hombres se renovó aquel cansancio por todo, que les había atenazado antes del diluvio, y volvió a asomarse en ellos aquel amargo deseo de felicidad desconocida y ajena a la naturaleza del universo.

Pero el vuelco total de su fortuna, y el último resultado de aquel estado que hoy solemos llamar antiguo, vino principalmente de una razón distinta de las ya mencionadas, y fue esta: entre aquellos fantasmas, tan apreciados por los antiguos, había uno denominado, en sus distintas lenguas, Sabiduría, la cual, honrada universalmente como todas sus compañeras y seguida por muchos, había contribuido por su parte, igual que las demás larvas, a la prosperidad de los siglos pasados. Una y otra vez, cotidianamente, Sabiduría había prometido y jurado a sus seguidores mostrarles la Verdad, que definía como un genio grandísimo y su propia señora, que nunca había venido a la Tierra, sino que estaba sentada con los dioses en el cielo. La Sabiduría prometía que con su autoridad y gracia podría traerla y obligarla a peregrinar entre los hombres durante un tiempo, de manera que, gracias a su cercanía y al hábito de tenerla al lado, el género humano llegaría a alcanzar tal condición que, por grado de conocimiento, excelencia de instituciones y costumbres y felicidad de vida, fuese casi comparable a la divina. Pero ¿cómo podía una pura sombra y una semblanza

vacía mantener sus promesas, y no digamos traer a la Tierra
a la Verdad?

Los hombres, después de mucho confiar y creer, al darse
cuenta de lo vano de aquellas promesas —pero al mismo
tiempo ávidos de cosas nuevas, sobre todo por causa del
ocio en el que vivían, y estimulados tanto por la ambición de
parecerse a los dioses como por el deseo de aquella beatitud
que, siguiendo las palabras de la Sabiduría, creían estar a
punto de conseguir al entrar en contacto con la Verdad—, se
dirigieron con insistentes y presuntuosas palabras a Júpiter,
pidiéndole que por algún tiempo concediese a la Tierra
aquel nobilísimo genio y reprochándole que, por envidia, les
negase a sus criaturas la infinita utilidad que la presencia de
la Verdad les reportaría, a la vez que se quejaban con él por
el destino humano sacando a relucir de nuevo sus antiguos
y odiosos lamentos por la pequeñez y la pobreza de todo lo
suyo. Y ya que aquellas quimeras tan especiosas, principios
de tantos bienes en las edades pasadas, ahora eran tenidas
en poca estima por la mayoría —no porque fuesen conoci-
das por lo que verdaderamente eran, sino por la común vile-
za de pensamientos y por la pusilanimidad, que hacían que
hoy ya casi nadie las siguiera—, los hombres, blasfemando
enloquecidamente contra el mayor don que los eternos les
habían hecho y podido hacer a los mortales[11], gritaban que
la Tierra no había sido digna sino de los genios menores, y
que a los genios mayores, ante los cuales sería más adecuado
que la estirpe humana se inclinara, no les estaba permitido
poner un pie en esta ínfima parte del universo.

---

11. Se refiere a las ilusiones, idea fundamental de la filosofía leopardiana.
(*N. de la T.*).

Muchas cosas habían alejado de nuevo, desde hacía tiempo, a los hombres de la voluntad de Júpiter: entre ellas, los incomparables vicios y desastres que, por número y por gravedad, habían ampliamente superado las maldades vengadas en el diluvio. Tras tantas experiencias realizadas, le daba náuseas la inquieta, insaciable, descontrolada naturaleza humana, para cuya tranquilidad —y no digamos felicidad— ya no veía posible aplicar ninguna disposición, convenir ningún estado, ni ningún lugar lo suficientemente bueno. Porque aunque él hubiese querido aumentar mil veces los espacios, los deleites de la Tierra y la totalidad de las cosas, a los hombres, tan incapaces como ávidos del infinito, en poco tiempo les habrían parecido estrechos, desagradables y de poco valor, tanto los unos como las otras.

Al final, estas estúpidas y soberbias peticiones provocaron hasta tal punto la ira del dios que este, desechando toda piedad, decidió castigar perpetuamente a la especie humana condenándola por todas las edades futuras a una miseria mucho más grave que la de los siglos pasados; decidió, pues, no solo enviar a la Verdad entre los hombres para que se quedara un tiempo entre ellos, como pedían, sino darle eterno domicilio entre ellos, y, retirando de aquí abajo aquellos bellos fantasmas que había colocado, convertirla en eterna moderadora y señora de los seres humanos.

Maravillándose los otros dioses de esta decisión, y pensando algunos que esto podía redundar en una elevación desmesurada de nuestro estado y en un perjuicio para su superioridad, Júpiter les disuadió de esta idea mostrándoles —además de que no todos los genios, incluidos los grandes, son siempre benéficos— que no es una característica de la Verdad tener los mismos efectos sobre los hombres que sobre los dioses, pues mientras que a los inmortales les muestra su beatitud, a los hombres les descubriría enteramente y les mostraría continuamente su infelicidad, representándola, además de esto, no solo como obra de la fortuna, sino como algo que, por ningún accidente o remedio, pudieran evitar ni interrumpir en vida. Y al tener la mayor parte de sus males esa naturaleza —la de que son males por creerlo así quien los soporta, y que son más o menos graves según estos los consideren—, se puede juzgar qué gran beneficio será para los hombres la presencia de este genio. Nada resultará más verdadero que la falsedad de todos los bienes mortales, nada más sólido que la vanidad de todo, excepto de los propios dolores. Por estas razones serán también privados de la esperanza, con la cual, más que con ningún otro deleite o consuelo, desde el principio hasta el presente sustentaron su vida. Y al no esperar nada y no ver ningún digno fin para sus empresas y esfuerzos, alcanzarán tal negligencia y aborrecimiento de toda obra industriosa y magnánima que la costumbre común de los vivos será poco desemejante de la de los muertos. Pero en esta desesperación e inercia no podrán evitar que el deseo de una inmensa felicidad, que le es congénito a sus almas, les atenace y atormente aún más que en el pasado, al estar estas menos llenas y distraídas por la variedad de los cuidados y el ímpetu de las acciones. Y al mismo tiempo se encontrarán despojados de la natural virtud imaginativa, la única que podía satisfacerlos de alguna manera con esa felicidad imposible e inconcebible tanto por mí como por ellos mismos, que la anhelaron. Y todos estos simulacros del infinito que yo, conforme a su inclinación, laboriosamente había puesto en el mundo para engañarlos y saciarlos con pensamientos vastos e indeterminados, serán insuficientes para lograr tal efecto, debido a la doctrina y a los hábitos que ellos aprenderán de la Verdad. De manera que la Tierra y las otras partes del universo, si en el pasado les parecieron pequeñas, de ahora en adelante les parecerán mínimas, porque serán claramente instruidos en los arcanos de la naturaleza, y porque aquellas, en contra de la actual expectativa de los hombres, parecen tanto más estrechas cuanto más se las conoce. Finalmente, puesto que le habrán sido arrebatados a la tierra sus fantasmas, y debido a las enseñanzas de la Verdad —gracias a las cuales los hombres tendrán pleno conocimiento del verdadero ser de estos—, la vida humana carecerá de todo valor, de toda rectitud, tanto de pensamientos como de hechos; y no solo el compromiso y la caridad, sino el nombre mismo de las naciones y de las patrias, se apagarán por doquier, uniéndose todos los hombres, según dirán ellos mismos, en una sola patria y nación, como fue al principio, y haciendo profesión de amor universal hacia toda su especie, aunque en realidad la estirpe humana se disipará y dividirá en tantos pueblos cuantos son los hombres. De manera que, al no haber una patria a la que amar especialmente, ni extranjeros a los que odiar, cada cual odiará a todos los demás y se amará solo a sí mismo. Sería infinito contar la cantidad de molestias que están a punto de nacer de ello. Y ni siquiera a causa de una infelicidad tan enorme y desesperada se atreverán los mortales a abandonar la luz voluntariamente, ya que el dominio de este genio los hará no menos cobardes que miserables, y, añadiendo dureza a su vida, les privará del valor de rechazarla.

Por estas palabras de Júpiter les pareció a los dioses que nuestra suerte estaba por ser mucho más cruel y terrible de lo que a la divina piedad le conviniese consentir. Pero Júpiter siguió hablando: Tendrán sin embargo algún mediocre consuelo por aquel fantasma que ellos llaman Amor, que, llevándome a todos los demás, estoy dispuesto a dejar entre los seres humanos. Y no le será permitido a la Verdad, aunque potentísima y combatiéndolo continuamente, ni expulsarlo jamás de la Tierra ni vencerlo sino muy raramente. De modo que la vida de los hombres, ocupada a la par en el culto de aquel fantasma y de este genio, será dividida en dos partes, y ambas tendrán en las cosas y en las almas de los mortales común imperio. Todas las demás ocupaciones, excepto muy pocas y de pequeña importancia, desaparecerán para la mayor parte de los hombres. En las edades más avanzadas, la falta de los consuelos de Amor será compensada por el beneficio de su natural capacidad para contentarse de la propia vida, como ocurre en las otras especies animales, y de cuidarla diligentemente por sí misma, no por el deleite o el provecho que de ella obtienen.

Así, expulsados de la Tierra los divinos fantasmas, salvo Amor —el menos noble de todos—, Júpiter mandó entre los hombres a la Verdad, y le dio eterna demora y dominio entre ellos. De lo cual se derivaron todos aquellos luctuosos efectos que él había previsto. Y ocurrió algo sorprendente: que allí donde aquel genio, antes de su descenso, cuando no tenía poder ni autoridad alguna sobre los hombres, había sido honrado con un gran número de templos y de sacrificios, ahora, llegando a la Tierra con autoridad de príncipe, y al ser conocido directamente —al revés de todos los otros inmortales, que cuanto más claramente se manifiestan más venerables parecen—, entristeció de tal modo las mentes de los hombres y las sumió en tal horror que estos, aunque obligados a obedecerle, se negaron a adorarle. Y mientras que aquellos fantasmas solían ser más reverenciados y amados en los ánimos en los que mayormente hacían valer su fuerza, este genio provocó maldiciones más potentes y un odio más profundo en aquellos en los que obtuvo mayor poder. Pero no pudiendo rechazarlo ni sustraerse a su tiranía, los mortales vivían en aquella suprema miseria en la que siguen encontrándose hoy y en la que siempre se encontrarán.

Sin embargo la piedad, que en el ánimo de los seres celestes no se apaga nunca, conmovió no hace mucho la voluntad de Júpiter por tanta infelicidad, y en especial por la de algunos hombres singulares por fineza de intelecto, nobleza de hábitos e integridad de vida, a los que frecuentemente veía más oprimidos y afligidos que los demás por la potencia y el duro dominio de aquel genio. En los tiempos antiguos, cuando Justicia, Virtud y otros fantasmas gobernaban las cosas humanas, los dioses habían tenido la costumbre de visitar alguna vez a sus criaturas, bajando a la Tierra unas veces unos, otras veces otros, y manifestando aquí su presencia de diversas maneras; algo que había sido siempre de gran beneficio, bien para todos los mortales, bien para alguno de ellos en particular. Sin embargo, una vez corrompida de nuevo la vida y sumergida en la perfidia, durante mucho tiempo rechazaron dialogar con los hombres.

Entonces, Júpiter, sintiendo compasión por nuestra suma infelicidad, preguntó a los inmortales si alguno de ellos estaría dispuesto, como habían hecho antiguamente, a visitar a su progenie —y en particular a aquellos que demostraban no merecer la corrupción universal— y volver a darle consuelo de tantos dolores. A lo cual, callados los demás, Amor, hijo de Venus Celestial —que se llamaba igual que el homónimo fantasma, pero de naturaleza, de virtud y de obras muy distintas[12]—, se ofreció (de acuerdo con su singular piedad) a realizar la tarea propuesta por Júpiter y bajar del cielo —del que nunca había salido, ya que el consejo de los Inmortales le tenía tanto cariño que no soportaba privarse de su presencia ni siquiera por poco tiempo—. Si bien de vez en cuando muchos hombres, engañados por transformaciones y por diversos ardides del fantasma llamado con el mismo nombre, creyeron tener signos indudables de la presencia de este excelso dios, lo cierto es que este no volvió a visitar a los mortales hasta que estos no estuvieron sometidos al imperio de la Verdad. Desde entonces, tampoco suele bajar sino raramente, y se queda poco tiempo, tanto por la general falta de dignidad de la gente humana como por el hecho de que los dioses soportan de muy mala gana su ausencia. Cuando viene a la Tierra, elige a los corazones más tiernos y amables de las personas más generosas y magnánimas, y en ellos se asienta brevemente, infundién-

---

12. Platón distingue dos Afroditas, la Celeste y la Terrenal, y mientras la una rige el amor espiritual, la otra rige el sensual teniendo ambas un valor divino. El amor del que habla aquí Leopardi —referido al Dios Amor— es el amor sentimental propio de los modernos —el cual se contrapone a la mera apariencia de Amor del homónimo genio—, que baja a la Tierra solo tras el advenimiento de la Verdad y que, como recalcará en los cantos «Pensamiento dominante» o «Amor y muerte», es la única ilusión que sobrevive a la muerte. Una nota de profundo lirismo que nos devuelve el único sólido valor positivo de la filosofía leopardiana que, desde la lúcida comprensión del desierto de la vida, ve mantenerse en pie ese raro milagro del amor. Quizá la obra maestra de este «amor del amor» sea el canto, por otra parte irónico, «A su amada». (N. de la T.).

doles una suavidad tan extraordinaria y admirable, y llenándolos de unos afectos tan nobles y de tanta virtud y fortaleza, que estos —cosa del todo nueva para el género humano— experimentan entonces más bien verdad que similitud de felicidad. Muy raramente une dos corazones abrazándolos simultáneamente, induciendo recíproca pasión y deseo en ambos. Aunque todos aquellos a los que visita se lo ruegan con insistencia, Júpiter no le consiente complacerlos, exceptuando a muy pocos, porque la felicidad que nace de tal beneficio es por muy poco superada por la divina.

De cualquier modo, estar llenos de este numen vence por sí solo a cualquier condición más afortunada que pudiese tener el hombre en los mejores tiempos. Donde él se posa, alrededor de él, se pasean, invisibles a todos los demás, las estupendas larvas hoy segregadas del contacto humano, las cuales ese dios vuelve a conducir a la Tierra por este efecto, permitiéndolo Júpiter y no pudiendo ser ello vetado por la Verdad —aunque esta sea gran enemiga de aquellos fantasmas y se ofenda por su regreso—, pues no es dado a la naturaleza de los genios poder contrastar a los dioses. Y puesto que el hado le concedió la niñez eterna, por ello este, de acuerdo con su naturaleza, cumple de alguna manera aquel primer deseo de los hombres de regresar a la condición de la puericia. De modo que en el alma que él elige habitar suscita y renueva, durante todo el tiempo que está en ella, la infinita esperanza y las bellas y amadas imaginaciones de los años tiernos. Muchos mortales, inexpertos e incapaces de sus deleites, lo denigran y atacan todo el día con desenfrenada vehemencia, esté lejos o cerca, pero este no oye sus escarnios y, aunque los oyese, ningún suplicio le derivaría de ello, siendo como es, por naturaleza, magnánimo y mansueto. Además, los inmortales, satisfechos de la venganza que recae en toda la estirpe y de la incurable miseria que los castiga, no se preocupan de las ofensas particulares de los hombres; y los fraudulentos y los injustos y los que desprecian a los dioses sufren, por su parte, el castigo de ser ajenos a su gracia.

EL INFINITO[13]

Siempre cara me fue esta yerma loma
y este seto, que de tanta parte
del último horizonte la vista priva.
Mas, sentado admirando, interminables
espacios tras de aquel, y sobrehumanos
silencios, y profundísima quietud
yo en mi mente invento; tanto que casi
turba el corazón. Y al oír el viento
murmurar entre estas plantas, yo aquel
infinito silencio a esta voz
voy comparando: y me alcanza lo eterno,
las edades muertas, y la presente
y viva, y el canto de ella. Así, en esta
inmensidad anega el pensamiento:
y el naufragar me es dulce en este mar.

---

13. Canto n.º XII. Idilio compuesto en 1819. *(N. de la T.)*.

A LA LUNA[14]

O agraciada luna, yo bien me acuerdo
de que hace hoy un año sobre esta loma
volvía muy angustiado a mirarte
y tú pendías aún sobre ese bosque
como ahora que entero lo esclareces.
Mas nebuloso y trémulo del llanto
que así de mí brotaba, a mis luces
tu rostro aparecía, qué penosa
era mi vida: y es, ni cambia estado,
oh mi preciada luna. Y aún me ayuda
rememorar y enumerar momentos
de mi dolor. ¡Oh, cuán grato resulta
en la edad juvenil, cuando es el curso
largo en esperanza y breve en memoria,
el remembrar las cosas del pasado
si bien tristes, y que la angustia dure![15]

14. Canto n.º XIV, compuesto probablemente en 1819. (N. de la T.).
15. Tanto «El infinito» como «A la luna» son traducciones llevadas a cabo por un grupo de traducción coordinado por Cristina Coriasso y constituido por: Chiara Algeri, Alice Cataffo, Julen Díaz e Alessandra Lucchina (alumnos del Máster de traducción literaria de la UCM). (N. de la T.).

2. Naturaleza y razón

De *Zibaldone*

14

La razón es enemiga de toda grandeza: una gran verdad, pero es necesario ponderarla bien. La naturaleza es grande, la razón es pequeña. Quiero decir que un hombre tanto menos y tanto más difícilmente podrá ser grande cuanto más dominado esté por la razón: que pocos pueden ser grandes (y en las artes y la poesía quizá ninguno) si no están dominados por las ilusiones. De ahí viene que aquellas cosas que llamamos grandes, por ejemplo, una hazaña, por lo general estén fuera de todo orden y consistan en un cierto desorden: ahora bien, este desorden es condenado por la razón.

15

Un ejemplo de hasta qué punto la razón está en contraste con la naturaleza. Este enfermo está absolutamente desahuciado y ciertamente morirá en pocos días. Sus parientes, para alimentarlo como requiere la enfermedad en estos días, se incomodarán en sus haberes; sufrirán un daño real también después de muerto el enfermo; y el enfermo no obtendrá ninguna ventaja de ello y quizá también daño porque sufrirá más tiempo. ¿Qué dice la desnuda y seca razón? Eres un loco si lo alimentas. ¿Qué dice la naturaleza? Eres un bárbaro y un insensato si para alimentarlo no haces y no sufres todo lo posible. Nótese que la religión se pone de parte de la naturaleza. La naturaleza es por tanto la que impulsa a los grandes hombres a las grandes acciones. Pero la razón los retira: y por ello la razón es enemiga de la naturaleza; y la naturaleza es grande, y la razón es pequeña. Otra prueba de que la razón es a menudo enemiga de la naturaleza se deduce de la utilidad (tanto para la salud como para todo lo demás) del esfuerzo, que repugna a la naturaleza, y, asimismo, del rechazo de esta última por otras cien cosas necesarias y utilísimas y sin embargo aconsejadas por la razón; y, por el contrario, de la inclinación de la naturaleza hacia muchas otras cosas dañinas o inútiles o prohibidas o ilícitas o condenadas por la razón; y la naturaleza a menudo tiende, con estos apetitos, a dañarse y destruirse a sí misma.

21-23

Se preguntaba Longino (al final del *Tratado de lo Sublime*) por qué en sus tiempos había tanta escasez de almas gran-

des, y encontraba como motivos, en parte, el final de las re-
públicas y de la libertad, y en parte, la avaricia, la lujuria y
la desidia. Ahora estas no son madres, sino hermanas de
ese efecto del que hablamos. Y este y aquellas derivan de
los progresos de la razón y de la civilización, y de la falta o
debilitación de las ilusiones, sin las cuales casi nunca habrá
grandeza de pensamientos ni fuerza e ímpetu y ardor de
ánimo, ni grandes acciones que son en su mayoría locuras.
Cuando uno está bien iluminado, en lugar de los deleites y
los bienes vanos, como son la gloria, el amor de patria, la
libertad, etc., busca los bienes sólidos, es decir, los place-
res carnales obscenos, en definitiva, terrestres; busca lo útil
para sí, ya sea dinero u otra cosa, se vuelve egoísta necesa-
riamente y no se quiere sacrificar por substancias imagina-
rias ni comprometerse por los demás, ni poner en peligro
un bien mayor, la vida, las posesiones, etc., por otro menor,
como el prestigio, etc. (dejemos de lado el hecho de que la
civilización hace a los hombres parecidos los unos a los
otros, quitando y persiguiendo la individualidad, y que,
distribuyendo las luces y las cualidades buenas, no hace
crecer a la masa sino que la divide, de modo que, reduci-
da a pequeñas porciones, hace pequeños efectos). De aquí
la avaricia, la lujuria y la desidia, y de estas la barbarie que
viene después del exceso de civilización.

Y en efecto no hay duda de que los progresos de la razón
y el apagarse de las ilusiones producen la barbarie, y de que
un pueblo enteramente iluminado no se vuelve por ello ul-
tracivilizado, como sueñan los filósofos de nuestro tiempo,
Staël, etc., sino bárbaro, hacia lo cual nos encaminamos a
grandes zancadas y casi hemos llegado. La mayor enemiga
de la barbarie no es la razón sino la naturaleza: (bien obser-

vada) esta nos proporciona las ilusiones que cuando están en su punto hacen a un pueblo realmente civilizado. Seguramente, nadie llame bárbaros a los romanos que combatían a los cartagineses, ni a los griegos en las Termópilas, aunque aquellos tiempos estuviesen llenos de ardientes ilusiones y fuesen muy poco filosóficos en ambos pueblos.

Las ilusiones están en la naturaleza, son inherentes al sistema del mundo; arrancadas del todo o casi del todo, el hombre queda desnaturalizado; y todo pueblo desnaturalizado es bárbaro, al no poder las cosas correr ya como quiere el sistema del mundo. La razón es una luz; la Naturaleza quiere ser iluminada por la razón, no incendiada.

Como digo, ocurrió con los griegos y los romanos: en los tiempos de Longino ya eran casi bárbaros y sin embargo no había habido ninguna irrupción extranjera; la barbarie nació de su misma tierra, de aquellas civilizadísimas tierras, porque la civilización era excesiva. Cicerón era el predicador de las ilusiones. Ved las *Filípicas,* principalmente, pero también todas sus oraciones políticas; siempre tratan de persuadir a los romanos de actuar ilusamente, poniendo siempre el ejemplo de los mayores, la gloria, la libertad, la patria, mejor la muerte que el servilismo. ¿Qué vergüenza es esta? Antonio, un tirano de este calibre, aún vive, etc. Y mientras tanto, Antonio, que en otros tiempos habría sido apuñalado en el foro o en la curia, tirano vergonzoso, aun habiendo tantas armadas contra él, en Roma no había muchos motivos para esperar que fuese vencido y declarado enemigo de la patria. Calculaban, buscaban, etc., aquello que en otros tiempos habría sido decidido unánimemente sin dudarlo un instante. Cicerón predicaba en vano, ya no existían las ilusiones de un tiempo, había llegado la razón; no importaban un rábano la patria, la gloria, el bien común, la posteridad; se habían vuelto egoístas, calculaban su propio beneficio, consideraban aquello que en cada caso podría suceder; no ya ardor, no ímpetu, no magnanimidad; el ejemplo de los mayores era una frivolidad en aquellos tiempos tan distintos: así, perdieron la libertad, no se llegó a conservar y a defender aquello que sin embargo Bruto, por un exceso de ilusiones, había hecho. Llegaron los emperadores, creció la lujuria y la desidia y, poco después, con mucha más filosofía, libros, ciencia, experiencia e historia, eran bárbaros.

23

Y la razón, haciéndonos naturalmente amigos de nuestra propia utilidad y arrebatándonos las ilusiones que nos ligan los unos a los otros, disuelve absolutamente la sociedad y vuelve feroces a las personas.

No es fabuloso, sino razonable y acertado, colocar los tiempos heroicos entre los antiguos. El heroísmo y el sacrificio de uno mismo, la gloriosa muerte de la que habla Breme (*Spettatore*, p. 47) acaban al acabarse las ilusiones, y no hay idiota que las quiera para sí en tiempos de razón y de filosofía, como son estos, que siendo tales, están privados, como digo, de todo heroísmo, etc.

29

Todo está o puede estar contento de sí mismo, excepto el hombre, lo cual muestra que su existencia no se limita a este mundo como la de las demás cosas.

2. Naturaleza y razón

La naturaleza, como he dicho, es grande, la razón es pequeña y enemiga de aquellas grandes acciones que la naturaleza inspira. Esta enemistad entre estas dos grandes madres de las cosas no ha sido acordada sino por la religión, la cual, proponiendo el amor por las cosas invisibles, por Dios, y la esperanza del premio en la vida futura, ha conciliado con admirable armonía la grandeza, generosidad, sublimidad, aparente locura de las acciones (como son las de los mártires, el desapego de los bienes terrenales, de los parientes, de la patria, etc., el desprecio de la muerte, el sacrificio de los placeres y de todo por amor de Dios, del deber, etc.) con la razón: armonía que, fuera de la religión, no puede hallarse sino en palabras, porque, liquidada la esperanza de la vida futura, la inmortalidad del alma, la existencia de la virtud, de la sabiduría, de la verdad, de la belleza personificada en Dios, el cuidado de este ser en torno a nuestros comportamientos, el amor de él, etc., se puede decir que no habrá ya acción heroica y generosa y sublime, ni conceptos y sentimientos altos, que no sean verdaderas y genuinas ilusiones y que no tengan que rebajar su precio cuanto más crece el imperio de la razón, como ya vemos; y que son ilusiones aquellas grandezas, incluidas las actuales, en las cuales la religión no toma parte, y que aquellas acciones sublimes, de las cuales eran mucho más fecundos los siglos pasados, más ignorantes que este nuestro iluminado, con el debilitamiento de la fuerza de la fe en los ánimos, decaen en el presente. Lo mismo se puede decir de la dulzura y amabilidad de tantas ideas y opiniones, que sin la religión son quimeras y con la religión son verdades, y que, por sí mismas, repugnarían a la razón, ya que esta, igual que es enemiga de la grandeza, lo es también de la profunda y verdadera belleza, y con ella, así como todo es pequeño, todo es feo y árido en este mundo.

Uno de los casos en los que seguir la razón es bárbaro y seguir la naturaleza no es razonable pero sí religioso, es, por ejemplo, el de un padre que vea a su hijo tan afectado que debe de ser absolutamente infeliz viviendo, que tiene que penar siempre y sin remedio, entre dolores agudos, entre la falta de todos los placeres, entre el perenne tedio, entre una vergüenza acuciante por las imperfecciones físicas, etc. El desearle la muerte a este hijo, pongamos por caso, enfermo y desahuciado por los médicos, incluso moribundo, o no solo desearla sino no dolerse, consolarse, no llorar por ello amargamente, es razonable y bárbaro, y como bárbaro e innatural, contrario a los principios de la religión.

40

Una de las grandes pruebas de la inmortalidad del alma es la infelicidad del hombre comparado con las bestias que son felices o casi felices, cuando la previdencia de los males (que en las bestias no existe), las pasiones, el descontento por el presente, la imposibilidad de saciar los propios deseos y todas las demás fuentes de infelicidad nos hacen, inevitable y esencialmente, míseros debido a nuestra naturaleza, y esto no se puede cambiar. Lo cual demuestra que nuestra existencia no es finita dentro de este espacio temporal como la de los animales, porque repugna a las leyes que se observan en todas las obras de la naturaleza que exista un animal, y este el más perfecto de todos, es más, el dueño de todos los demás y de este globo, que encierre en sí una sustancial infelicidad y una especie de contradicción con su propia existencia, para cuyo cumplimiento no hay duda de que se requiere una felicidad proporcionada al ser de tal substancia (que para el hombre es imposible de conseguir) y una contradicción formal con el deseo de existir innato en él como en todos los animales, es más, en todas las cosas proporcionalmente; ya que un hombre sin esperanza en la vida futura, razonablemente, detesta la presente, se harta de ella, sufre por ello (cosa desnaturalizada) y se mata, como vemos que hace (imposible en los animales). El suicidio en el hombre es una gran prueba de su inmortalidad. (Véase «Notte Romana n.º 5: Coloquio n.º 6»)[1].

44

Nuestra infelicidad es una prueba de nuestra inmortalidad, considerando que los animales, y en cierto modo todos los seres de la naturaleza, pueden ser felices y lo son, y solo nosotros no lo somos ni podemos serlo. Ahora bien, es evidente que en todo nuestro globo la cosa más noble —y que es dueña del resto, es más, aquella para cuyo servicio, según mil señales irrefutables, ha sido hecho no digo el mundo, pero ciertamente la tierra— es el hombre. Y por tanto va contra las leyes constantes, que vemos observadas por la naturaleza, que el ser principal no pueda gozar de la perfección de su ser,

1. *Notti romane al sepolcro degli Scipioni* es una novela escrita por Alessandro Verri (1741-1816). La primera parte de la obra se publicó en 1782; la edición definitiva, en 1804. *(N. de la T.)*.

que es la felicidad, sin la cual es grave el propio ser, es decir, existir, mientras que los seres subalternos y sin comparación, de menor valor, pueden todo ello y lo consiguen, lo cual es evidente por las razones ya indicadas en otro pensamiento.

51

¿Puede ser que no existir sea absolutamente mejor para un ser que existir? Ahora bien, así sería justamente para el hombre sin una vida futura.

55

Vida tranquila de las bestias en las selvas, países desiertos y desconocidos, etc., donde el curso de su vida —con sus historias, operaciones, muertes, sucesión de generaciones— no se cumple menos enteramente porque ningún hombre sea su espectador o los moleste; ni saben nada de los casos del mundo, porque aquello que nosotros creemos del mundo es solo de los hombres.

56

Así como es constante e innato instinto de todos los seres el cuidado por conservar la propia existencia, no hay duda de que el fin de esta no es estar contento de existir, y que el odiarla o no estar satisfecho con ella no es un principio contradictorio —que no puede estar en la naturaleza y mucho menos en aquel ser que, sin entrar en la teología, está claro que, siendo el orden animal el primero en este globo y probablemente en toda la naturaleza, es decir, en todos los globos, y siendo el hombre, evidentemente, el sumo grado de este orden, es considerado el primero de todos los seres—.

Ahora bien, vemos que en el hombre es tal el descontento de la existencia, que no solo se opone al instinto de conservación, sino que llega a truncarla voluntariamente, algo diametralmente contrario a la costumbre de todos los demás seres, y que no puede estar en la naturaleza a no ser que esté totalmente corrompida. Pero también vemos que, en esta nuestra época, quienquiera que tenga algo de ingenio después de un tiempo tiene que ser, necesariamente, presa de este descontento. Yo creo que, en el orden natural, el hombre puede ser feliz también en este mundo, viviendo naturalmente, como las bestias, es decir, sin grandes ni singulares y vivos placeres, sino con una felicidad y contento siempre más o menos iguales y comedidos —exceptuando los infortunios que pueden darse en la vida, como los abortos, las tormentas y tantos otros desórdenes, accidentales pero no substanciales a la naturaleza—, en definitiva, igual que son felices las bestias cuando no tienen desventuras accidentales.

Pero no creo que seamos ya capaces de esta felicidad, desde que hemos conocido el vacío de las cosas y de las ilusiones y la nada de estos mismos placeres naturales de la que no teníamos ni siquiera que tener sospecha: *Tout homme qui pense est un être corrompu*, dice Rousseau[2], y nosotros ya lo

---

2. Leopardi reproduce el pasaje del *Discurso sobre el origen y los fundamentos de la desigualdad entre los hombres*, presente en la biblioteca paterna en la edi-

somos. Y sin embargo vemos que, aunque estemos ya co-
rrompidos, estos pequeños deleites nos sacian mejor que
cualquier otra cosa, como dice Verter[3], etc.; y vemos el me-
nor descontento de los campesinos, de los ignorantes (aun
estando estos también muy lejos del estado natural), respec-
to del de los hombres cultos, y especialmente de los infantes
respecto de los adultos. Y el ser el hombre bueno por natu-
raleza y corromperse necesariamente en la sociedad puede
servir de prueba a este sistema, así como el ver que las bes-
tias no tienen entre ellas sociedad sino para ciertas necesida-
des y que conviven sin pensar la una en la otra, y que el ins-
tinto se va perdiendo en la medida en que la naturaleza es
alterada por el arte, de modo que aquel es grande en las bes-
tias y en los infantes, pequeño en los hombres hechos —aun-
que esto no prueba que el hombre esté hecho para el arte,
ya que la naturaleza le había dado aquellos instintos que
después pierde, etc.—. De modo que se podría pensar que la
diferencia entre la vida de las bestias y la del hombre ha na-
cido de circunstancias accidentales y de la distinta confor-
mación del cuerpo humano más apto a la sociedad, etc.

63-64

Qué bello tiempo aquel en el que cada cosa estaba viva se-
gún la imaginación humana y viva humanamente, es decir,

ción de Venecia de 1797. La expresión original era: *l'homme qui médite est un
animal dépravé*. El pensamiento de Rousseau es punto de partida de las medi-
taciones leopardianas. *(N. de la T.)*.
3. Leopardi tenía en casa una versión italiana del *Werther* de Goethe (Venecia
1796). *(N. de la T.)*.

habitada o formada por seres iguales que nosotros, cuando se daba por seguro que los bosques desiertos eran habitados por las hamadríades y los faunos y los silbos y Pan, etc., y entrando en ellos y viéndolo todo solitario, aun así los creías habitados, y lo mismo de las fuentes habitadas por las náyades, etc., y estrechando un árbol a tu corazón lo sentías casi palpitar entre las manos, creyéndolo un hombre o mujer como Cipariso, etc. Y lo mismo con las flores, como les sucede a los niños.

66

Yo me encontraba horriblemente aburrido de la vida y con gran deseo de matarme, y sentí no sé qué indicio de mal que, en aquel momento en el que deseaba morir, me hizo temer: e inmediatamente sentí aprensión y ansiedad por aquel temor. No he vuelto a sentir con tanta fuerza la discordancia absoluta de los elementos que forman la condición humana actual, obligada a temer por su vida y a tratar de conservarla sea como sea, y esto, precisamente, cuando le es más grave y más fácilmente se resolvería privándose de ella voluntariamente (pero no por otras causas). Y comprobé cuán cierto y evidente es —si no queremos suponer a la naturaleza tan sabia y coherente en todo lo demás, según el método de la analogía, totalmente loca y contradictoria en su principal obra— que el hombre no debía darse cuenta de su absoluta y necesaria infelicidad en esta vida, sino solamente de las infelicidades accidentales (igual que los niños y las bestias), y el haberse dado cuenta es antinatural, repugna a sus principios constituyentes comunes también a todos los seres (como el amor de la vida) y turba el orden de las cosas (ya que empuja al suicidio, la cosa más antinatural que se pueda imaginar).

68-69

El nacer mismo del hombre —es decir, el inicio de su vida— es un peligro para la vida, como se deduce del gran número de aquellos para los que el nacimiento es causa de muerte, no soportando los sufrimientos y los males que el niño experimenta al nacer. Yo creo que, examinando la cuestión, se descubriría que entre las bestias perece, proporcionalmente, un número mucho menor, probablemente por culpa de la naturaleza humana, corrupta y debilitada por la civilización.

69

¡Es mucho más dulce el odio que la indiferencia por alguien! Por ello la naturaleza, empeñada en procurar nuestra felicidad individual en el estado primitivo, nos había dejado la indiferencia por poquísimas cosas, como vemos en los niños, siempre proclives a odiar o a amar, a temer, etc.

76

El proceso de civilización ha puesto en uso trabajos refinados que no eran requeridos por la naturaleza, que consuman, merman y extinguen las facultades humanas, como la memoria, la vista y las fuerzas en general, y ha quitado aquellos trabajos que las conservan y las acrecientan, como los del agricultor, del cazador y los de la vida primitiva, facultades que eran queridas por la naturaleza y necesarias para dicha vida.

Un corolario para el pensamiento anterior puede darse de las observaciones sobre la vida de los anacoretas, sin turbaciones y con la esperanza quieta y no impaciente del paraíso.

76-79

La expresión del dolor antiguo, por ejemplo, en el *Laocoonte*, en el grupo de Níobe, en las descripciones de Homero, etc., tenía que ser obviamente diferente a la del dolor moderno. Aquel era un dolor sin medicina, no como el nuestro. A los antiguos no les sobrevenían las desventuras como necesariamente debidas a nuestra naturaleza y como una nimiedad en esta miserable vida, sino como impedimentos y obstáculos para aquella felicidad que a ellos no les parecía un sueño, como a nosotros en cambio sí nos parece, como males evitables y no evitados (y ciertamente no lo era para ellos, que esperaban —mientras nosotros desesperamos— poderla alcanzar). Por ello, la venganza del cielo, las injusticias de los hombres, los daños, las calamidades, las enfermedades, las injurias de la fortuna, parecían, todos ellos, males propios de aquel al que le sobrevenían. De hecho, el desgraciado, al contrario que ahora, debido a la superstición que se mezcla con los sentimientos y las opiniones naturales, solía ser considerado un temerario, odiado por los dioses, y provocar más el odio que la compasión. Por tanto, su dolor era desesperado, como suele serlo en la naturaleza, y como lo es ahora en los bárbaros y en la gente del campo, sin el consuelo de la sensibilidad, sin la resignación dulce a las desventuras que nosotros —pero ellos no— conocemos como inevitables; no podían conocer el placer del dolor, ni la angustia de una madre que ha perdido a sus hijos como Níobe[4], no se mezclaba con una armaga y dulce ternura de sí mismo, sino que era un dolor enteramente desesperado.

Suma diferencia entre el dolor antiguo y el moderno, por lo cual, con razón, se recomienda al poeta y al artista moderno tratar sujetos igualmente modernos, no pudiendo, al tratar sujetos antiguos, no caer en uno de estos dos errores: o violar lo real al pintar los hechos antiguos confiriendo a los personajes sentimientos y afectos modernos; o no interesar, ni hacerse entender por los modernos, al hacer sentir y hablar a aquellos personajes a la antigua.

[...] La sensibilidad estaba en los antiguos en potencia pero no en acto, como en nosotros, y es por tanto una facultad del todo natural (véase mi discurso sobre los románticos)[5], pero está comprobado que las diferentes circunstancias desarrollan diferentes facultades naturales del alma, las cuales quedan escondidas e inoperantes cuando faltan tales circunstancias, físicas, políticas, morales y sobre

---

4. Era paradigmática para el neoclasicismo, en auge en la época, la descripción del rostro de Níobe del conjunto escultórico Laocoonte, en el homónimo texto de Winkelmann, principal teórico del neoclasicismo. *(N. del T.)*.
5. Se refiere a *Discorso di un italiano intorno alla poesia romantica*, de 1818, en respuesta a las *Osservazioni* de Ludovico di Breme a *El Giaour* de Byron, que Leopardi había leído en la revista *Spettatore*. *(N. del T.)*.

todo, en nuestro caso, intelectuales, ya que el desarrollo del sentimiento y de la melancolía ha surgido sobre todo del progreso de la filosofía y del conocimiento del hombre, del mundo, de la vanidad de las cosas y de la infelicidad humana; conocimiento que produce, precisamente, esta infelicidad que en la naturaleza no habríamos tenido que conocer jamás. Los antiguos, en vez de aquel sentimiento —que ahora es uno y lo mismo con el de la melancolía—, tenían otros sentimientos y entusiasmos, más alegres y felices, y es una locura acusar a sus poetas de no ser sentimentales y también el preferir a aquellos sentimientos y placeres —que eran también altamente espirituales y destinados por la naturaleza al hombre, no hecho para ser infeliz— nuestros sentimientos y dulzuras, igualmente naturales ya que son el último recurso de la naturaleza para contrariar (como es su continua finalidad) la infelicidad producida por el innatural conocimiento de nuestra miseria. El consuelo de los antiguos no se hallaba en la desventura; por ejemplo, uno a punto de morir se consolaba con los emblemas de la vida, con los juegos más enérgicos, con el regalo de haber encontrado una desventura menor o incluso nula al morir por la patria, por la gloria, por pasiones vivas, casi diría muriendo por la vida. Su consuelo, incluso de la muerte, no estaba en la muerte sino en la vida.

101

Otro triste fruto de la sociedad y del proceso de civilización es el estar exactamente informado de la propia edad y de la de nuestros seres queridos y ese saber con precisión que de aquí a unos cuantos años acabará necesariamente su juven-

tud y la mía, etc., que necesariamente envejeceré o enveje-
cerán, que sin duda moriré o morirán, porque, no pudien-
do la vida humana extenderse más que hasta cierto punto y
sabiendo formalmente su edad o la mía, yo veo claramente
que dentro de un tiempo definido ni ellos ni yo podremos
seguir viviendo, gozando de nuestra juventud, etc. Hagá-
monos una idea de la ignorancia natural de la propia edad
exacta, que se da todavía comúnmente en las gentes del
campo, y veremos cuánto esta ignorancia aligera todos los
males ordinarios y seguros que el tiempo acarrea a nuestra
vida, al faltar la previdencia segura que determina el mal y
lo anticipa desmesuradamente, avisándonos de cuándo aca-
barán sin duda estas y aquellas ventajas de las que gozo por
tener tal edad o tal otra, etc. Anulada dicha ignorancia, la
idea confusa de nuestro inevitable decaimiento y fin ya no
tiene tanta capacidad de entristecernos ni de extinguir las
ilusiones que de una edad a otra nos consuelan. Y observe-
mos cuán terrible es, en un viejo de por ejemplo 80 años, el
saber con precisión que dentro de diez años como mucho
estará seguramente muerto, lo cual acerca su condición a la
de un condenado y merma infinitamente aquel gran bene-
ficio de la naturaleza que nos había escondido la hora exac-
ta de nuestra muerte, la cual, vista con nitidez, bastaría
para aturdirnos de terror y desanimar toda nuestra vida.

102-104, 20 de enero de 1820

Hay tres maneras de ver las cosas. La primera es la más feliz,
la de aquellos para los cuales las cosas tienen más espíritu
que cuerpo, es decir, los hombres de genio y sensibles para

los cuales no hay nada que no hable a la imaginación ni al corazón, que encuentran por doquier materia con la que sublimar, sentir y vivir, y una relación continua de las cosas con lo infinito y con el hombre, y una vida indefinible y vaga; en definitiva, de aquellos que consideran el todo bajo un aspecto infinito y en relación con los impulsos de su alma.

La otra, la más común, es la de aquellos para quienes las cosas tienen cuerpo sin tener mucho espíritu, es decir, la de los hombres vulgares (vulgares en el sentido de la relación entre imaginación y sentimiento y no de todo lo demás, por ejemplo, la ciencia, la política, etc., etc.), los cuales, sin ser sublimados por ninguna cosa, encuentran sin embargo en todas ellas una realidad, las consideran tal como aparecen y son consideradas comúnmente en la naturaleza, y según esto se regulan. Esta es la manera natural y la más perdurablemente feliz, que, sin conducir a ninguna grandeza y sin dar gran resalto al sentimiento de la existencia, llena la vida de una plenitud no sentida, sino siempre igual y uniforme, y conduce por un camino llano, en relación con las circunstancias, desde el nacimiento hasta la tumba.

La tercera —la única funesta y miserable y sin embargo la única verdadera— es la de aquellos para los cuales las cosas no tienen ni espíritu ni cuerpo, sino que son todas vanas y sin sustancia, es decir, la de los filósofos y de los hombres de sentimiento que, después de la experiencia y del lúgubre conocimiento de las cosas, de la primera manera pasan de un golpe a esta última sin tocar la segunda, y encuentran y sienten en todas partes la nada y el vacío y la vanidad de los cuidados humanos y de los deseos y de las esperanzas y de todas las ilusiones inherentes a la vida sin las cuales esta no es vida. Y aquí quiero notar cómo la razón humana —de la que tanto presumimos ante los demás animales, y en cuyo perfeccionamiento hacemos consistir el del hombre— es miserable e incapaz de hacernos no ya felices sino menos infelices, es más, incapaz de conducirnos a la misma sabiduría, que parece consistir solo en el uso entero de la razón.

Porque aquel que se fijase en la consideración y en el sentimiento continuo de la verdadera y ciertísima nada de las cosas —de tal manera que la sucesión y variedad de los objetos y de los casos no tuviesen la fuerza de distraerlo de este pensamiento— estaría, por eso mismo, absolutamente loco, ya que, queriéndose gobernar según este incontestable principio, cada cual puede ver cuáles serían sus operaciones. Es además muy cierto que todo lo que hacemos lo hacemos en virtud de una distracción y de un olvido frontalmente contrarios a la razón. Y sin embargo, siendo esta una verdadera locura, sería la locura más razonable de la tierra, es más, la única cosa razonable y la única entera y *continua* sabiduría, mientras que las otras no lo son sino por momentos. De ello se puede ver cómo la sabiduría comúnmente entendida y que pueda beneficiar en esta vida está más cerca de la naturaleza que de la razón, al estar situada entre las dos y no, como se dice vulgarmente, solo del lado de la razón; y cómo esta razón, pura y sin mezcolanza, es fuente inmediata —y por su propia naturaleza— de absoluta y necesaria locura.

105

Una de las grandes razones del cambio en la naturaleza del dolor antiguo frente al moderno es el cristianismo, que ha declarado solemnemente, establecido y, por así decir, activado el axioma de la segura infelicidad y nulidad de la vida humana; mientras que los antiguos, ¿cómo no iban a considerarla algo digno de sus cuidados si los propios dioses, según su propia mitología, se interesaban tan intensamente por las cosas humanas en sí mismas (y no en relación con un porvenir), se movían por las mismas pasiones que nosotros, ejercitaban nuestras mismas artes (la música, la poesía, etc.) y, en definitiva, se ocupaban exactamente de las mismas cosas de las que nos ocupamos nosotros? Sin embargo, no es que yo considere el cristianismo como única razón de esta mutación, pudiendo haber sido en parte producido él mismo por ella (como opina Benjamín Constant en un artículo sobre los padres de la Iglesia en *Spettatore*)[6], sino que lo considero únicamente como propagador principal de esa revolución del corazón.

105

Aunque el placer del dolor es un consuelo para la infelicidad moderna, no por ello la ignorancia de este placer era un defecto en la felicidad de los antiguos.

112

Jesucristo fue el primero que personificó y que, con el nombre de *mundo,* circunscribió, definió y estableció la idea del

6. El artículo «Los padres de la iglesia» de Benjamin Constant fue traducido en el *Spettatore straniero* (IX, 1817), después de haber salido en el *Mercure de France. (N. de la T.).*

perpetuo enemigo de la virtud, de la inocencia, del heroís-
mo, de la sensibilidad verdadera, de toda singularidad del
alma, de la vida, de las acciones, de la naturaleza, que es
como decir la sociedad, colocando así a la multitud de los
hombres entre los principales enemigos del hombre, sien-
do desgraciadamente cierto que, así como el individuo es
por naturaleza bueno y feliz, así la multitud (y el individuo
en ella) es malvada e infeliz.

114, 7 de junio de 1820

La civilización de las naciones consiste en una atemperación
recíproca entre la naturaleza y la razón, en la que la natura-
leza tenga la mayor parte. Consideremos todas las naciones
antiguas, la persiana en los tiempos de Ciro, la griega, la ro-
mana. Los romanos nunca fueron tan filósofos como cuan-
do cedieron a la barbarie, es decir, en tiempos de tiranía. E
igualmente, en los tiempos que la precedieron, los romanos
habían hecho infinitos progresos en la filosofía y en el cono-
cimiento de las cosas, que era nuevo para ellos. De ello se
deduce otro corolario, que la salvaguardia de la libertad de
las naciones no son la filosofía ni la razón —como ahora se
pretende, afirmando que estas puedan regenerar las cosas
públicas— sino la virtud, las ilusiones, el entusiasmo, en de-
finitiva, la naturaleza, de la cual estamos muy lejos. Y un
pueblo de filósofos sería el más pequeño y cobarde del mun-
do. Por ello, nuestra regeneración depende, por así decir, de
una ultrafilosofía, que, conociendo la totalidad e intimidad
de las cosas, nos acerque de nuevo a la naturaleza. Este de-
bería ser el fruto de las luces extraordinarias de este siglo.

115, 7 de junio de 1820

La barbarie no consiste principalmente en el defecto de la razón sino en el de la naturaleza.

116, 7 de junio de 1820

La superioridad de la naturaleza respecto de la razón se demuestra también en esto: que no se hace nunca nada con calor si se hace por la razón y no por la pasión. Y la misma religión cristiana, que parece —y es— totalmente ajena a las pasiones, sin embargo, dado que lo humano se mezcla en todo, solo ha sido seguida y defendida con verdadero interés cuando sus adeptos se movían por espíritu de parte, por entusiasmo, etc. Y también ahora los devotos forman casi un cuerpo y una clase que se interesa por la religión solamente por espíritu de partido: y de ahí su malignidad hacia los no devotos o los irreligiosos, y la hostilidad, los escarnios, etc., todas cosas humanas y pasionales, no divinas, ni razonadas, ni hechas con ecuanimidad y frialdad de ánimo.

118, 9 de junio de 1820

Una cosa es lo primitivo y otra lo bárbaro. Lo bárbaro está ya corrompido, lo primitivo aún no está maduro.

118, 9 de junio de 1820

No hay que creer que un pueblo no sea bárbaro porque no se parece a otros pueblos bárbaros (como si los mahometanos no fuesen bárbaros porque no son antropófagos). Ved cuántos tipos de barbarie se encuentran en el mundo mientras que la naturaleza es una sola. Porque esta tiene leyes inmutables y fijas, pero la corruptela varía infinitamente según las causas y las circunstancias, es decir, según las costumbres, las opiniones, los climas y los caracteres nacionales.

118-119

Una gran diferencia entre la ley de la naturaleza y las leyes civiles es esta: que la ley civil o humana se puede olvidar, ya sea por distracción o por otro motivo, y puede ser infringida sin dañar la conciencia (como si yo tomo carne olvidando que es día de abstinencia, o acordándome pero distrayéndome), mientras que la ley natural no admite distracción y no puede ocurrir que uno la incumpla sin saber, porque está siempre en nuestro corazón como un instinto que nos advierte continuamente, y no está sujeto a olvido.

132, 23 de junio de 1820

Se puede considerar que la barbarie —tenebrosa, oscura, vil y extrañamente cruel— de los tiempos bajos de la Edad Media no provenía únicamente de la ignorancia, sino de esta mezcla con la religión cristiana. Si hubiese sido una barbarie pagana, esa religión abierta, clara, material, sin misterios, le habría dado a aquella ignorancia un color más alegre y a aquellas costumbres un carácter menos profundo.

Pero las mentes estaban todas llenas de aquel *sombre*, de aquel carácter misterioso, lúgubre, espantoso, de la religión cristiana sumamente corrompida por la superstición; el espíritu del tiempo estaba modelado sobre estas formas metafísicas y abstractas; el hombre era malvado por la naturaleza de la sociedad, como siempre; añadidos a la maldad la ignorancia, la superstición y el espíritu oscuro del tiempo, el vicio tomó el carácter de la metafísica, cosa notable y bien distinta de los antiguos vicios que por lo general eran más naturales y, aunque graves y nocivos, se satisfacían abiertamente o como mucho bajo un velo de política superficial.

133

Añadid a esto que la religión pagana, por cuanto es más natural que razonable, habría servido para conservar un poco de la naturaleza en aquella barbarie. Y la naturaleza es un gran contraveneno y medicamento en toda corrupción humana, y un gran faro en medio de las tinieblas de la ignorancia, cuando no sea apagado por una razón corrupta, como fue entonces.

147

Todo aquello que los modernos viajeros observan y cuentan de curioso y singular en las costumbres y usos de las naciones no civilizadas no es más que un resto de antiguas instituciones, máxime si esas particularidades se refieren a las clases cultas. Porque cuando la naturaleza es más libre —como antiguamente, y ahora en gran medida entre el pueblo—, es siempre variada. Pero ciertamente en lo moderno no encontrarán nada singular ni curioso, y todo aquello que hay que ver en los otros países pueden dar por hecho que lo han visto en el suyo propio sin viajar. Excepto en las pequeñas diferencias inherentes al clima y al carácter de cada pueblo —los cuales, sin embargo, van cediendo cada vez más al impulso moderno de igualarlo todo, y desde luego en todas partes, especialmente entre las clases cultas—, se procura alejar todo aquello que hay de singular y de propio en las costumbres de la nación y de no distinguirse de los otros sino por una mayor similitud con el resto de los hombres.

Y en general, se puede decir que la tendencia del espíritu moderno es la de reducir todo el mundo a una nación y todas las naciones a una sola persona. No hay ya traje propio de ningún pueblo, y las modas, en lugar de ser nacionales, son europeas, etc.; hasta la lengua ya se convierte en una sola por la propagación del francés, a la cual no reprendo en cuanto a su utilidad, sino en cuanto a su belleza.

148

Hoy en día, aquella ἔρις *(discordia)*, que Hesíodo dice que es un don de los dioses para promover el bien y el crecimiento de los hombres, se puede decir que ha sido eliminada entre las naciones, y casi también entre los individuos. Antes, las naciones intentaban superarse las unas a las otras; ahora, intentan parecerse las unas a las otras y nunca están tan or-

gullosas como cuando creen que lo han conseguido. Así
también los individuos. ¿A qué fin, a qué grandeza, a qué
incremento puede llevar esta bella competición? Tam-
bién imitar es una tendencia natural, pero esta solo favore-
ce cuando nos lleva a buscar la similitud con los grandes y
con los óptimos. Pero ¿y aquel que anhela asemejarse a to-
dos? ¿Aquel que, por ello mismo, evita parecerse a los gran-
des y a los óptimos porque estos se distinguen de los de-
más? Cuando todos seamos iguales —pregunto yo, pasando
por alto que no se sabe qué belleza, qué variedad encontra-
remos en el mundo—, ¿qué utilidad tendrá para nosotros?
En especial para las naciones —porque el mal es natural-
mente más grande en las relaciones entre nación y nación
que entre individuo e individuo—, ¿qué estímulo quedará
para las grandes cosas, y qué esperanza de grandeza, cuan-
do su fin no sea más que el de ser iguales que todas las de-
más? No era este el fin de las naciones antiguas. Y que no
se crea que el igualarse en las costumbres y en los usos
—pero sin quererse igualar en el poder, en la riqueza, en la
industria, en el comercio, etc.— no vaya a influir sumamen-
te también en estas otras cosas al influir sobre el espíritu
general de la nación. Poco después de que Roma se convir-
tiese en una especie de colonia griega, en cuanto a las cos-
tumbres y a la literatura, se hizo sierva igual que los griegos.

148-149

Pero es muy curioso que, mientras que las naciones en lo ex-
terior van camino de convertirse en una sola persona y ya no
se distingue a un hombre de otro hombre, sin embargo,

cada hombre, en su interior, se ha convertido en una nación; es decir, que los hombres ya no tienen intereses comunes con otros, no forman un solo cuerpo, ya no tienen patria, y el egoísmo los constriñe exclusivamente dentro del círculo de sus propios intereses, sin amor ni cuidado por los demás, sin vínculo ni relación interior ninguna con el resto de los hombres. Al contrario de los antiguos, entre los cuales las naciones estaban compuestas exteriormente por individuos muy diversos, mientras que en la sustancia y en lo importante, o en aquel punto en el que favorece a la unidad de la nación, eran, de hecho, una sola persona, por el amor patrio, las virtudes, las ilusiones, etc., que reunían a todos los individuos en causa común para ser miembros de un solo cuerpo. Y en este sentido se puede decir que hoy hay tantas naciones como individuos, aunque sean todos iguales en el hecho de no tener otro amor ni ídolo que el de sí mismos.

149, 3 de julio de 1820

Y he aquí otra cosa curiosa de la filosofía moderna. Esta señora ha tratado al amor patrio de ilusión. Ha querido que el mundo fuese una única patria y el amor fuese universal para todos los hombres: un hecho contra natura y del que no puede derivar ningún buen efecto, ninguna grandeza, etc. Es el amor al cuerpo al que se pertenece, y no el amor a los hombres, el que ha causado siempre las grandes acciones; es más, a menudo, a muchos espíritus estrechos la patria como cuerpo demasiado grande no les ha hecho efecto, y, por ello, han elegido otros cuerpos, como sectas, órdenes, ciudades, provincias, etc. El efecto ha sido que, de hecho, el amor de patria ya no existe, y que, en lugar de que todos los individuos del mundo reconozcan una patria, todas las patrias se han dividido en tantas patrias como individuos; y la reunión universal promovida por la egregia filosofía se ha convertido en una separación individual.

149-150, 3 de julio de 1820

Lo que he dicho sobre el amor o espíritu de pertenencia a un cuerpo deriva de esto: todos los afectos humanos derivan del amor propio conformado en muy diversos modos. Su eficacia es tanto mayor cuanto más derivan de un amor propio sensible, y cuanta más satisfacción le dan a este. Ahora bien, en el espíritu de cuerpo la satisfacción del amor propio es inversamente proporcional a la grandeza del círculo. Los espíritus elevados son capaces de un círculo más grande, pero si este es desmesurado, dicha satisfacción se desvanece antes de llegar a la periferia, que está a una gran distancia del centro; es decir, el individuo, como el sonido, los olores y los rayos luminosos, se extingue a una cierta distancia del centro de la esfera.

150-151, 4 de julio de 1820

Lo dicho aquí arriba no es la última de las razones por las cuales el fervor del cristianismo se debilitó con la dilatación de dicha religión; de aquella misma religión que, aunque sin condenar el amor de patria demostrado por el propio Cristo en lágrimas ante Jerusalén, tiene como uno de sus fundamentos el amor universal hacia todos los hombres. Y con todo ello, mientras fue una secta, el celo y el ardor por sostenerla fueron infinitos en sus seguidores. Cuando se convirtió en algo común, *ya no fue visto como propio aquello que era de todos*, y el espíritu de cuerpo, desvanecido por su tamaño, al no encontrar ya el individuo su satisfacción particular, hizo languidecer al cristianismo.

Hay que añadir que el espíritu de cuerpo nos lleva a procurar las ventajas para ese cuerpo, y a complacernos por las que tiene, porque el individuo que le pertenece queda con él distinguido y en superioridad con respecto a aquellos que no le pertenecen. El amor de patria, el amor de secta, de facción, etc., están todos ellos fundados en la ambición más o menos oculta. El amor a la nación no ha sido hecho para los espíritus pequeños, porque estos no llegan a desear ni a complacerse en estar por encima de personas tan lejanas y fuera de su alcance como son los forasteros. El amor universal, además, carece completamente de este fundamento de la ambición —que es el gran motor que hace eficaz el amor de cuerpo— y por ello queda naturalmente ineficaz en casi todos, al no existir esperanza de distinguirse de los demás por medio de las ventajas del cuerpo al que se pertenece. Y así, apagado aquel amor —que es útil por las razones arriba indicadas—, este otro no le sigue, y si pese a todo le siguiera, quedaría inútil, al no mover eficazmente al hombre a ninguna empresa.

151, 4 de julio de 1820

También en su interior casi todos los hombres hoy en día son iguales en los principios, en las costumbres, en el vicio, en el egoísmo, etc. Son todos iguales y están todos separados, cuando antiguamente eran todos distintos y estaban todos unidos, y, por ello, eran aptos para las grandes cosas, para las cuales nosotros somos unos ineptos al encontrarnos todos aislados. Y nuestra misma igualdad es (cosa curiosa) el motivo de nuestra desunión, que nace del universal egoísmo.

151, 4 de julio de 1820

El amor universal acaba con la emulación y la competición del propio cuerpo con el del otro, competición que es la causa del crecimiento y de las ventajas y de los valores que los individuos intentan procurar para su patria, su partido, etc. Los hombres grandes son capaces de una emulación grande, como la que practican con los hombres grandes de otras naciones. Los hombres pequeños, al contrario, a lo sumo sienten deseo de emular a los ciudadanos de los pueblos cercanos, a los de otras familias, a sus propios conciudadanos, etc.

160-161, 8 de julio de 1820

La Revolución francesa, suponiendo que fuese preparada por la filosofía, no fue ejecutada por ella, porque la filosofía, especialmente la moderna, no es capaz por sí misma de obrar nada. Y aun cuando la filosofía fuese capaz de ejecutar ella misma una revolución, no podría mantenerla. Causa compasión ver cómo aquellos legisladores franceses re-

publicanos creían conservar y asegurar la duración y seguir
la andadura, la naturaleza y el objetivo de la revolución, re-
duciéndolo todo a pura razón y pretendiendo por primera
vez *ab urbe condita* la geometrización de la vida. Lo cual no
solamente sería triste —y por tanto poco deseable— en el
caso de que se consiguiese, sino además imposible de con-
seguir incluso en estos tiempos matemáticos por cuanto di-
rectamente contrario a la naturaleza del hombre y del mun-
do. *Le Comité d'instruction publique réçut ordre de présenter
un projet tendant à substituer un culte raisonnable au culte
catholique!* (Lady Morgan, France [161], l. 8, 3me édit. fran-
çaise, Paris 1818, t. 2, p. 284, note de l'auteur). Y no veían
que el imperio de la pura razón es el del despotismo en mu-
chas de sus caras, pero he aquí, a modo de ejemplo, una de
ellas.

La pura razón disipa las ilusiones y lleva de la mano al
egoísmo, el cual, despojado de ilusiones, extingue el espíri-
tu nacional y la virtud y divide las naciones en cabezas, es
decir, en tantas partes cuantos son los individuos. *Divide et
impera*. Esta división de la multitud, producida por esta
causa, es más bien gemela que madre de la servidumbre.
¿Cuál otra es la causa sustancial de la universal y perdura-
ble servidumbre actual comparada con la de los tiempos
antiguos? Ved lo que les sucedió a los romanos cuando se
introdujeron entre ellos la filosofía y el egoísmo en lugar
del patriotismo. Un egoísmo que es tan fuerte que, después
de la muerte de César —cuando parecía muy natural que las
antiguas ideas se despertaran en los romanos—, da pena
verlos tan pusilánimes, tan indiferentes, tan tortugas, casi
marmóreos hacia las cosas públicas. Y Cicerón, en sus *Filí-
picas* —cuyo gran fin era volver útil la muerte de César—, ob-

servad si predica la razón y la filosofía o más bien las puras ilusiones y las grandes vanidades que habían creado y conservado la grandeza romana.

162-163, 10 de julio de 1820

La finalidad de la civilización moderna debía ser la de reconducirnos poco más o menos a la civilización antigua, ofuscada y extinguida por la barbarie de la Edad Media. Pero cuanto más consideremos la antigua civilización y más la comparemos con la presente, tanto más deberemos convenir en que aquella estaba en el punto justo y en el término medio entre los dos excesos, el único que podía procurar al hombre en sociedad cierta felicidad. La barbarie de los tiempos medievales no era una tosquedad primitiva sino una corrupción de lo bueno, y, por tanto, muy dañosa y funesta. La finalidad de la civilización debía ser la de quitar el óxido de la espada, antaño bella, o tan solo acrecentar un poco su lustre. Pero hemos ido tan lejos, queriéndola refinar y afilar, que estamos próximos a romperla. Y observad que la civilización ha conservado en gran parte lo malo de los tiempos medievales —que siendo propio de ellos era más moderno— y ha quitado todo aquello que quedaba de bueno de lo antiguo por su mayor cercanía (habiendo hecho nosotros una matanza de todo lo antiguo), como la existencia misma y cierto vigor del pueblo y del individuo, un espíritu nacional, los ejercicios del cuerpo, una variedad y originalidad de caracteres, costumbres, usos, etc. La civilización ha mitigado la tiranía de los tiempos medievales, pero la ha hecho eterna, mientras que entonces no perduraba, tanto a causa del exceso como por los motivos indicados arriba. Al apagar las conmociones y las turbulencias civiles en lugar de frenarlas, como era finalidad de los antiguos (Montesquieu repite siempre que las divisiones son necesarias para la conservación de las repúblicas y para impedir el desequilibrio de los poderes, etc., y que en las repúblicas bien ordenadas no son contrarias al orden, porque este resulta de la armonía y no de la quietud e inmovilidad de las partes, ni de la gravitación desmedida y opresiva de las unas sobre las otras, y que por regla general donde todo está tranquilo no hay libertad), no ha asegurado el orden sino la perpetuidad, tranquilidad e inmutabilidad del desorden, y la nulidad de la vida humana.

En definitiva, la civilización moderna nos ha llevado al lado opuesto de la antigua, y no se comprende cómo dos cosas opuestas puedan ser una misma cosa, a saber, civilización ambas. No se trata de pequeñas diferencias, sino de contrariedades sustanciales: o las antiguos no eran civilizados o no lo somos nosotros.

163-164

Considero el debilitamiento corporal de las generaciones humanas como una de las principales causas del gran cambio del mundo, y del alma y del corazón humanos, de lo antiguo a lo moderno. Y también de la barbarie de los siglos medievales, dada la depravación de las costumbres bajo los primeros emperadores —y de ahí en adelante—, la cual es causa segura del enflaquecimiento corporal, como sucedió entre los persas, que se volvieron endebles (y por ello bárbaros y carentes de libertad) por la depravación de las antiguas costumbres e institutos que los hacían tan vigorosos. Véase la *Ciropedia,* cap. últ., arts. 5 y siguientes hasta el final[7].

183, 23 de julio de 1820

La esperanza nunca abandona al hombre en lo referente a la naturaleza, sino en lo referente a la razón. Por ello hablan con torpeza aquellos que dicen (los autores de la *Morale universelle*) que el suicidio no puede darse sin una especie de locura ya que sin esta es imposible renunciar a la esperanza, etc. Es más, exceptuando los sentimientos religiosos, seguir siempre esperando y viviendo es una feliz y natural pero verdadera y continua locura, y es totalmente contrario a la razón, que nos muestra muy claramente que no hay esperanza ninguna para nosotros.

191

Según la Escritura, el primer autor de las ciudades, es decir, de la sociedad, fue el primer reprobado, Caín, y ello tras la culpa, la desesperación y la reprobación. Y es hermoso creer que la corruptora de la naturaleza humana y fuente de la mayor parte de nuestros vicios y desmanes haya sido en cierto modo efecto, hija y consuelo de la culpa. Y así como el primer reprobado fue el primer fundador

---

7. Según Jenofonte, los persas perdieron la libertad tras su decadencia física. Cfr. *Ciropedia*, VIII, 8, 13. *(N. de la T.)*.

de la sociedad, el primero que definitivamente la combatió y maldijo fue el redentor de la culpa, es decir, Jesucristo.

193-194

Gran magisterio de la naturaleza fue el de interrumpir —por así decir— la vida con el sueño. Esta interrupción es casi una renovación, y el despertarse, igual que un renacimiento. De hecho, también el día tiene su juventud, además de la gran variedad que surge de estas continuas interrupciones, que hacen de una sola vida muchas vidas. Y el separar una jornada de otra es un gran remedio contra la monotonía de la existencia. Además, esta no se podía diversificar y variar más que componiéndola en gran parte casi de su contrario, es decir, de una especie de muerte.

194

La política no debe considerar solamente a la razón, sino a la naturaleza, me refiero a la naturaleza verdadera y no artificial y alterada. ¡En cuántas cosas se aleja el código de los cristianos de la fría razón para acercarse a la naturaleza! Un ejemplo poco o nada imitado por los legisladores modernos.

195-196, 1 de agosto de 1820

Aunque estén apagados en el mundo lo grande, lo bello y lo vivo, no está apagada en nosotros la inclinación por ellos. Si nos es impedido el obtenerlos, no es posible dejar de desearlos. No está apagado en los jóvenes el ardor que los lleva a proporcionarse una vida y a despreciar la nulidad y la monotonía. Sin embargo, eliminados los objetos hacia los cuales antiguamente se dirigía su ardor, observen a qué los lleva efectivamente. El ardor juvenil, algo muy natural, universal, importantísimo, antaño entraba profundamente en la consideración de los hombres de estado. Esta materia, tan viva y de gran peso, ahora ya no entra en la balanza de los políticos y de los regidores, sino que es considerada precisamente inexistente. Entretanto, existe y opera sin ninguna dirección, sin fructificar —opera porque, aunque todas las instituciones tiendan a destruirla, la naturaleza no se destruye, y aún menos la naturaleza en un vigor primero, fresquísimo y sumo como el que se da a esa edad—, y allí donde era una materia empleada y ordenada para las grandes utilidades públicas, ahora esta materia, tan natural e inextinguible, convertida en ajena a la máquina y nociva, circula, serpentea y devora sordamente, como un fuego eléctrico que no se puede apagar, ni emplear para bien, ni impedir que estalle en temporales y terremotos, etc.

207-208, 11 de agosto de 1820

Hoy en día es muy habitual que un hombre verdaderamente singular se distinga exteriormente por un rostro, una mirada muy viva, un cuerpo frágil, endeble e incluso defectuoso. Pope, Cánovas, Voltaire, Descartes, Pascal. Así es: la grandeza del ingenio no se puede obtener hoy sin una continua acción devastadora del alma sobre el cuerpo, del filo sobre la funda.

No era así antiguamente, cuando el genio y la grandeza eran más naturales y espontáneos y con menos obstáculos para desarrollarse, y menor la fuerza del corrosivo conocimiento de lo real (en la actualidad, inseparable de los grandes talentos), y mayor el ejercicio del cuerpo, considerado algo noble y necesario y, por ello, practicado también por personas de gran genio, como Sócrates, etc. Y Quilón, uno de los siete sabios, no veía ajeno a la sabiduría el aconsejar, como hacía, que se ejercitara bien el cuerpo (Laercio), y este consejo se encuentra incluido entre los documentos de su sabiduría.

En particular, en cuanto se refiere a la política, actualmente puede decirse que el hombre de estado es como el hombre de letras, siempre ocupado en las muy poco saludables fatigas del gabinete. Pero en las antiguas repúblicas, quien aspiraba a los asuntos civiles en su juventud fortalecía necesariamente el cuerpo con los ejercicios, con la milicia, etc. (sin las cuales habría sido casi infame); y el propio ejercicio de la política estaba lleno de acción física, al tratarse de actuar con el pueblo, con los clientes, con los compromisos, etc., etc. Del mismo modo, cualquier otro hombre de genio tenía una vida llena de acción en el ejercicio mismo de sus facultades. Ejemplo de esto puede ser Homero, según se cuenta de su vida, viajes, etc. De Cicerón, que tan increíblemente castigó su mente y su pluma, y que nació con aquel ingenio y naturaleza únicos que sabemos, nadie dice que su cuerpo era no ya enfermizo, sino grácil, cualidades que hoy se consideran signos característicos y condiciones indispensables de los talentos no ya excelsos,

sino notables, especialmente de aquellos que hayan cultiva-
do y ocupado tanto la mente en los estudios literarios y en
escribir como Cicerón, aunque solo sea la mitad que él. Lo
que digo de Cicerón puede decirse de Platón y de casi to-
dos los mayores ingenios y laboriosos literatos y escritores
antiguos. Véase Plutarco, *Vida de Cicerón*.

208, 13 de agosto de 1820

No solo lo bello, sino quizá la mayor parte de las cosas y de
las verdades, que creemos absolutas y generales, son relati-
vas y particulares. La costumbre es una segunda naturale-
za, se introduce casi insensiblemente, y conlleva o destruye
innumerables cualidades que, adquiridas o perdidas, rá-
pidamente nos persuadimos de que no podemos tenerlas
(o de que no podemos no tenerlas), y les atribuimos a las le-
yes eternas e inmutables, al sistema natural, a la Providen-
cia, etc., la obra del azar y de las circunstancias accidenta-
les y arbitrarias. Añádanse a la costumbre las opiniones, los
climas, los temperamentos corporales o espirituales, y per-
suadámonos de que pocas, muy pocas verdades son abso-
lutas e inherentes al sistema de las cosas. Además de la
independencia con respecto a estas verdades que puede en-
contrarse en otros sistemas de cosas.

220

Se dice, con razón, que en el mundo se representa una co-
media en la que todos los hombres recitan su parte. Pero

no era así para el hombre en la naturaleza, porque sus ope-
raciones no tenían en cuenta a espectadores y circunstan-
tes, sino que eran reales y verdaderas.

220

De la naturaleza lo hemos perdido todo menos los vicios.
En realidad, muchos de ellos no son naturales, muchos
han empeorado y aumentado, pero muchos seguirán sien-
do primitivos, y de todos modos no hay vicio primitivo que
no perdure en nosotros, y tanto más malvados por cuan-
to no moderados por las virtudes y por otras cualidades
que la naturaleza había puesto en nosotros.

223, 23 de agosto de 1820

Dice Maquiavelo que, para poder conservar un reino,
una república o una secta, es necesario devolverlos a menu-
do a sus principios. Y así piensan todos los políticos (véa-
se a Montesquieu, a Grandeur, etc., cap. 8, de la mitad en
adelante, donde habla de los censores). Giordani, a propó-
sito de las poesías del marqués di Mantrone, aplica este di-
cho a las artes imitativas. Entiéndanse por principios no
aquellos de cuando eran niñas, sino los de aquellos prime-
ros tiempos en que tuvieron una consistencia. (Igualmente
podría aplicarse a las lenguas).

Y yo digo, en el mismo sentido, que, si se quiere conser-
var a los hombres, es decir, hacerlos felices, es necesario re-
trotraerlos a sus principios, es decir, a la naturaleza. Oh,

locura, tú no sabes que la perfectibilidad del hombre está demostrada. Veo que de todas las demás obras de la naturaleza se demuestra todo lo contrario, es decir, que no pueden perfeccionarse, y que alterándolas solo se las puede corromper, y ello principalmente por obra nuestra. Pero el hombre se considera casi como fuera de la naturaleza, y no sometido a las leyes naturales que gobiernan a todos los seres, y apenas se considera a sí mismo como obra de la naturaleza. Entretanto, el hombre es más perfecto que antes. Tan perfecto que, exceptuando la religión, le resulta más práctico suicidarse que vivir. Si la perfección de los seres vivientes se mide por la infelicidad, entonces está bien. Pero ¿qué otra cosa indica el grado de su perfección sino la felicidad? Y ¿qué otro es el fin, es más, la perfección de la existencia? El hecho es que, hoy día, parece absurdo retrotraer a los hombres a la naturaleza, y la verdadera y constante finalidad, incluso de los más sabios y profundos filósofos, es la de alejarlos cada vez más, aunque a veces crean lo contrario confundiendo a la naturaleza con la religión. Pero incluso cuando no la confunden, creen que el hombre será feliz cuando se regule enteramente según la pura razón. Y entonces el hombre se matará por sí mismo.

231

Sócrates afirmaba que en el mundo había un solo bien, la ciencia, y un solo mal, la ignorancia (Diógenes Laercio, *Sócrates,* 1.2, segmento 31). Hoy en día podemos decir todo lo contrario, y esta consideración puede servir para definir la diferencia que hay entre la sabiduría antigua y la moderna.

248

La ocupación de la sociedad, como la que ofrece la sociedad francesa, llena realmente la vida, la llena materialmente, pero no deja tan poco vacío en el alma como la ocupación destinada a proveer a las necesidades propias, que era la ocupación del hombre primitivo. Y al atardecer, el hombre que ha pasado el día entero en el mundo más vivo, variado y pleno, y en las diversiones menos tediosas, y que se encuentra sin preocupaciones ni disgustos, pensando en la pasada jornada, y considerando la futura, no está ni mucho menos tan contento y pleno como aquel que considera las necesidades a las cuales ha proveído y que proyecta las que atenderá mañana. Tiene que haber algo serio que forme la base de nuestras ocupaciones para conducirnos a una segura felicidad (más o menos serio, según los individuos), y, si bien todas las cosas son igualmente importantes por sí mismas y nuestra finalidad es siempre el placer, la pura diversión nunca es capaz de satisfacernos. La razón es que necesitamos una meta de la ocupación, un objetivo al que mirar, para que al placer de la ocupación se añada el de la esperanza, que a menudo constituye por sí misma el placer de la ocupación.

249

Los seguidores de Hegesías (rama de la secta cirenaica) decían según Diógenes Laercio (en *Aristipo,* l. 2, segmento 95): «El sabio, sea lo que sea que haga, lo hará para su beneficio». Este podría ser el lema de todos los sabios modernos, en cuanto sabios.

249, 19 de septiembre de 1820

La naturaleza, en cuanto naturaleza absoluta y primitiva, no nos ha infundido otra idea sino la de no tener deberes más que hacia nosotros mismos, y ha limitado las normas de lo justo a las relaciones que el animal tiene consigo mismo. Ya no hay duda de que, hacia los animales de otras especies, la naturaleza no ha dictado ninguna regla de honestidad o de rectitud, pues el hombre no experimenta ninguna repugnancia a hacer daño a otros animales (incluso sin beneficio para él, por mero deleite), como cuando se mata una hormiga, etc. Y los demás animales a menudo se alimentan de animales de otra especie. Pero incluso dentro de la misma especie, el hombre absolutamente primitivo no siente, de manera innata, ninguna culpa al hacer daño a sus semejantes para su beneficio, así como no la sienten los demás animales, que maltratan, combaten y a veces también se alimentan de sus semejantes e incluso (oigo decir) de sus propios hijos. Sin embargo, por lo que se refiere a la progenie, es cierto que la naturaleza ha dictado algunas leyes, ya sea de simple amor o libre inclinación, ya sea de sentimiento de deber, aunque no perpetuos: solo durante cierto tiempo, como vemos en los animales, que después de algún tiempo ya no reconocen a sus propios hijos, sobre todo aquellos animales que cada año producen más de uno. Y lo mismo le ocurriría al hombre si el hijo, al llegar a la edad de valerse por sí mismo, se separase de los padres, y estos el uno del otro, como hacen los animales, ya que la necesidad del *concubitu prohibere vago*[8] no prueba

---

8. «Prohibir el amor libre»: Horacio, *Ars poetica,* v. 398. *(N. de la T.).*

nada en favor de la sociedad, porque también los pájaros se fabrican el tálamo expresamente y conviven, con ley de matrimonio, solo mientras es necesario para la educación suficiente de los productos de ese matrimonio, y nada más; y no por ello tienen sociedad. Y, respecto del hombre, dicha necesidad no se extiende más allá de esto de manera natural, sino artificial y *a posteriori,* es decir, una vez instaurada la sociedad, que necesita de la perpetuidad de los matrimonios y de la distinción de las familias y de las posesiones.

252, 28 de septiembre de 1820

A la tiranía fundada sobre la absoluta barbarie, superstición e integral bestialidad de los súbditos, le favorece la ignorancia y le perjudica, definitiva y mortalmente, la introducción de las luces. Por ello Mahoma, acertadamente, prohibió los estudios. A las tiranías practicadas sobre pueblos civilizados hasta cierto punto (civilizados hasta ese punto medio en el que consiste la verdadera perfección de la civilización y de la naturaleza) el incremento y propagación de las luces, de las artes, oficios, lujo, etc., no solamente no las perjudica, sino que las favorece enormemente, es más, asegura y consolida la tiranía, porque los súbditos de ese estado de mediocre civilización, que deja a la naturaleza aún libre (y las ilusiones, y la valentía, y el amor de gloria y de patria, y los otros estímulos de las grandes acciones), pasan al egoísmo, al ocio frente a la acción, a la inactividad, a la corruptela, a la frialdad, a la desidia, etc. Solo la naturaleza es madre de la grandeza y del desorden. La razón es todo lo contrario. La tiranía nunca está tan segura como cuando el pueblo no es capaz de grandes acciones, de las cuales no puede ser capaz por la razón, sino por naturaleza. Augusto, Luis XIV y otros mortales demuestran haber entendido muy bien estas verdades.

253-254, 29 de septiembre de 1820

El cristianismo debe haber hecho al hombre inactivo, reduciéndolo a ser contemplativo. En consecuencia, el hombre es favorable al despotismo, no por principio —porque el cristianismo ni honra a la tiranía ni prohíbe combatirla o evitarla o impedirla—, sino como consecuencia material, porque, si el hombre considera esta tierra como un exilio y solo se preocupa de una patria situada en el otro mundo, ¿qué le importa la tiranía? Y los pueblos (en especial el vulgo) acostumbrados a esperar en los bienes de otra vida se vuelven ineptos para esta, o, al menos, para los grandes estímulos que producen las grandes acciones. Por lo que, incluso abstrayéndolo del despotismo, se puede decir que, en general, el cristianismo ha contribuido no poco a destruir lo bello, lo grande, lo vivo y lo variado de este mundo, reduciendo a los hombres de obrar a únicamente pensar y rezar, es decir, a obrar solo cosas dirigidas a su propia santificación, etc.; una clase de hombres sobre la que es imposible que no surja de inmediato un amo.

No es que la religión cristiana condene o no admire la actividad. Ejemplo: un san Carlos Borromeo, un san Vicente de Paolis[9]. Pero en primer lugar, la actividad de estos san-

9. Se refiere a Carlos Borromeo (1538-1584), cardenal italiano, uno de los grandes reformadores católicos de la época postridentina, a quien la Iglesia

tos —si bien los llevaba a acciones heroicas, y en este senti-
do les hacía grandes y útiles— no contribuía mucho a la
vida del mundo, porque la grandeza de sus acciones era
más bien relativa a sí mismos, no absoluta, y más bien ínti-
ma y metafísica, no material. En segundo lugar, pareciendo
que el cristianismo hace consistir la perfección más bien en
la oscuridad, en el silencio y (en definitiva) en el total ol-
vido de lo que concierne a este exilio, este ha producido
cien Pacomios y Macarios[10] por un solo Carlos Borromeo;
y, en general, es verdad que, al llevar el espíritu del cristia-
nismo a los hombres a la despreocupación por esta tierra,
si estos son consecuentes, deben tender necesariamente a
ser inactivos en todo lo que se refiere a esta vida, con lo
cual el mundo se vuelve monótono y muerto. Comparad
ahora estas consecuencias con las de la religión antigua, se-
gún la cual la patria era esta y el otro mundo el exilio.

270-271

Al contrario de la naturaleza, la razón es muy débil e inac-
tiva. De ahí que los pueblos y los tiempos en los que preva-
lece más o menos la razón deben de haber sido y siempre
serán inactivos en proporción a su influencia. Digo lo con-
trario de la naturaleza. Y un pueblo completamente razo-

católica venera como santo; y a Vicente de Paúl (1581-1660), una de las figuras
más representativas del catolicismo en Francia en el siglo XVIII. *(N. de la T.).*
10. Pacomio (292-348) fue un soldado romano del siglo IV que luchó en el
bando de Majencio en la Segunda Tetrarquía. Es generalmente reconocido
como fundador del monacato cenobita cristiano. Macario de Egipto (300-390)
fue un ermitaño egipcio, considerado uno de los Padres del Desierto, y es
venerado como santo por las iglesias copta, católica y ortodoxa. *(N. de la T.).*

nable o filósofo no podría subsistir por falta de movimiento y de personas que se encargasen de los oficios comerciales necesarios para la vida, etc, etc.

De hecho, observad a esos hombres (que hoy día no son infrecuentes), cansados del mundo, desengañados por larga experiencia y, podemos decir, transformados en perfectamente razonables: no son capaces de comprometerse con ninguna acción ni con ningún deseo, parecidos al marqués D'Argens[11] del que habla Federico[12] en sus *Cartas*, el cual, por pereza, si hubiese podido no habría querido ni respirar. Para estos, la consecuencia de su cansancio, experiencia y conocimiento de las cosas es una perfecta indiferencia que les hace seguir el movimiento ajeno sin moverse de ellos mismos, incluso en las cosas que les afectan. De modo que, si esta indiferencia pudiese volverse universal en un pueblo, al no existir movimiento ajeno, no habría movimiento de ninguna clase.

299-302

Los príncipes solo pueden ser amados con aquella pasión que consiste en el «amor de parte»[13]. La ambición, la avaricia, etc., recaen en la categoría del interés, consisten en el

---

11. Se refiere al filósofo y escritor francés Jean-Baptiste de Boyer, marqués de Argens (1704-1771). *(N. de la T.).*
12. Se refiere a Federico II de Prusia, también conocido como Federico II el Grande (1712-1786), quien mantuvo una rica correspondencia con filósofos de la Ilustración. *(N. de la T.).*
13. El *amor di parte*, concepto maquiavélico, como todo este pensamiento, se refiere al amor de un individuo por la facción a la que pertenece, que se concentra alrededor de un líder, sea este el príncipe, el rey o el partido. *(N. de la T.).*

frío cálculo del egoísmo, y por ello pertenecen a la razón, todo lo opuesto del férvido, irreflexivo y ciego ímpetu de la pasión. Y quien se sacrifica a sí mismo al príncipe por ambición, avaricia u otros objetivos de interés personal no se sacrifica verdaderamente al príncipe, sino a sí mismo, y en la medida en que lo cree útil para sí mismo; en caso contrario, abandona su causa. En cambio, el «amor de parte» conduce a sacrificarse furiosamente, sin reserva ni condición, sin contención ni cálculo alguno, al objeto de este amor; así, la pasión es más fuerte que la razón y el interés, y conduce a afrontar obstáculos y peligros mucho mayores. En segundo lugar, la pasión no está sujeta a cambiar su camino según las circunstancias, como en cambio sucede con el interés, que de una causa lleva a defender otra según conviene.

Los príncipes, por tanto, al no poder ser favorecidos por los súbditos por otra pasión que la mencionada —y al no ser el interés ni así de fuerte ni mucho menos así de constante, y la razón tan inoperante—, deben fomentar el amor de parte (pues vemos a diario que la parte de los súbditos que ama y favorece su gobierno por mera persuasión, igual que aquella que lo odia de la misma manera, es la parte más inmóvil y pasiva del pueblo). Y como el pueblo no es activo —es más, como no existe si no hay parte contraria—, se puede afirmar (aunque parezca una paradoja) que conviene al príncipe dar lugar a una facción contraria a la suya cuando la que le favorece existe y, como es lo más natural y común, es más fuerte. Esta fue la práctica de los romanos, que, como nadie ignora, les funcionó tan bien. Y los realistas de Francia (y las provincias o ciudades realistas) no serían tan ardientes sostenedoras del rey si no tuviesen el espíritu de parte y si no existiese un partido contrario considerable, independientemente de que fuese más fuerte (esa no es la cuestión).

333

La naturaleza puede suplir y suple a la razón infinitas veces, pero la razón a la naturaleza nunca: ni siquiera cuando parece producir grandes acciones (cosa muy rara); pero incluso entonces, la fuerza impelente y motora no es de la razón, sino de la naturaleza. Por el contrario, aunque se sustraigan las fuerzas suministradas por la naturaleza, la razón será siempre inoperante e impotente.

340-341, 20 de noviembre de 1820

Considerad a los antiguos y a los modernos: veréis claramente una graduación, innegable y notable, de grandeza directamente proporcional a la antigüedad. Empezando por los hombres de Homero, un palmo más altos que los modernos (como decía aquel francés), y pasando por las pirámides de Egipto, etc., descended a las empresas nobles y grandiosas, a los trabajos inmensos, a las fábricas, a la solidez de sus construcciones hechas para la eternidad (algo propio también del Medievo y hasta el siglo XVI o XVII), a la profunda impronta de las monedas, al heroísmo y a todos los demás géneros de grandeza que distinguimos en los griegos, los romanos, etc. Y después, llegando a la Edad Media y gradualmente a los modernos, observad cómo el hombre se va sensiblemente empequeñeciendo hasta alcanzar este último grado de pequeñez general e individual y de impotencia en que lo vemos hoy día. De manera que la eterna fuente de lo grande (así como de lo bello) son los escritores, las obras de toda suerte, los ejemplos, las costumbres, los sentimientos de los antiguos; y de los antiguos se alimenta, en nuestros tiempos, toda alma extraordinaria. ¿De qué es esto señal? ¿La razón engrandece o empequeñece? ¿La naturaleza es grande o pequeña?

341-342, 20 de noviembre de 1820

Una grandísima y universal fuente de errores, contrasentidos, oscuridades, descuidos, contradicciones, dudas, confusiones, etc., tanto en los escritores y filósofos antiguos como en los modernísimos, es el no haber considerado, definido y puesto en la base del sistema del hombre la enemistad recíproca entre la razón y la naturaleza, considerada la cual (tan evidente y universal), se aclaran, determinan y resuelven infinitos misterios y problemas en el orden y el compuesto de las cosas humanas.

Sin embargo, confundiendo la razón con la naturaleza, la realidad con lo bello, los progresos de la inteligencia con los progresos de la felicidad y con el perfeccionamiento del hombre, las nociones y la naturaleza de lo útil, la meta o el fin de la inteligencia (que es la verdad) con la meta y el fin verdadero del hombre y de su naturaleza, etc., no se llega nunca a descifrar el misterio del hombre ni a acordar las infinitas contradicciones que parece que se encuentran en esta pequeñísima parte del sistema universal, a saber, en nuestra especie. El combate entre la carne y el espíritu, entre los sentidos y la mente, notado ya por los escritores (especialmente los religiosos), o no es suficiente, o no ha sido entendido, aplicado y extendido como se debía; o ha sido retorcido en un sentido contrario al correcto, extrayéndose de ello consecuencias igualmente erróneas, etc.

342

El trabajo de la tierra era el principal esfuerzo y la principal ocupación destinados al hombre. Es curioso, ahora, ver cómo la parte más ociosa de la sociedad es precisamente aquella cuya sustancia consiste en tierras.

353-356

Hasta qué punto también la religión cristiana es contraria a la naturaleza (cuando no influye sino en el simple y rígido raciocinio y cuando este solo sirve como norma) se puede ver con este ejemplo. Yo he conocido íntimamente a una madre de familia que no era nada supersticiosa, pero sí muy segura y precisa en la creencia cristiana y en los ejercicios de la religión. No solo no se compadecía de aquellos padres que perdían a sus hijos pequeños, sino que los envidiaba, íntima y sinceramente porque habían volado al paraíso sin peligros y habían librado a los padres de la angustia de mantenerlos. Habiéndose encontrado varias veces en peligro de perder a sus hijos de tierna edad, no rezaba a Dios para que los hiciese morir, porque la religión no lo permite, pero se alegraba de corazón, y, al ver a su marido llorar y afligirse, se encerraba en sí misma y experimentaba un verdadero y gran disgusto.

Era muy precisa en los servicios que prestaba a aquellos pobres enfermos, pero en el fondo de su alma deseaba que fueran inútiles; y llegó a confesar que, al interrogar y consultar a los médicos, el único temor que experimentaba era el de oír opiniones o pronósticos de mejora. Al ver en los enfermos algún signo de muerte cercana, sentía una alegría profunda, que solo se esforzaba en disimular ante aquellos que la condenaban; y el día que morían, si ocurría, era para ella un día alegre y ameno, y no lograba comprender cómo su marido pudiese ser tan poco sabio como para entristecerse. Consideraba la belleza una verdadera desgracia y, viendo a sus hijos feos o deformes, daba gracias a Dios por ello, no por heroísmo sino con toda sinceridad. No procuraba de ninguna manera ayudarlos a esconder sus defectos: al contrario, pretendía que al verlos ellos renunciasen totalmente a la vida en su primera juventud; y si se resistían, si buscaban lo contrario, si en alguna mínima parte lo lograban, ella se indignaba, rebajaba sus éxitos todo lo que podía, con las palabras y con su opinión, tanto de los feos como de los guapos (pues tuvo muchos), y no dejaba pasar ninguna ocasión (es más, las buscaba concienzudamente) de echarles en cara y hacerles conocer bien sus defectos y las consecuencias que de ellos debían esperarse, persuadiéndoles de su inevitable miseria con una veracidad despiadada y feroz.

Los fracasos de sus hijos le producían verdadero consuelo y comentaba con ellos especialmente aquello que había oído en su contra: todo ello para liberarles de los peligros del alma. Y se guiaba de la misma forma en todo aquello que concernía a la educación de los hijos, su concepción y su colocación en el mundo, y a los medios para lograr su felicidad temporal. Sentía infinita compasión por los pecadores, pero poquísima por las desventuras corporales o temporales (excepto si la naturaleza alguna vez las vencía). Las enfermedades, las muertes más dignas de compasión de jovencitos extinguidos en la flor de la vida y entre las más bellas esperanzas (con el mayor dolor para las familias o el público, etc.) ni siquiera la rozaban: decía que no importa la edad de la muerte, sino la forma de morir. Por ello, siempre solía informarse con curiosidad de si habían muerto bien según la religión, y, cuando estaban enfermos, de si mostraban resignación, etc.; y hablaba de estas desgracias con una frialdad marmórea.

Esta mujer había recibido de la naturaleza un carácter enormemente sensible y se había convertido en lo que era exclusivamente por la religión. Ahora bien, ¿esto qué es sino barbarie? Y, sin embargo, no es más que un cálculo matemático y una consecuencia inmediata y necesaria de los principios de la religión seguidos con precisión; de esa religión que con derecho se jacta de ser la más misericordiosa, etc. Pero la religión es tan bárbara que, allí donde ella ocupa el primer lugar y se vuelve regla absoluta (sea el que sea el principio del que parta, y sea cual sea la base sobre la que se fundamenta), todo se vuelve bárbaro. Así, vemos las muchas barbaridades de las religiones antiguas, aunque estas fuesen hijas de la imaginación. E incluso sin los principios religiosos, es harto evidente que únicamente la estricta razón nos lleva a las consecuencias más arriba especificadas. Solo la pura naturaleza nos puede liberar de la barbarie (con los errores que ella inspira y donde no cabe la razón).

Si ella nos hace llorar la muerte de los hijos no es sino por ilusión, pues perdiendo la vida no han perdido nada, es más, han ganado. Pero el no llorar es bárbaro, más aún el alegrarse de ello, aunque sea conforme con la exacta razón. Todo ello confirma aquello que suelo decir: que la razón a menudo es fuente de barbarie (es más, es barbarie en sí misma), y el exceso de razón lo es siempre; la naturaleza, en cambio, nunca, porque, en definitiva, no es bárbaro sino aquello que es contra natura. (25 de noviembre de 1820). De modo que naturaleza y barbarie son cosas contradictorias, y la naturaleza, por esencia, no puede ser bárbara.

Diálogo de la naturaleza y de un islandés[14]

Un islandés, que había recorrido la mayor parte del mundo y vivido en muy diferentes tierras, una vez, yendo hacia el interior de África y pasando la línea del equinoccio en un lugar nunca antes visitado por hombre alguno, tuvo una experiencia similar a la que le ocurrió a Vasco de Gama al doblar el cabo de Buena Esperanza cuando este, guardián de los mares australes, se le apareció bajo la forma de un gigante para disuadirlo de adentrarse en aquellas nuevas

14. El diálogo fue escrito el 21, el 27 y el 30 de mayo de 1824 y ocupa el lugar central en la edición final. Se suelen citar como posible influencia para este opúsculo dos obras de Voltaire: el *Dialogue entre le Philosophe et la Nature,* así como *Historie de Jenni,* donde aparece el pueblo de los islandeses acuciados a la vez por los hielos y por el volcán Hekla. La Naturaleza como circuito de creación y destrucción indiferente a sus criaturas, que Leopardi podía rastrear entre los antiguos en el *De rerum natura* de Lucrecio, encuentra en los estudios del filósofo mecanicista Paul Henri d'Holbach un ejemplo moderno, que le guía hasta su consideración de la contradicción trágica entre vida y existencia. *(N. de la T.).*

aguas[15]. Vio a lo lejos un busto enorme que al principio pensó que era de piedra y parecido a los eremíticos colosos que había visto muchos años antes en la Isla de Pascua. Sin embargo, al acercarse más se dio cuenta de que era una forma desmedida de mujer sentada en la tierra con el busto erguido, y el dorso y el codo apoyados en una montaña, y no falsa, sino viva, con el rostro entre bello y terrible, ojos y cabellos negrísimos, que lo miraban fijamente y que, tras un buen rato sin hablar, de pronto le dijo:

NATURALEZA: ¿Quién eres? ¿Qué buscas en estos lugares en los que tu especie era desconocida?

ISLANDÉS: Soy un pobre islandés que va huyendo de la naturaleza, y tras haber huido de ella casi todo el tiempo de mi vida por mil lugares de la tierra, ahora huyo de ella por este.

NATURALEZA: Así huye la ardilla de la serpiente de cascabel hasta que cae en su garganta por sí misma. Yo soy esa de la que huyes.

ISLANDÉS: ¿La naturaleza?

NATURALEZA: La misma.

ISLANDÉS: Lo lamento en el alma y tengo claro que no podía alcanzarme mayor desventura que esta.

NATURALEZA: Bien podías haber imaginado que yo habito especialmente estos lugares donde no ignoras que mi potencia se demuestra más que en otros. Pero ¿qué era lo que te movía a huir de mí?

ISLANDÉS: Debes saber que ya desde mi primera juventud, con pocas experiencias, yo estaba claramente convencido de la vanidad de la vida y de la estupidez de los hombres, que —combatiendo continuamente los unos contra los otros

---

15. Camões, *Los lusiadas*, canto 5. (*Nota de Leopardi*).

por conseguir placeres que no dan placer, y bienes que no benefician, soportando y causándose recíprocamente infinitos afanes e infinitos males que, en efecto, los perjudican y angustian— cuanto más buscan la felicidad más se alejan de ella. Por estas consideraciones, abandonado cualquier otro deseo —sin molestar a nadie, sin disputarle a nadie ningún bien del mundo—, decidí vivir una vida oscura y tranquila. Y, perdida toda esperanza en los placeres como algo negado a nuestra especie, no me propuse más que cuidarme de mantenerme lejos de los sufrimientos. No pretendo, con ello, decir que pensase abstenerme de las ocupaciones y de los esfuerzos corporales, pues bien sabes qué diferencia hay entre esfuerzo y sufrimiento, y entre el vivir tranquilo y el vivir ocioso. El caso es que, nada más poner en acto esta resolución, experimenté lo vano que es pensar que, si vives entre los hombres, no ofendiendo a nadie, puedas evitar que otros te ofendan; y que, aun cediendo siempre espontáneamente y conformándote siempre con lo mínimo de cada cosa, puedas conseguir que te dejen un lugar cualquiera y que ese mínimo no te sea disputado. Pero de la molestia de los hombres me liberé fácilmente separándome de su sociedad y quedándome en soledad, algo que en mi isla nativa se puede conseguir sin dificultad. Sin embargo, una vez hecho esto, y viviendo sin casi ninguna imagen de placer, pese a todo yo no lograba librarme del sufrimiento, porque la largura del invierno, la intensidad del frío y el ardor extremo del verano, que son cualidades de aquel lugar, me laceraban continuamente, y el fuego, junto al cual me pasaba gran parte del tiempo, me secaba las carnes y atormentaba mis ojos con el humo, de manera que ni en casa ni en el exterior me libraba de un perpetuo malestar. Tampoco podía conservar la vida tranquila a la que principalmente se dirigían mis pensamientos, porque las tormentas espantosas del mar y de la tierra, los rugidos y las amenazas del monte Hekla[16], el miedo a los incendios, muy frecuentes en los albergues —los nuestros están hechos de madera—, no dejaban de turbarme intermitentemente. Incomodidades, todas ellas —en una vida siempre igual a sí misma y despojada de cualquier otro deseo y esperanza, casi de cualquier otra preocupación que no sea la de su quietud—, que terminan siendo de no poca importancia, y mucho más graves de lo que suelen parecer cuando la mayor parte de nuestra alma está ocupada por las preocupaciones de la vida civilizada y de las adversidades que provienen de los hombres. Por tanto —al ver que cuanto más me inhibía (y casi me contraía en mí mismo) para no procurarle tedio ni daño a cosa alguna en el mundo, más se daba que las otras cosas me inquietaran y causaran tribulación—, me puse a cambiar de lugares y de climas para ver si en alguna parte de la tierra podía no ofender y no ser ofendido, y, aun no gozando, no sufrir. A esta decisión me llevó también un pensamiento que surgió en mí, a saber: que tal vez tú le habías destinado al género humano un único clima de la tierra (igual que lo has hecho para cada uno de los demás géneros de animales y de plantas), y solo determinados lugares, fuera de los cuales los hombres no pudiesen prosperar ni vivir sin dificultad y miseria, de las que no se te debería culpar a ti, sino a ellos mismos, por haber despreciado y traspasado los lími-

16. El Hekla es un estratovolcán situado al suroeste de Islandia, en la región de Suðurland. Tiene una altura de 1.491 m s. n. m. y es el más activo de la isla. (*N. de la T.*)

tes dispuestos por tus leyes para ser habitados por seres humanos. En casi todo el mundo he buscado, y he hecho experiencia de casi todos los países, observando siempre mi propósito, el de molestar a las demás criaturas lo menos posible, aspirando únicamente a una vida tranquila. Pero he sido asado por el calor en los trópicos, me he congelado de camino a los polos, afligido por la inconstancia del aire en los climas templados, e infestado por las perturbaciones de los elementos por doquier. He visto muchos lugares en los que no pasa un día sin que haya un temporal, que es como decir que cada día tú les das un asalto y una batalla formal a esos habitantes, no culpables ante ti de ninguna injuria. En otros lugares, la serenidad ordinaria del cielo es compensada por la frecuencia de los terremotos, por la multitud y la furia de los volcanes, por la ebullición subterránea de todo el país. Vientos y torbellinos desmesurados reinan en los lugares y en las estaciones exentas de los otros furores del aire. Algunas veces se me ha caído el techo encima bajo el gran peso de la nieve. Otras veces, debido a la abundancia de las lluvias, la misma tierra, agrietándose, se me ha abierto bajo los pies. He tenido que huir a toda velocidad de ríos que me perseguían como si yo fuese culpable ante ellos de alguna ofensa. Muchas bestias selváticas han querido devorarme sin que yo las provocara; muchas serpientes han tratado de envenenarme; en muchos sitios ha faltado poco para que los insectos voladores me devorasen hasta los huesos. Dejo a un lado los peligros cotidianos, siempre inminentes para el hombre e infinitos en número —tanto, que un filósofo antiguo[17] no encuentra contra el temor otro

17. Séneca, *Naturales quaestiones*, lib., 6, cap. 2. *(Nota de Leopardi)*.

remedio más válido que la consideración de que todo es temible—. Ni las enfermedades me han perdonado, a pesar de haber sido, como aún soy, no digo equilibrado sino contenido en los placeres del cuerpo. Yo suelo quedarme muy admirado al ver cómo has infundido en nosotros tan firme e insaciable avidez de placer; cómo nuestra vida, desgajada de este y privada de lo que desea naturalmente, resulta ser algo imperfecto, y cómo —por otra parte— has dispuesto que el uso de este placer sea, entre todas las cosas humanas, la más nociva, la más catastrófica en sus efectos sobre la persona, y la más contraria a la perdurabilidad de nuestra vida. Sin embargo, aun absteniéndome —casi siempre y totalmente— de cualquier deleite, no he podido evitar incurrir en muchas y diferentes enfermedades, algunas de las cuales me han puesto en peligro de muerte, otras en el de perder el uso de algún miembro o de llevar para siempre una vida más miserable que la anterior; y todas ellas han oprimido mi cuerpo y mi alma con mil desavenencias y mil dolores durante días o meses. Y aunque con el paso del tiempo cada uno de nosotros experimenta nuevas enfermedades e infelicidades mayores que las ya vividas (como si la vida humana no fuese ya, por norma, lo suficientemente miserable), tú no nos has compensado por ello con épocas de una salud igualmente abundante e insólita, que fuese para nosotros motivo de un placer extraordinario. En los países mayormente cubiertos de nieve, he estado a punto de volverme ciego, igual que les ocurre comúnmente a los lapones en su patria. Por el sol y por el aire, vitales y necesarios para nuestra vida y de los que no podemos huir, somos torturados continuamente: por el aire, con la humedad, con la sequedad o con otras disposiciones; por el sol, con el calor y con la misma luz; tanto, que el hombre no puede estar nunca expuesto al uno o al otro sin que ello le produzca mayor o menor daño o incomodidad. En definitiva, no recuerdo haber pasado un solo día de mi vida sin alguna pena, mientras que no puedo enumerar los que he consumado sin siquiera una sombra de gozo. Me doy cuenta de que nos han sido destinados como necesarios tanto el padecer como el no gozar; que es tan imposible el vivir descansadamente —de la forma que sea— como el vivir intranquilo sin miseria; y saco la conclusión de que tú eres enemiga declarada de los hombres, de los demás animales y de todas tus obras; que ahora nos acechas, ahora nos amenazas, ahora nos asaltas, ahora nos pinchas, ahora nos golpeas, ahora nos desgarras, y siempre o nos ofendes o nos persigues; y que, por costumbre o por decreto, eres el verdugo de tu propia familia, de tus hijos, de tu sangre y de tus vísceras. Por tanto, quedo sin ninguna esperanza al haber entendido que los hombres terminan por dejar de perseguir a quien los rehúye —o se esconde con verdadera voluntad de rehuirlos o de ocultarse de ellos—, pero que tú, jamás, por ninguna razón, dejas de atenazarnos hasta oprimirnos. Y ya veo cercano el tiempo amargo y lúgubre de la vejez; verdadero y manifiesto mal, cúmulo de males y de miserias gravísimas, y desde luego, no de forma accidental, sino destinado por ti, por ley, a todos los tipos de seres vivos, previsto para cada uno de nosotros desde la niñez y preparado continuamente desde su quinto lustro con un tristísimo declinar y perder sin culpa alguna. De manera que apenas un tercio de la vida de los hombres se asigna a su florecimiento, pocos instantes a su madurez y perfección y todo el resto a la decadencia y a las incomodidades que de ella derivan.

NATURALEZA: ¿Acaso imaginabas que el mundo ha sido hecho por vuestra causa? Has de saber que, en mis producciones, mis órdenes y mis operaciones, exceptuando muy pocas, siempre he puesto y pongo la atención en otras cosas, no en la felicidad o infelicidad de los hombres. Cuando os ofendo —de la manera que sea, con el medio que sea—, muy raras veces me doy cuenta. Asimismo, por lo general, no sé cuándo os doy placer o si os beneficio. Yo no hago cosas, ni cumplo acciones, para deleitaros o beneficiaros, como vosotros creéis. Y, para terminar, aunque por azar yo extinguiese toda vuestra especie, no me daría cuenta de ello.

ISLANDÉS: Pongamos por caso que alguien, espontáneamente y con gran insistencia, me invitara a su casa, y que yo, para complacerlo, acudiese. Que allí mi huésped me asignara una celda sucia y ruinosa —húmeda, fétida, abierta al viento y a la lluvia—, en la que yo corriese constantemente el peligro de ser aplastado. Que ese anfitrión no se tomase la molestia de entretenerme con algún pasatiempo o de ofrecerme alguna comodidad, sino que, por lo contrario, apenas me concediera lo necesario para sustentarme, y que, además de esto, permitiese a sus hijos y sirvientes denigrarme, humillarme, amenazarme y golpearme. Si, quejándome ante él por estos malos tratos me respondiese: ¿Es que acaso he hecho yo esta casa para ti? ¿Acaso mantengo yo a mis hijos y a mi gente para tu servicio? Tengo otras cosas en que pensar antes que en tu bienestar y en darte buen trato... En ese caso yo le replicaría: considera, amigo, que, así como no has hecho esta villa para mi uso, podrías no haberme invitado. Pero ya que espontáneamente has querido que yo more aquí, ¿no deberías procurar que, en lo posible, yo viva por lo menos sin sufrimiento y sin peligro? Y así te digo ahora. Yo sé bien que no has hecho el mundo para el disfrute de los hombres. Diría más bien que lo has hecho y ordenado expresamente para atormentarlos. Pero pregunto: ¿acaso te he pedido que me pongas en este universo? ¿Acaso me he entrometido yo en él violentamente y contra tu voluntad? En cambio, si por voluntad tuya —sin que yo lo supiera y de manera que yo no pudiera no consentirlo o rechazarlo—, tú misma, con tus manos, me has colocado en él, ¿no es entonces tarea tuya, no digo ya tenerme contento en tu reino, pero al menos evitar que yo viva atormentado y magullado y que el habitar en él me dañe? Y esto que digo de mí lo digo de todo el género humano, lo digo de todos los animales y de cada criatura.

NATURALEZA: Tú pareces no haberte percatado de que la vida de este universo es un perpetuo circuito de producción y destrucción conectadas entre sí de tal manera que cada una de ellas sirve continuamente a la otra y a la conservación del mundo, el cual alcanzaría su disolución si cesase la una o la otra. Por tanto, si existiese en el universo alguna cosa libre de padecimiento, ello redundaría en daño para sí mismo.

ISLANDÉS: Estos mismos razonamientos los oigo de todos los filósofos. Pero, puesto que aquello que es destruido padece y aquello que destruye no goza, y poco después es igualmente destruido, dime eso que ningún filósofo sabe decirme: ¿a quién gusta o a quién beneficia esta vida infeliz del universo, conservada mediante el daño y la muerte de todas las cosas que lo componen?

Mientras se hallaban en estos o parecidos razonamientos, se dice que les alcanzaron dos leones, tan demacrados y escuálidos por la inanición, que apenas tuvieron fuerza suficiente para comerse a aquel islandés, lo cual hicieron, recuperando así algo de fuerzas para mantenerse en vida durante todo el día. Pero hay algunos que niegan esto, y cuentan que un fortísimo viento se levantó mientras el islandés hablaba, que lo tiró al suelo y edificó sobre él un soberbio mausoleo de arena, bajo el cual, perfectamente disecado y convertido en una bella momia, fue finalmente descubierto por unos viajeros y expuesto en el museo de no sé qué ciudad de Europa.

A LA PRIMAVERA O DE LAS FÁBULAS ANTIGUAS[18]

Porque el celeste daño
restaure el sol y las insanas auras
Céfiro avive, y huida y dispersa
grave sombra de nubes llegue al valle;

18. Canto n.º VII. Canción compuesta en Recanati en enero de 1822. Se relaciona con *Zib.* 63-64 (p. 84). Con el fin de contextualizar este poema, ligado a un enorme trabajo de erudición, traemos aquí la nota que lo acompaña, referida al verso 29, donde Leopardi escribe: «El cansancio, el reposo y el silencio que reina en las ciudades, y aún más en el campo, a la hora del mediodía, convirtieron aquella hora en algo misterioso y secreto para los antiguos, como las horas de la noche; de ahí que se creyese que alrededor del mediodía se dejaran ver u oír en especial los dioses, las ninfas, los silvanos, los faunos y las almas de los muertos, como puede verse en Teócrito, *Idyll.,* 1, vv. 15 y sigs.; Lucano, 1. 3, vv. 422 y sigs.; Filostrato, *Heroic.,* c. 1, § 4, obras editadas por Olear, p. 671; Porfirio, *De antro nymph.,* c. 26 y sigs.; Servio ad Georg. I. 4, v. 401; Y de la *La vida de San Pablo, el primer ermitaño* escrita por San Gerónimo c. 6: en Vit. Patr. Rosweyd., I.I, p. 18. Cf también Meursio, *Auctor. Philolog.,* c. 6, con las notas de Lami obras Meurs. Florent., vol. 5, col. 733; Barth, Animadv. Ad Stat., part. 2, p. 1081, y las cosas disputadas por los comentaristas. Acerca de la opinión de que las ninfas y las diosas, sobre la hora del mediodía, bajasen a lavarse a los ríos y las fuentes, véase Calímaco en *Lavacr. Pall.,* vv. 71 y sigs., y en cuanto a Diana en particular, Ovidio, *Metam.,* 1.3, vv. 144 y sigs.». *(N. de la T.).*

y porque confíen su pecho inerme
los pájaros al viento y diurna luz
nuevo deseo de amor, nueva esperanza
en penetrado bosque y derretida
escarcha infunda a las turbadas bestias
¿quizá a las rotas y en dolor sepultas
mentes humanas torna
la bella edad que desdicha y siniestra
faz de lo real consumó
tan temprano? ¿Entenebrados y extintos
los rayos de Febo al misero no están
en eterno? Una vez más,
primavera fragante, ¿atraes e inspiras
a este frío corazón que, amarga,
en la flor de la edad vejez prepara?

¿Vives tú, vives, santa
natura? ¿Vives y mi oxidado
oído un son de voz materna acoge?
Ya de albas ninfas, hogar las aguas
plácido hogar y espejo
fueron claras fuentes, arcanas danzas
de sus pies inmortales golpearon
quebradas selvas y cimas (hoy yermo
nido de vientos): y el pastor que a sombra
meridiana incierta y a la florida
orilla de los ríos conducía
a sedientas ovejas, hondo canto
de agrestes Panes oyó
en las riberas y temblar la honda
vio y maravillose pues, oculta

diosa de aljaba armada
entraba en templadas aguas y del vil
polvo de sangrienta caza limpiaba
el blanco flanco y virginales brazos.

Vivieron, flores, pastos,
vivieron los bosques. Conscientes, suaves
auras, las nubes y el titánico sol
fueron de lo humano, cuando desnuda
por los llanos y cerros,
oh luz ciprina, en la desierta noche
con ojos fijos, el viandante al seguir
a ti, acompañante de los hombres,
atenta, imaginó. Que si uno al huir
de los impuros negocios urbanos
y de las fatales iras y ofensas,
estrechó contra el pecho rudos troncos,
allá en remota selva,
viva llama agitarse en venas vacuas,
espirar hojas, palpitar secreta
en el doliente abrazo
a Dafne, a Filis la triste, o de Clímene
llorar, creyó, desconsolada prole,
por aquel que hundió en Erídano el sol.

Ni los tristes acentos
del humano afán, quedando ignorados,
os hirieron, oh rocas,
mientras vuestros temibles escondrijos
Eco sola, y no
vano error de los vientos,

sino misera alma de ninfa habitó
a la que triste amor, duro destino
de tiernos miembros echó. Ella, por grutas,
por desnudos escollos
y desoladas cuevas,
las consabidas cuitas y los rotos
y agudos sollozos al curvo cielo
revelaba. Y a ti de humanos hechos
te hizo la fama experta,
musical ave que en frondoso bosque
hoy llegas cantando el año naciente,
que lamentas en la profunda calma
de los campos al aire hosco y mudo,
antiguo mal de criminal afrenta,
pálido el sol de la ira y la piedad.

Mas no es afín al nuestro tu género;
tus varias notas el dolor no forma
y tú, sin culpa alguna,
menos caro el valle sombrío esconde.
Ay, puesto que vacuas son
las estancias de Olimpo y ciego el rayo
por negras nubes y montes errando
por igual al malvado e inocente
en frío horror deshace; y ya que extraño
el suelo natal, ajeno a sus hijos,
cría las tristes almas;
tú, el afán infeliz y el hado indigno
tú, de los vivos oye
bella natura y el destello antiguo
da a mi espíritu; si, con todo, vives

y si de nuestras penas
cosa alguna en el cielo, si en la cruda
tierra se alberga, o en el acuoso seno,
piadosa no, espectadora al menos.

3. Naturaleza y arte

De *Zibaldone*

1

De la nada, en literatura se pasa a lo mediano y a lo real, y de ahí al refinamiento: y no hay ejemplo de que de este se haya vuelto a lo real. Griegos y latinos italianos. El exquisito gusto del pueblo de los literatos no puede darse sino cuando este aún no está corrompido. Por ejemplo, los escritores en lengua vulgar del siglo XVI solo pecaban de poco, no de demasiado, y sin embargo eran totalmente aptos para juzgar bien de lo mucho, es decir, de lo real bello, como hacían.

2

El siglo XIV fue el principio de nuestra literatura, no ya el culmen, puesto que no tuvo más que tres escritores grandes; el siglo XV no fue corrupción ni refinamiento del XIV, sino un sueño de la literatura (que había dado lugar a la erudición), que quedaba aún incorrupta y aún pecaba más bien de poco. Policiano, Pulci. El siglo XVI fue la verdadera continuación del XIV y el culmen de nuestra literatura. Después vino el refinamiento del siglo XVII que en el XVIII solo se ha convertido en mayor corrupción y de otra especie; pero el buen gusto del pueblo de los literatos ya no ha regresado ni regresará, en mi opinión, porque de la nada se puede pasar a lo bueno, pero de lo excesivamente bueno, es decir, de lo corrupto, considero que no se puede.

3

La utilidad no es el fin de la poesía, aunque esta pueda ser útil. Y el poeta puede incluso aspirar expresamente a lo útil y obtenerlo (como quizá haya hecho Homero) sin que por ello lo útil sea el fin de la poesía, igual que el agricultor puede servirse del hacha para segar el forraje sin que el segar sea el fin del hacha. La poesía puede ser útil indirectamente, y el hacha puede segar, pero su fin natural, sin el cual no puede existir, no es la utilidad, sino el deleite, por lo que el oficio natural de la poesía es deleitar.

5

Hoy, para protegernos de los vicios y de la corrupción en el escribir, es necesario un infinito estudio y una gran imitación de los clásicos, mucho mayor de la que necesitaban los antiguos, sin los cuales no se puede ser un insigne escritor y con las cuales no se puede llegar a ser tan grande como los grandes imitados. Igual que el cochero hace guiando a los caballos por el declive, que les concede poco para que no le arrebaten demasiado.

8

Intentad respirar artificialmente, y realizar, pensándolo, alguno de los actos que se hacen naturalmente; no lo lograréis sino con gran esfuerzo y mucho peor. Del mismo modo, demasiado arte nos perjudica; y lo que Homero decía naturalmente de manera perfecta, nosotros, aun meditadamente y con infinito artificio, no podemos decirlo sino de manera mediocre, y sin lograr evitar que el esfuerzo se descubra más o menos casi siempre.

Dos grandes dudas me vienen a la mente con respecto a las bellas artes. Una, si el pueblo es juez en nuestro tiempo de las obras de bellas artes. La otra, si el prototipo de lo bello existe realmente en la naturaleza o si no depende más bien de las opiniones y del hábito, que son como una segunda naturaleza.

Sobre la primera cuestión, si se me ocurre algo lo escribiré después. En cuanto a la segunda, observo que nos parece conveniente (y la belleza está toda, se puede decir, en la conveniencia) ver en un sujeto lo que estamos acostumbrados a ver en él, e inconveniente lo contrario, etc.; por ello, nos parece bello el que tiene determinadas características, y feo o defectuoso el que no las tiene, aunque en la naturaleza no debiera tenerlas, o viceversa. Por ejemplo, nos parece deforme una cierta raza de perros cuando no tiene las orejas recortadas, etc.; así la potencia de la moda, especialmente en lo que se refiere a la belleza de las mujeres, etc. Me parece que en la naturaleza casi no hay más que los lineamientos de lo bello, como son la armonía, la proporción y cosas que, según la simple inteligencia natural, deben encontrarse en cada cosa bella; y que el dotar de claroscuros a los objetos bellos depende totalmente de nuestras opiniones. De todo esto se pueden aducir infinitos ejemplos. Y los distingo en dos clases: la diversidad de opiniones sobre los objetos de la naturaleza y la diversidad de opiniones sobre los objetos de las bellas artes.

10

En muchas obras donde existe algún peligro (ya sea de fallar o de romper, etc.) una de las cosas más necesarias para que salgan bien es no pensar en el peligro y actuar con franqueza. Así, los poetas antiguos no solamente no pensaban en el peligro de errar, sino que (especialmente Homero) apenas sabían que existiese, y, por ello, se movían de un modo completamente franco, con aquella bellísima negligencia que revela la obra de la naturaleza y no del esfuerzo.

Sin embargo, nosotros, tímidos —no solamente sabiendo que se puede errar, sino teniendo siempre delante de los ojos el ejemplo de quien ha errado y de quien yerra, y por ello pensando siempre en el peligro—, no nos arriesgamos a alejarnos, no ya del ejemplo de los antiguos y de los clásicos, que muchos sabrán abandonar, sino de aquellas reglas que nos hemos formado en la mente (óptimas y clásicas, pero reglas al cabo). Y con razón, porque, por un lado, vemos el gusto corrupto del siglo que fácilmente nos llevaría a enormes errores; por otro, observamos las caídas de muchos que, debido a cierta libertad de pensamiento y de composición, dan a luz monstruos, como en la actualidad es el caso, por ejemplo, de los románticos. Por ello, volamos bajo, y no osamos elevarnos con aquella negligente, segura, espontánea y, diré también, ignorante franqueza, que es necesaria en las grandes obras de arte; de modo que, por temor a hacer cosas pésimas, no nos predisponemos a hacerlas óptimas y las hacemos mediocres: no de aquella mediocridad que recrea a Horacio y que en poesía es insoportable, sino mediocres de las buenas, es decir, trabajadas, estudiadas, pulidas, con armonía expresiva, bello verso, bella lengua, clásicos imitados de un modo perfecto, con bellas imágenes, bellos símiles, suma propiedad de las palabras (que es la que más que ninguna otra cosa traiciona el arte), en definitiva, todo; pero que no son aquellas cosas epocales y mundiales... Quiero decir: ya no hay un Homero, un Dante, un Ariosto; o sea, Parini y Monti son bellísimos pero no tienen ningún defecto.

12

El arte de Ovidio de poner las cosas ante los ojos no se llamaba eficacia sino pertinacia.

21

No solamente es necesario que el poeta imite y pinte a la perfección la naturaleza, sino también que la imite y pinte con naturalidad; es más, no imita a la naturaleza quien no la imita con naturalidad. Por ello Ovidio, que la pinta sin naturalidad, es decir, que va tan detrás de los objetos que al final nos los presenta y nos los hace también tocar y ver y sentir, pero después de un infinito esfuerzo, y con pertinacia más que con eficacia —de modo que a él le hace falta una página para hacernos ver aquello que Dante nos hace ver en un terceto—, enseguida sacia. Además, no es muy placentero, porque no sabe esconder el arte y, con su dar vueltas alrededor de los objetos —no solo por su peligrosa intemperancia y su incapacidad de contentarse, sino también porque no sabe dibujarnos enseguida la figura sin muchos trazos y si no fuese largo no sería eficaz—, manifiesta su diligencia, la cual, en los poetas, es contraria a la naturalidad. Aquello que debe verse en los poetas, además de los objetos imitados, es una bella negligencia, la que vemos en los antiguos, maestros en este necesario y substancial arte, la que vemos en Ariosto, en Petrarca, etc. Esta es la que, por desgracia, falta también en los mejores y clásicos entre los modernos; la que, con lo sentimental y con el sistema de Breme[1] y en las poesías modernas de los franceses, no se consigue y después sigue sin conseguirse, porque lo sentimental revela cierta diligencia y, en definitiva, revela al poeta que habla.

---

1. En *Osservazioni sul Giaurro di Byron*, Ludovico di Breme participa en la polémica entre clásicos y románticos suscitada por madame De Staël en 1816, que da origen al romanticismo italiano. También Leopardi intentará participar, sin éxito, en esta polémica, con su artículo «Discorso di un italiano sopra la poesia romántica» (1818) posicionándose del lado de los clásicos pero con razones muy originales y en sintonía con las ideas europeas, y respondiendo polémicamente a las propuestas, a favor de lo sentimental y patético romántico, de Di Breme. *(N. de la T.)*.

21

En definitiva, en Ovidio se nota que quiere pintar y hacer aquello que con las palabras es tan difícil —mostrar la figura—, y se ve que lo intenta; Dante, en cambio, parece que quiere contar y hacer aquello que con las palabras es fácil —es decir, el uso ordinario de las palabras—, y pinta exquisitamente sin que se note su afán; no indica esta o aquella pequeña circunstancia, y *levantaba la mano y la apretaba y se giraba un poco* y qué sé yo —como hacen los románticos descriptores (y en general esos poetas descriptivos franceses o ingleses tan en boga últimamente)—; en definitiva, en él hay negligencia, en Ovidio, no.

31

Para expresar el efecto indefinible que surten en nosotros las odas de Anacreonte[2], no hallo similitud más adecuada que la de un soplo pasajero de vientecillo fresco en el verano, fragante y deleitoso, que en un momento nos restaura en cierto modo y casi nos abre el respiro y el corazón con una cierta alegría, pero, antes de que podamos saciarnos plenamente de ese placer, es decir, analizar sus cualidades y comprender por qué nos sentimos tan refrescados, ya ese soplo ha pasado, tal como ocurre en Anacreonte, en el que esa sensación indefinible es casi instantánea, y si queremos analizarla se nos escapa, ya no la sentimos, volvemos a leer, nos quedan en la mano las palabras solas y secas: ese aireci-

2. Poeta lírico griego del siglo VI a. C. *(N. de la T.)*.

llo, por así decir, ha huido, y apenas podemos recordar confusamente la sensación que nos han producido hace un momento aquellas mismas palabras que tenemos ante los ojos. Esta sensación, además de con Anacreonte, me ha parecido sentirla solo con Zappi[3].

50

También la negligencia, y el descuido, y el desprecio de las normas, y la misma falta de afectación, pueden ser afectados. Incluso la simplicidad, la naturalidad, la espontaneidad.

52

Un ejemplo de cuán natural y llena de amables y naturales ilusiones era la mitología griega es la personificación del eco.

52-53

No todo propósito debe esconder el poeta. Por ejemplo, no debe esconder el propósito de instruir en el poema didascálico; es decir, no debe esconder los propósitos manifiestos que se exponen en el mismo comienzo del poema:

3. Giovanni Battista Felice Zappi (1667-1719), poeta italiano de la Arcadia. (*N. de la T.*).

«Canto las armas piadosas», etc.[4]. Pero sí debe esconder aquellos que no van naturalmente junto al propósito manifiesto, como, por ejemplo, el pintar con el narrar, el deleitar con el instruir; cosas que el poeta se propone pero que no debe mostrar proponerse, aunque sí deba mostrar aquellos otros propósitos manifiestos, que sirven más que nada como pretexto y cobertura a los propósitos ocultos. Y esto porque estos últimos no son naturales, como lo es que uno narre, sino que debe parecer que aquel deleite, aquella viva representación, sale espontáneo y sin que el poeta lo haya buscado, lo cual mostraría el arte y el estudio y la diligencia y, en definitiva, no sería natural, ya que, imaginándonos al poeta en su estado natural, este es un hombre que, tomado su tema —y este es el propósito manifiesto—, va diciendo lo que se le ocurre espontáneamente, como hacen todos los que hablan, y aunque él ponga aquí una imagen, aquí un sentimiento, aquí un sonido expresivo, aquí otra cosa, y todo bien a propósito y meditadamente, debe parecer que lo hace de forma natural, siguiendo el hilo de su discurso y el acaloramiento de su fantasía y de su corazón.

En caso contrario, la naturaleza no es imitada de manera natural y estos son los propósitos, digamos, secundarios, que hay que esconder —aunque en realidad muy a menudo sean primarios, como en los poemas didascálicos, donde la finalidad primera parece, y debe parecer, el instruir, cuando en realidad es solo un medio, siendo el verdadero fin el deleitar—. Y además del poeta, incluyanse el orador, el historiador y cualquier escritor. En latín, «afectación» quiere decir lo mismo que propósito, y entre nosotros, lo mismo

---

4. Se refiere al comienzo de la *Ilíada* de Homero. *(N. de la T.)*.

que «propósito manifiesto». Es más, esta puede ser su definición.

54

Cuando la poesía, desconocida durante tanto tiempo, entró en Lacio y en Roma, ¡qué magnífico e inmenso campo de temas se le abrió ante los ojos! Ella misma, ya dueña del mundo, sus infinitas historias pasadas, las esperanzas, etc. Argumentos de infinito entusiasmo, capaces de encender la fantasía y el corazón de cualquier poeta, incluso extranjero y posterior, y aún más si romano o latino y contemporáneo o proporcionalmente cercano a los tiempos de aquellas gestas. Sin embargo, no hubo epopeya latina que tuviese como sujetos las cosas latinas tan excesivamente grandes y poéticas, excepto la de Enio, que tuvo que ser una cosa miserable.

La primera voz de la tromba épica, que fue de Lucrecio, trató de filosofía. En definitiva, la imitación de los griegos fue por este lado mortífera para la poesía latina, como después lo fue para la literatura y la poesía italianas en su verdadero comienzo, es decir, en el siglo XVI, la imitación servil de los griegos y de los latinos. Por lo cual, aun disponiendo de una inmensa cantidad de hechos nacionales, cantaban los hechos griegos; y no creo que se encuentre ni se cite tragedia de Ennio o de Accio de argumento latino y no griego. Cosa muy perniciosa, máxime en aquella suma abundancia de grandes cosas nacionales que cada cual puede ver.

Y lo vio bien Virgilio con su gran juicio, pero no lo esquivó en absoluto, es más, su argumento fue también en cierto modo griego (así en las *Bucólicas* como en las *Geórgicas*, de título y derivación griegas) además de las tantas imitaciones de Homero, etc.; pero procuró cuanto más pudo acercarlo a lo nacional y a menudo tuvo ocasión de cantar exprofeso los hechos de Roma. De manera similar Horacio, hombre de poco valor como poeta, entre tantos argumentos de sus odas derivadas del griego, se puso a menudo a celebrar las gestas romanas. Ovidio, en su gran poema *Las metamorfosis*, adoptó un argumento enteramente griego. Escribió sin embargo las gestas de Roma, pero era una obra más de versificador que de poeta, que trataba, si no me equivoco, de narrar los orígenes de aquellas ceremonias y fiestas, etc., en definitiva, no escogió esos hechos para cantarlos, sino, por así decir, para divertirse con ello.

Por otra parte, la literatura latina se resintió mucho del Estado de Roma con la grandilocuencia que, se puede decir, añadió otras propiedades a la oración recibida por los griegos, y algunas de estas las sustituyó con cualidades totalmente propias de los latinos, como observa Algarotti[5], con la nobleza y la cultura de la oración del periodo, etc., mucho mayor que entre los antiguos griegos clásicos, excepto, y quizás ni siquiera, en Isócrates.

57

Se ha observado que una propiedad de los antiguos poetas y artistas es el dejar mucho a la fantasía y al corazón del lec-

---

5. Conde Francesco Algarotti (1712-1764), escritor ilustrado autor de *Newtonanismo per le dame*, entre otras obras. (*N. de la T.*).

tor o espectador. Esto, sin embargo, no se debe tomar como una propiedad aislada, sino como un efecto simple, natural y necesario, de la naturalidad con la que, al describir, imitar, etc., dejan de lado las minucias y la enumeración de las partes, tan común en los modernos, describiendo solo el todo, con desenvoltura y como quien narra, no como quien quiere manifiestamente pintar, mover, etc. Del mismo modo Ovidio, cuyo modo de pintar es la enumeración (como los modernos descriptivos, sentimentales, etcétera), no deja al lector casi nada por hacer, mientras que Dante, que con dos palabras plasma una imagen, deja mucho que hacer a la fantasía; pero digo mucho que hacer, no mucho esfuerzo, ya que la fantasía, espontáneamente, concibe aquella imagen y añade aquello que falta a los trazos del poeta, que son tales que reclaman de un modo casi necesario la idea del todo. Y así entre los antiguos, en todo género de imitación de la naturaleza.

58

Todo se ha perfeccionado de Homero en adelante, menos la poesía.

62

Se suele decir que, leyendo a ciertos autores simples, planos, espontáneos, fluidos, fáciles, desenvueltos, naturales, etc., nos parece a todos que sabemos hacerlo así, aunque después, a la hora de la verdad, se ve que esto es falso. Pero

leyendo a Jenofonte, parece que todos escriban así y que no
se pueda ni se sepa escribir de otra manera. Pero deja de
parecerlo cuando se pasa de él a otro escritor, o de otro es-
critor a su lectura. Porque de los otros escritores se entien-
de que son simples; en Jenofonte uno ni siquiera se da
cuenta de ello.

100, 8 de enero de 1820

Es sabido que los antiguos poetas y artífices, especial-
mente griegos, solían dar que pensar al espectador o al
oyente más de aquello que expresaban. En cuanto a la ra-
zón de ello, no es otra que su simplicidad y naturalidad,
por las cuales no iban, como los modernos, detrás de las
minucias de la cosa evidenciando así el estudio del escri-
tor, que no dice o escribe la cosa tal como la naturaleza
misma la presenta, sino que va sutilizando, anotando las
circunstancias, desmenuzando y alargando la descripción
por el deseo de sorprender; lo cual descubre el propósi-
to, destruye la natural desenvoltura y negligencia, mani-
fiesta el arte y la afectación y hace hablar en la poesía más
al poeta que a la cosa.

Sobre esto véase mi discurso sobre los románticos y va-
rios de estos pensamientos. Pero entre los efectos de esta
costumbre (digo efecto y no razones, ya que los antiguos
seguramente no pensaban en este efecto y no eran mo-
vidos sino por la causa que he dicho), es muy notable el de
dar la impresión de la poesía o del arte bella, infinita,
allí donde la de los modernos es finita. Porque, descri-
biendo con pocos toques, y mostrando pocas partes del

objeto, dejaban a la imaginación errar en lo indefinido e indeterminado de aquellas ideas infantiles que nacen de la ignorancia del todo. Y una escena campestre —por ejemplo, pintada por el poeta antiguo con pocos trazos y, digamos así, sin su horizonte— producía en la fantasía aquel divino oleaje de ideas confusas y brillantes de un indefinible novelesco, y de aquella excesivamente querida y suave extravagancia y maravilla, que solía dejarnos extasiados en nuestra niñez. Los modernos, en cambio, al determinar cada objeto y mostrar todos sus confines, carecen casi del todo de esta emoción infinita, y, en su lugar, no producen sino la finita y circunscrita, que nace del conocimiento del objeto entero, y no tiene nada de extravagante, sino que es propia de la edad madura, que carece de aquellos inexpresables deleites de la indefinida imaginación probados en la infancia.

110, 30 de abril de 1820

Como observa Beccaria en su tratado del estilo[6], las palabras no presentan únicamente la idea del objeto significado, sino que, en mayor o menor medida, presentan imágenes accesorias. Y es una gran virtud de la lengua tener estas palabras. Las voces científicas presentan la idea desnuda y circunscrita de un objeto, y por ello se llaman «términos», porque determinan y definen la cosa en todas sus partes. Cuanto más una lengua abunda en palabras, más adaptada

---

6. Obra de Cesare Beccaria (1738-1794), *Ricerche intorno alla natura dello stile* (1770). *(N. de la T.)*.

está a la literatura y a la belleza, etc., etc., y ocurre lo contrario cuanto más abunda en términos, es decir, cuando esta abundancia perjudica a la de las palabras (pues la abundancia de las dos cosas no causa perjuicio). De hecho, la propiedad de las palabras y la desnudez o sequedad son cosas muy diferentes, pues si aquella le confiere eficacia y evidencia al discurso, esta no le da más que aridez. El gran peligro que corre ahora la lengua francesa es el de convertirse en una lengua enteramente matemática y científica por exceso de términos *en todo tipo de cosas*, y por el olvido de las antiguas *palabras*; aunque esto la hace fácil y común, porque actualmente es la lengua más artificial y geométricamente desnuda que existe. Por ello necesita de grandes escritores que, poco a poco, vuelvan a acostumbrarla al estilo y a las voces de Bossuet, de Fénelon y de los otros grandes prosistas de su buen siglo, y así en la poesía. Madame de Staël muestra con los hechos que lo ha conocido, y su estilo tiene mucho de la plasticidad de lo antiguo en comparación con la aridez moderna y de aquellos esqueletos (regulares pero puros esqueletos) del estilo de hoy día. Y tampoco haría mal en acudir a las antiguas fuentes de Amyot[7] y de otros parecidos, que, usados con discreción, restituirían a la lengua el jugo que ahora ha perdido también por la monótona y exagerada regularidad de su construcción (la cual contribuye enormemente a hacerla común en Europa), de la que tanto se lamentaban Fénelon y otros insignes (véase el ensayo de Algarotti sobre la lengua francesa).

7. Se refiere a Jacques Amyot (1513-1593), obispo católico, escritor y traductor francés del Renacimiento. *(N. de la T.)*..

3. Naturaleza y arte

Adaptemos esta observación a cosas menos materiales. Reduciendo la observación a lo general, encontraremos su fundamento en la naturaleza de las cosas, viendo cómo la filosofía y el uso de la pura razón —que se pueden comparar con los términos y con la construcción regular— han esterilizado y endurecido esta pobre vida, y cómo todo lo bello de este mundo consiste en la imaginación —que se puede comparar con las palabras y con la construcción libre, variopinta, atrevida y figurada—. Las voces griegas (las voces, no los modos), con las que tanto se ha cargado la lengua francesa en estos tiempos, no pueden, en nuestras lenguas, ser más que términos, con significación cruda y circunscrita, y aire técnico y geométrico, sin gracia y sin elegancia. Y cuanto más abundemos en ellas, en perjuicio de nuestras palabras, tanto más les quitaremos a la gracia y a la fuerza ingénita de nuestra lengua. Porque la fuerza y la evidencia consisten en despertar la imagen del objeto, y no en definirlo dialécticamente como hacen aquellas palabras transportadas a nuestra lengua. Las metáforas de todo tipo son, por ello, muy convenientes para la belleza *natural* y el colorido del discurso. Y la lengua italiana, rebuscada, de tantos escritorcillos de hoy día, que, aunque esté llena de formas y palabras nativas, resulta tan miserable y disonante, sale así porque resulta feísimo ver la aridez moderna que estos no saben esquivar con la frescura, el colorido, la suavidad, la vistosidad, el *embonpoint*, la floridez, el vigor antiguos (además de la afectación que se manifiesta por demasiado superficial pericia del verdadero lenguaje italiano y la esforzada búsqueda de palabras y frases antiguas en vez del estilo y gusto modelado juiciosamente sobre lo antiguo, haciendo propio el jugo y la sangre de los antiguos escritores).

119

La naturalidad en la escritura es tan obligada que, en el
caso de que para conservarla fuese necesario faltar a la cla-
ridad, yo considero que esta es como una ley civil y aquella
como una ley natural, que no excluye ningún caso y debe
ser observada, aunque por ello sufra la sociedad o el indivi-
duo, como no es extraordinario que suceda.

130, 21 de junio de 1920

Entre nuestros poetas actuales, unos no sienten y no pien-
san, y así escriben; otros sienten y piensan, pero no saben
decir lo que querrían y, al ponerse a escribir, por falta de
arte, se encuentran enseguida vacíos, y de todo aquello que
tenían en mente ya no encuentran nada, y aun queriendo
escribir se dan al fraseo, al epíteto, y se pierden en tópi-
cos, y así cierran la poesía, porque decir una cosa nueva los
asusta, al no saber encontrar la expresión que le correspon-
de; otros, finalmente, sintiendo y pensando pero sin sa-
ber decir lo que quieren, lo quieren decir a pesar de todo,
y estos son ridículos por el esfuerzo, la afectación, la dure-
za, la obscuridad y el infantilismo manierista, incluso cuan-
do los sentimientos no sean despreciables.

136, 24 de junio de 1820

La poesía melancólica y sentimental es un respiro del alma. La
opresión del corazón, ya provenga de cualquier pasión, o

del desánimo ante la vida, y del sentimiento profundo de la nulidad de las cosas, cerrándolo del todo, no deja lugar a este respiro. Los otros géneros de poesía son aún menos compatibles con este estado. Y yo creo que las continuas desventuras de Tasso son el motivo por el que este, en cuanto a originalidad e invención, quedó por debajo de los otros tres sumos poetas italianos, pese a que su ánimo, por sentimientos, afectos, grandeza, ternura, sin duda los igualaba o incluso los superaba, como puede verse en sus cartas y en otras prosas suyas. Pero, aunque quien no haya probado la desventura no sabe nada, no hay duda de que la imaginación, y la sensibilidad melancólica, no tienen fuerza sin un aura de prosperidad y sin un vigor de ánimo, que no puede estar sin un crepúsculo, un rayo, un atisbo de alegría.

141-142, 27 de junio de 1820

La palabra es un arte aprendido por los hombres. Lo demuestra la variedad de las lenguas. El gesto es algo natural, enseñado por la naturaleza. Un arte, 1: nunca puede igualar a la naturaleza; 2: por muy familiar que sea para los hombres, se dan momentos en los que estos no lo saben usar. Por ello, en los excesos de las grandes pasiones, 1: como la fuerza de la naturaleza es extraordinaria, la de la palabra no logra expresarla; 2: el hombre está tan ocupado que el uso de un arte, aunque sea muy familiar, le es imposible. Pero el gesto, al ser natural, lo veréis fácilmente expresar aquello que experimenta, con ademanes y movimientos a menudo vivísimos o con gritos inarticulados, gemidos, mugidos, etc., que no tienen nada que ver con la palabra y se pueden considerar gestos. Excepto el caso en el que la pasión no produzca en él la inmovilidad, que suele ser efecto de las grandes pasiones en los primeros momentos, cuando no se es capaz de ninguna acción. En los momentos siguientes, no siendo capaz de usar la palabra, es decir, el arte, sin embargo, lo es de realizar actos y movimientos. Por lo demás, lo veréis siempre en silencio. El silencio es el lenguaje de toda fuerte pasión, del amor (también en los momentos dulces), de la ira, de la maravilla, del temor, etc.

143

¿Qué quiere decir que, entre tantos imitadores que se han encontrado de obras y escritores clásicos, ninguno haya llegado a ocupar un grado de fama, no digo igual, sino ni siquiera cercano al del imitado? ¿Acaso no sería verosímil —siendo más fácil *inventis addere*, y perfeccionar una cosa inventada que inventarla ya perfecta, y ya que ha habido muchos imitadores de gran ingenio, especialmente en Italia, en un tiempo en el que imitar estaba de moda y por ello se convertía en ocupación también de los mejores, como Sannazaro imitador de Virgilio, y Tasso de Petrarca— que se hubiese dado una imitación que al menos igualase la obra imitada y que, por consiguiente, mereciese un lugar junto al original?

El hecho, en materia de literatura o de artes, es que basta con darse cuenta de la imitación para poner a una obra infinitamente por debajo del modelo, y que, en este caso, como en muchos otros, la fama no mira tanto al mérito absoluto e intrínseco de la obra como a la circunstancia del escritor o del artífice. Por tanto, oh imitadores, seáis como seáis, no aspiréis a llegar a la inmortalidad, aunque vuestras copias valgan efectivamente mucho más que el original.

143-144, 1 de julio de 1820

En la carrera poética mi espíritu ha recorrido las mismas fases que el espíritu humano en general. Al principio mi fuerte era la fantasía y mis versos estaban llenos de imágenes, y de mis lecturas poéticas yo intentaba siempre aprovechar aquello que se refería a la imaginación. También era muy sensible a los afectos, pero no sabía expresarlos en poesía. Todavía no había meditado sobre las cosas, y de filosofía no tenía sino un atisbo, y este solo a grandes rasgos y con aquella típica ilusión que nos hacemos de que en el mundo y en la vida siempre tenga que haber una excepción a nuestro favor. Siempre he sido un desgraciado, pero mis desgracias de entonces estaban llenas de vida y me desesperaban porque le parecía (no tanto a la razón sino a mi sólida imaginación) que me impedían la felicidad de la cual creía que los demás gozaban. En resumen, mi estado era entonces en todo y por todo como el de los antiguos. Bien es cierto que también entonces, cuando las desventuras me acuciaban y me azoraban enormemente, yo me volvía capaz asimismo de expresar ciertos afectos en poesía, como en el último canto de la *Cántica*[8].

Se puede decir que la mutación total en mí, y el paso del estadio antiguo al moderno, se produjo en un año, 1819, cuando, privado del uso de la vista y de la continua distrac-

8. Se refiere a su cántica «Appressamento della morte», escrita en tercetos dantescos en noviembre de 1816, siguiendo el modelo de la *Divina Commedia*. (*N. de la T.*).

ción de la lectura, empecé a sentir mi infelicidad de una manera mucho más tenebrosa, comencé a abandonar la esperanza, a reflexionar profundamente sobre las cosas (en estos pensamientos[9] he escrito en un año el doble de lo que había escrito en un año y medio, y sobre materias concernientes sobre todo a la naturaleza humana, a diferencia de los pensamientos pasados, casi todos concernientes a la literatura), de poeta que era comencé a volverme filósofo de profesión, a sentir la segura infelicidad del mundo en lugar de conocerla, y esto también por un estado de languidez corporal que me alejaba más aún de los antiguos y me acercaba a los modernos. Entonces, en mí la imaginación se vio sumamente debilitada y, pese a que la facultad de la invención crecía entonces en mí de forma notable (es más, casi comenzaba), esta se dirigía principalmente a asuntos de prosa o a poesías sentimentales. Y si yo me ponía a hacer versos, las imágenes me venían con gran esfuerzo, es más, la fantasía se había casi secado (incluso abstrayéndome de la poesía, es decir, en la contemplación de las bellas escenas naturales, como ahora, que me dejan duro como una piedra); más bien, aquellos versos se desbordaban de sentimientos.

Así, bien puede decirse que, en rigor, poetas no eran sino los antiguos, que ahora solo lo son los niños o jovencitos, y que los modernos que tienen este nombre no son nada más que filósofos. Y yo, de hecho, no me volví sentimental hasta que, perdida la fantasía, devine insensible a la naturaleza y me dediqué totalmente a la razón y a la realidad, o sea, me hice filósofo.

---

9. Con esta palabra, el autor se refiere a su diario, conocido como *Zibaldone*. (*N. de la T.*).

144-147, 2 de julio de 1820

Es algo ya muy sabido que, así como tal vez las academias científicas han favorecido a las ciencias, promovido y facilitado los descubrimientos, en cambio, las literarias más bien han perjudicado a la literatura. De hecho, las academias científicas no han seguido casi nunca un sistema de filosofía, sino que han dejado el campo libre al descubrimiento de la verdad, fuese cual fuese el sistema que se viera favorecido —y especialmente en el estudio de la naturaleza era difícil seguir un sistema al tener que promover los descubrimientos, que no pueden derivar sino de la realidad y que no se puede prever qué revelarán y a qué sistema se adaptarán—. Si hubiesen seguido un sistema, habrían perjudicado a las ciencias, igual que las academias literarias a la literatura. El hecho es que a esta última, aunque tenga sus reglas, el ponerlas en claro, decretarlas y hacer un código con ellas nunca le ha favorecido. Todos los grandes poetas griegos fueron antes de Aristóteles, y todos los latinos, antes o contemporáneos de Horacio. Pero, entonces, ¿no es beneficioso que el buen gusto sea promovido y promulgado e instituido como norma de las obras literarias? El gusto en una nación es ciertamente necesario, pero este debe estar en los individuos y en la nación entera, y no en una élite catedrática y legisladora, y en una dictadura. En primer lugar, no es fácil promover las obras geniales. Los honores, la gloria, los aplausos, las ventajas son medios muy eficaces para promoverlas, pero no los honores y la gloria que derivan de los aplausos de una academia. Los antiguos griegos y también los romanos tenían sus competiciones literarias públicas, y Heródoto escribió su historia para leerla al pueblo. Este era un estímulo completamente distinto al de una pequeña sociedad constituida por personas cultas e instruidas, donde el efecto no puede ser jamás el que se logra en el pueblo y, para gustar a los críticos, 1: se escribe con temor, error fatal; 2: se buscan cosas extraordinarias, finezas, humor, mil bagatelas. Solo el pueblo espectador puede hacer nacer la originalidad, la grandeza y la naturalidad de la composición.

En segundo lugar, si el promover el genio no favorece, si las espuelas no le ayudan, el freno le mata (me refiero a un freno impuesto por los demás y no por el propio juicio). Si falta este freno, no hay remedio, pero la magistratura literaria no deja que nazcan las virtudes literarias si no existen las buenas costumbres, es decir, el juicio recto y el buen gusto. Pero si el gusto está corrompido, ¿no sería beneficioso promulgarlo, restablecerlo, etc.? Lo sería en el sentido de que las academias conseguirían que ya no se escribiese mal, pero no que se escriba bien. La Arcadia fue establecida para expulsar el *seicentismo*[10]. Este fue borrado, pero el estilo arcádico es un nombre irrisorio que en Italia se da a aquellas poesías que no son ni carne ni pescado. Entonces ¿qué remedio aconsejaríais para el mal gusto? Repito aquello que dije al comienzo de mis pensamientos: casi todas las naciones cultas, después de su Siglo de Oro, han tenido su siglo de corrupción y de él han resurgido. Pero después de eso, un número de escritores verdaderamente grandes, y comparables con los primeros, en definitiva, otro Siglo de Oro (digo en literatura, no en cuanto al pensamiento y la filosofía), es un ejemplo que aún me queda por ver. En los mejores siglos, los grandes escritores tenían modelos de lo óptimo para seguir, pero no de lo malo

10. El estilo barroco en la literatura del siglo XVII en Italia. *(N. de la T.)*.

que rehuir. Aquellos pueden favorecer, estos perjudican. Quiero decir que los malos escritores que había, así como no constituían una clase —ya que el gusto universal era bueno—, caían en el olvido total y por lo general, bien o mal, se sabía que no gustaban más que por qué no gustaban. Obviamente, la idea de sus vicios no se especificaba y sus defectos no se notaban con precisión, y, de hecho, se ve que también óptimos escritores caían en defectos pueriles.

En otras palabras, la ciencia de lo bueno y de lo malo no estaba organizada ni desmenuzada. El gusto natural dominaba en todo. Después de la corrupción los literatos resurgen estupefactos, aparecen de nuevo los escrúpulos, los miedos, las sutilezas: cada cosa es sopesada, se aguzan los ojos, se anda con pies de plomo, cada ley, regla, idea, está bien definida y circunscrita; se prevén todos los casos; el gusto ya no es natural sino artificioso, o así se vuelve, porque nadie cree poderse conformar con el gusto natural; el arte y la crítica llegan al *summum*, la naturaleza se pierde (quizá esta pueda más en el siglo corrupto que en el siguiente); nacen obras perfectas, pero no bellas.

152-153, 5 de julio de 1820

Una cosa es la fuerza y otra la fecundidad de la imaginación, y la una puede estar sin la otra. Fuerte era la imaginación de Homero y de Dante, fecunda la de Ovidio y de Ariosto. Y es que hay que distinguir muy bien cuando se elogia a un poeta o a un escritor por su imaginación. La fuerza de la imaginación hace fácilmente al hombre infeliz por la profundidad de las sensaciones; la fecundidad, en cambio, lo alegra con la variedad y con la facilidad para reparar en todos los objetos y para después abandonarlos, y, en consecuencia, con la multitud de distracciones.

De ellos se derivan muy distintos caracteres. El primero, grave, apasionado, en nuestros tiempos ordinariamente melancólico, profundo en el sentimiento y en las pasiones y apto para sufrir enormemente en la vida. El segundo, burlón, ligero, vagabundo, inconstante en el amor, espíritu bello, incapaz de fuertes y perdurables pasiones y dolores del alma, capaz de consolarse incluso en las mayores desventuras, etc.

Reconoced en estos dos caracteres los auténticos retratos de Dante y de Ovidio, y ved cómo la diferencia de su poesía se corresponde perfectamente con la diferencia de sus vidas. Observad también de qué manera tan distinta sintieron y llevaron su exilio Dante y Ovidio. Así, pues, una misma facultad del alma humana es madre de efectos contrarios dependiendo de sus cualidades, que casi la dividen en dos facultades distintas. No creo que la imaginación profunda sea muy apta para la valentía, ya que representa con vivacidad el peligro, el dolor, etc.; mucho más que la reflexión, ya que esta cuenta y aquella pinta. Y yo creo que la imaginación de los hombres valientes (que no deben carecer de ella, porque el entusiasmo es siempre compañero de la imaginación y deriva de ella) pertenece más al segundo tipo.

211, 15 de agosto de 1820

Es curioso que se reprenda (los extranjeros en particular) a Miguel Ángel por haber querido demostrar demasiado su ciencia anatómica en las esculturas y que se dé por regla esconder siempre esta ciencia en el arte del esculpir o del pintar y considerar que es mejor ignorarla que ostentarla (como se dice de Rafael que no se preocupó de estudiarla); y que al mismo tiempo esos extranjeros nunca sean tan felices como cuando han empapado sus poesías de tecnicismos, de fórmulas, de nociones abstractas y metafísicas, de psicología, de ideología, de historia natural, de ciencia, de viajes, de geografía, de política, de erudición, de ciencia, de arte, de oficios de toda suerte. Y mientras no quieren la erudición antigua elogian y abusan vituperiosamente de la moderna.

238, 10 de septiembre de 1820

La simplicidad debe ser tal que el escritor o quien la adopta, en cualquier caso, no se dé cuenta o muestre no darse cuenta de que es simple y, mucho menos, de que es apreciable en este aspecto. Debe ser inconsciente no solo de todas las otras bellezas del escribir sino de la misma simplicidad. *Homme d'une simplicité rare*, dice La Harpe[11] de la Fontaine (*Éloge de la Fontaine), qui sans doute ne pouvait pas ignorer son génie, mais ne l'appréciait pas, et qui même, s'il puvait être témoin des bonneurs qu'on lui rend aujourd'hui, serait étonné de sa gloire, et aurait besoin qu'on lui révéât le secret de son mérite*[12]. La misma cosa en mucho mayor grado se puede decir de los escritos de Jenofonte y caracterizar así su simplicidad.

11. Jean-François de La Harpe (1739-1803), *philosophe,* escritor y crítico de la Ilustración. *(N. de la T.).*
12. «[...] que sin duda no podía ignorar su genio, pero no lo apreciaba, y que incluso, si pudiera ser testigo de los elogios que se le hacen hoy, se asombraría de su gloria, y necesitaría que se le revelara el secreto de su mérito». *(N. de la T.).*

257

Unas veces la viveza, tanto del rostro como del movimiento como de las acciones, etc., otras veces la languidez y la flema, son madres de la gracia. Y hay quien es afectado más por esta o por aquella.

261

Las obras de genio tienen de especial que, incluso cuando representan al vivo la nulidad de las cosas, incluso cuando demuestran claramente y hacen sentir la inevitable infelicidad de la vida, incluso cuando expresan las más terribles desesperaciones, incluso entonces, a un alma grande —aunque se encuentre en un estado de extremo abatimiento, desengaño, nulidad, tedio y desazón ante la vida, o en las más acerbas y mortíferas desgracias, ya pertenezcan estas a altas y fuertes pasiones o a cualquier otra cosa— siempre sirven de consuelo, reavivan el entusiasmo, y a pesar de no tratar ni representar otra cosa que la muerte, le devuelven, al menos momentáneamente, la vida que había perdido. Y así, aquello que, visto en la realidad de las cosas, sobrecoge y mata el alma, visto en la imitación o de cualquier otra manera en las obras de genio —como por ejemplo en la lírica, que no es propiamente imitación—, abre el corazón y vivifica. Así como el autor —que describía y sentía tan vehementemente la vanidad de las ilusiones— conservaba, pese a todo, un gran fondo de ilusión y daba gran prueba de ello al describir tan minuciosamente su vanidad, del mismo modo el lector —aunque desengañado por sí mismo y por la lectura— es arrastrado por el autor en ese mismo engaño y en esa ilusión escondida en los más íntimos rincones del alma que el autor experimentaba. Y el propio hecho de conocer la irreparable vanidad y falsedad de todo lo bello y de todo lo grande es en cierto modo una belleza y una grandeza que llena el alma cuando ese conocimiento se encuentra en las obras de genio. Y el espectáculo mismo de la nulidad es algo que, en estas obras, parece que engrandece el alma del lector, que la eleva y la satisface de sí misma y de su propia desesperación.

(Gran cosa, y verdadera madre de placer y de entusiasmo, y magistral efecto de la poesía, cuando esta logra que el lector adquiera mayor concepto de sí, de sus desgracias y de su mismo abatimiento y aniquilamiento de espíritu).

Además de todo esto, el sentimiento de la nada es el sentimiento de algo muerto y mortífero. Pero si ese sentimiento es vivo, como en el caso al que aludo, su vivacidad prevalece en el ánimo del lector sobre la nulidad de la cosa que provoca el sentimiento, y el alma recibe vida (aunque solo sea pasajera) de la propia fuerza con la que siente la muerte perpetua de las cosas y la suya propia, puesto que el efecto del conocimiento de la gran nada —la indiferencia e insensibilidad que normalmente inspiran y deben naturalmente inspirar hacia la misma nada— no es pequeño ni poco penoso. Esta indiferencia e insensibilidad son removidas por la lectura o contemplación de semejante obra de genio, que nos hace sensibles a la nulidad de las cosas.

269, 18 de septiembre de 1820

Como dice Montesquieu, la pura belleza resultante de una exacta y regular conveniencia raramente produce las grandes pasiones, por el mismo motivo por el cual la razón es infinitamente menos fuerte y eficaz que la naturaleza. Esa belleza es como una razón, por lo que no supone vida ni calor, ni en sí misma ni en quien la contempla. Al contrario, un rostro o una persona defectuosa pero viva, graciosa, etc., o dotada de un ánimo caprichoso, sensible, etc., sorprende, calienta, afecta y toca el capricho de quien la observa, sin regla, sin precisión, sin razón, etc. etc.; y así, las grandes pasiones nacen sobre todo del capricho, de lo extraordinario, etc., y no se pueden justificar con la razón.

270

En la categoría de lo bello, la simple belleza es a la gracia, etcétera, lo que la razón es a la naturaleza en el sistema de las cosas humanas. Esta consideración puede aplicarse para explicar la arcana naturaleza y los efectos de la gracia.

307-308

Homero, que escribía antes de toda regla, no imaginaba estar grávido de las reglas, como Júpiter de Minerva o de Baco, ni que su irregularidad habría sido medida, analizada, definida y reducida a piezas ordenadas para servir de regla a los demás e impedirles ser libres, irregulares, grandes y originales como él. Y bien puede decirse que la originalidad de un gran escritor, produciendo su fama (ya que sin esta habría quedado en la oscuridad y no habría servido de norma y de modelo), impide la originalidad de sus suceso-

3. Naturaleza y arte

res. Yo compadezco a todos, pero en especial a los pobres gramáticos, los cuales, teniendo que formar la prosodia griega sobre Homero, han tenido que poblar el Parnaso griego de excepciones, de sílabas comunes, etc., o al menos advertir que muchos ejemplos de Homero no se avenían a sus enseñanzas, porque Homero, inocentemente, no conociendo el gran feto de las reglas del que estaban preñados sus poemas, utilizaba las sílabas según su talento, e incluso en el mismo pie usaba la misma sílaba, una vez larga y otra breve.

313

La literatura francesa se puede llamar original por su suma y singular falta de originalidad.

Parini o de la gloria[13]

Capítulo primero

Giuseppe Parini fue para nuestra memoria uno de los poquísimos italianos que a la excelencia en las letras unió la

---

13. Obra compuesta entre el 6 de julio y el 13 de agosto de 1824. Es un verdadero tratado, dividido en doce capítulos, sobre el tema de la gloria, en particular sobre la gloria en las letras, tanto literarias como filosóficas, que alcanza una visión hermenéutica y existencial que traspasa la clásica formulación de un tema asociado a un personaje. Giuseppe Parini (1729-1799), poeta y filósofo, autor del poema «Il Giorno», habla a su discípulo amorosamente, pero sin ocultarle nada de los inconvenientes de la carrera literaria. Hay que recordar, como posible inspiración, el coloquio con Parini en *Últimas cartas de Iacopo Ortis* de Ugo Foscolo (1778-1827), (carta del 4 de diciembre). *(N. de la T.)*.

profundidad del pensamiento, el gran conocimiento y uso de la filosofía actual: cosas hoy tan necesarias en las letras amenas que no se entendería que estas pudiesen no ir acompañadas de aquellas, si de ello no se vieran ya en Italia múltiples ejemplos. Como es sabido, fue además un hombre de singular inocencia, piedad hacia los infelices y hacia la patria, fe en los amigos, nobleza de ánimo y constancia contra las adversidades de la naturaleza y de la fortuna que pesaron sobre su miserable y humilde vida hasta que la muerte lo rescató de la oscuridad. Tuvo bastantes discípulos, a los que enseñaba, primero, a conocer a los hombres y sus cosas, y después, a deleitarlos con la elocuencia y con la poesía. Entre ellos, a un joven de índole y de audacia increíbles para los buenos estudios y de expectativas maravillosas, desde hace poco bajo su disciplina, al que un día empezó a hablarle de esta manera.

Tú buscas, hijo mío, esa gloria, única entre todas las demás, que consiente hoy ser alcanzada por hombres que no sean de alta cuna; es decir, aquella a la que se llega con la sabiduría y con los estudios de buenas doctrinas y buenas letras. En primer lugar, no ignoras que esta gloria, aunque no despreciada por nuestros sumos ancestros, fue sin embargo poco considerada en comparación con las otras; y bien has visto en cuántos lugares y con cuánto cuidado Cicerón, su ardiente y feliz seguidor, se disculpa con sus conciudadanos por el tiempo y el esfuerzo que invertía en alcanzarla, unas veces alegando que los estudios de las letras y de la filosofía no le distraían en modo alguno de los asuntos públicos, otras veces diciendo que, forzado por la iniquidad de los tiempos a abstenerse de los asuntos mayores, intentaba con aquellos estudios consumar dignamente su ocio; y siempre anteponiendo a la gloria de sus escritos la de su consulado y de las cosas hechas en beneficio de la República. Y verdaderamente, si el objeto principal de las letras es la vida humana y el primer intento de la filosofía el de ordenar nuestras acciones, no hay duda de que el obrar es tanto más digno y noble que el meditar y escribir, del mismo modo que es más noble el fin que el medio y que las cosas y los sujetos importan más que las palabras y los razonamientos. Es más, ningún ingenio es creado por la naturaleza para el estudio; ni el hombre nace para escribir sino solo para hacer. Por ello vemos que la mayor parte de los escritores excelentes, y en especial de los poetas ilustres, como por ejemplo Vittorio Alfieri, al comienzo fueron extraordinariamente proclives a las grandes acciones, que, al serles negadas por los tiempos o impedidas por la propia fortuna, hicieron que se dedicaran a escribir grandes obras. De hecho, aquellos que no tienen disposición para la acción no son aptos para escribir. Y lo puedes comprobar fácilmente en Italia, donde, como casi todos rehúyen de los actos extraordinarios, son pocos los que adquieren fama perdurable con la escritura. Yo pienso que la antigüedad, especialmente la romana o la griega, se puede apropiadamente representar tal como fue esculpida en Argo la estatua de Telesila, poetisa, guerrera y salvadora de la patria: una estatua que se representaba con un yelmo en la mano, en el acto de mirarlo con satisfacción, y de querer ponérselo en la cabeza; y a sus pies, algunos volúmenes, casi despreciados, como parte insignificante de su gloria[14].

14. Pausanias, lib. 2, cap. 20, p. 157. *(Nota de Leopardi).*

Pero entre nosotros, los modernos, comúnmente excluidos de cualquier otro camino de celebridad, aquellos que toman el sendero de los estudios muestran en su elección la mayor grandeza que hoy se puede demostrar, y no necesitan disculparse con su patria. Así que, en lo que se refiere a la magnanimidad, admiro profundamente tu propósito. Pero dado que, al no ser natural en los hombres, este camino no se puede andar sin perjuicio para el cuerpo ni sin multiplicar la natural infelicidad del alma, considero, antes que nada, conveniente y obligado —tanto por mi oficio como por el gran amor que mereces y que siento por ti— hacerte consciente tanto de las distintas dificultades que se interponen en la consecución de la gloria a la que aspiras como del fruto que esta puede producir en ti en caso de que la consigas. Y lo haré siguiendo lo que hasta el momento he podido conocer con la experiencia y con el discurso, de manera que, midiendo tú mismo, por un lado, la importancia y el valor de la meta y la esperanza de obtenerla, y, por otro, los daños, los esfuerzos y dificultades que conlleva el buscarla (de los cuales te hablaré concretamente en otra ocasión), puedas, con pleno conocimiento, considerar y decidir si te es más útil seguirla o escoger otro camino.

Capítulo segundo

Podría aquí, al comienzo, extenderme mucho sobre las emulaciones, las envidias, las amargas censuras, las calumnias, las parcialidades, las prácticas y los manejos ocultos y patentes contra tu reputación, y otros infinitos obstáculos que la malignidad de los hombres te pondrá en el camino que has emprendido. Obstáculos que, siempre dificilísimos de superar, y a menudo insuperables, hacen que más de un escritor, no solo en vida, sino incluso después de muerto, se vea completamente despojado del honor que se le debe. Porque, tras vivir sin fama a causa del odio o la envidia ajenos, al morir queda en la oscuridad del olvido, siendo difícil que su gloria nazca o resurja en un tiempo que, más allá de los libros —de por sí inmóviles y mudos—, se despreocupa por todo. Pero las dificultades que nacen de la malicia de los hombres, sobre las que han escrito tantos, a los que podrás recurrir, prefiero dejarlas de lado. Tampoco pienso hablar de los impedimentos que tienen su origen en la propia fortuna del escritor, de la simple casualidad, o de causas insignificantes, los cuales, no raramente, hacen que algunos escritos dignos de gran admiración, fruto de sudores infinitos, sean perpetuamente excluidos de la celebridad o, aunque reconocidos por un breve tiempo, caigan y se desvanezcan totalmente de la memoria de los hombres, mientras que otros escritos, de valor inferior o no superior a aquellos, en cambio obtienen y conservan un gran honor. Yo solo quiero exponerte las dificultades y los líos que, sin la intervención de la maldad humana, obstaculizan con fuerza el logro de la gloria —no excepcionalmente a este o a aquel, sino de forma ordinaria— a la mayor parte de los grandes escritores.

Bien sabes que nadie se hace digno de este título, ni alcanza una gloria estable y verdadera, sino por obras excelentes y perfectas, o de alguna manera cercanas a la perfección. Por tanto, debes atender a una sentencia muy acertada de un autor nuestro lombardo; me refiero al autor[15] de *El*

15. Se refiere a la obra *El Cortesano* (1528), de Baltasar Castiglione (1478-1529), traducida al castellano por Juan Boscán en 1534 que describe el ideal de vida

cortesano[16]; y es que *raras veces sucede que quien no está acostumbrado a escribir, por erudito que sea, pueda conocer perfectamente los esfuerzos y las industrias de los escritores, ni apreciar la dulzura y excelencia de los estilos y las intrínsecas advertencias que a menudo se encuentran en los antiguos.* Y aquí piensa, en primer lugar, en qué pequeño número de personas está avezado y amaestrado en la escritura, y, por tanto, de qué pequeña parte de los hombres, actuales o futuros, puedes, en el mejor de los casos, esperar la magnífica opinión que te has propuesto lograr como fruto de tu vida. Además de esto, considera cuánta es en la escritura la fuerza del estilo, de cuyas virtudes, principalmente, y de cuya perfección depende la perpetuación de las obras que entran de algún modo en el género de las letras amenas. Y ocurre muy a menudo que, si despojas de su estilo a un escrito famoso —del que pensabas que todo su valor residía en sus sentencias—, lo reduces a un estado que al final te parece cosa de ningún valor. Ahora bien, la lengua es parte tan importante del estilo —es más, tiene tal unión con él— que difícilmente se puede considerar la una separada del otro; cada poco ambos se confunden, y no solamente en las palabras de los hombres, sino también en el intelecto; e incluso con la más aguda y cuidadosa especulación —sus mil cualidades, sus mil valores o carencias—, apenas se puede (o quizá de ningún modo) distinguir a cuál de los dos pertenecen, debido a que son casi comunes e inseparables la una del otro. Pero, por regresar a las palabras de Castiglione,

del Renacimiento y propugna un modelo de caballero tan experto en las armas como en las letras. La obra se desarrolla en la corte de Urbino.
16. Lib. 1, ed. de Milán 1803, vol. 1, p. 79. *(Nota de Leopardi).*

ciertamente ningún extranjero es avezado en escribir elegantemente en tu lengua, de manera que el estilo —parte tan grande y tan relevante en la escritura— es cosa de inexplicable dificultad y esfuerzo, tanto en el aprendizaje del artificio íntimo y perfecto como en su ejercicio una vez aprendido. No tiene más jueces ni estimadores aptos para poder elogiarlo sino aquellos que, en esa nación del mundo, tienen costumbre de escribir. Y para todo el resto del género humano, las inmensas dificultades y esfuerzos llevados a cabo para lograr ese estilo resultan —en buena y quizá máxima parte— inútiles y esparcidos al viento. Dejo de lado la infinita variedad de los juicios y de las inclinaciones de los literatos, que hace que el número de personas aptas para sentir las cualidades loables de este o de aquel libro se reduzca aún más.

Pero quiero que consideres fuera de toda duda que para conocer plenamente el valor de una obra perfecta o cercana a la perfección y realmente inmortal, no es suficiente con estar acostumbrado a escribir, sino que es necesario saberlo hacer casi tan perfectamente como el mismo escritor que se ha de juzgar. De manera que la experiencia te demostrará que en la medida en que vayas conociendo más intrínsecamente las virtudes que determinan la escritura perfecta y las dificultades infinitas que se afrontan buscándolas, irás aprendiendo mejor el modo de superar las primeras y de conseguir las otras; de manera que no habrá distancia ni diferencia entre conocerlas, aprenderlas y poseerlas; es más, la una y la otra serán la misma cosa. Así que el hombre no llega a poder discernir y degustar cumplidamente la excelencia de los escritores supremos sin haber antes adquirido la facultad de poderla representar en sus propios escritos: porque esa excelencia no se conoce ni se aprecia totalmente sino mediante el uso y ejercicio propio y, por así decir, como transferida a uno mismo. Antes de eso nadie entiende realmente cuál es y en qué consiste el perfecto escribir; y no entendiendo esto, tampoco puede tener la debida admiración por los escritores más grandes. Sin embargo, la mayor parte de aquellos que se dedican a los estudios, al escribir con facilidad y creyendo que escriben bien, están firmemente convencidos —aunque digan lo contrario— de que escribir bien es algo fácil. Así las cosas, ya ves cuán reducido es el número de los que podrán admirarte y saber elogiarte dignamente cuando, con sudores y penas increíbles, finalmente hayas logrado producir una obra egregia y perfecta. Te puedo decir (y has de creer a mis canas) que son apenas dos o tres los que hoy en Italia tienen el modo y el arte del excelso escribir: un número que, aunque te parezca excesivamente pequeño, es improbable que sea mucho mayor en otro tiempo o en otro lugar.

Muchas veces me maravillo, por ejemplo, de cómo Virgilio, ejemplo supremo de perfección entre los escritores, haya alcanzado y se mantenga en esta cima de la gloria. Aunque yo presuma poco de mí mismo y esté convencido de que nunca lograré conocer y gozar de cada parte de cada uno de sus valores y de sus magisterios, tengo por seguro que la mayor parte de sus lectores y admiradores no vislumbra en sus poemas más que una belleza por cada diez o veinte de las que yo, al releerlos mucho y meditarlos, descubro en ellos. En verdad estoy convencido de que la altura del respeto y de la reverencia hacia los escritores supremos, por parte de aquellos que los leen y los tratan, por lo general proviene más de la costumbre ciegamente abrazada que del propio juicio. Y me acuerdo del tiempo de mi juventud, cuando, leyendo los poemas de Virgilio, por una parte con plena libertad de juicio —y sin ninguna preocupación por la autoridad de los demás, lo cual no es común—, y por otra parte con la impericia típica de la edad —acaso no mayor que aquella que en muchos lectores es perpetua—, me resistía a participar de la opinión universal, y no hallaba en Virgilio mayores virtudes que en los poetas mediocres. Casi también me maravillo de que la fama de Virgilio haya podido prevalecer a la de Lucano. Nota que a la mayor parte de los lectores —no solo en los siglos de juicio falso y corrupto, sino también en aquellos de sanas y bien templadas letras— los deleitan mucho más las bellezas gruesas y patentes que las delicadas y medidas; más la audacia que la verecundia; a menudo también más lo aparente que lo substancial y, por lo común, más lo mediocre que lo excepcional. Leyendo las cartas de un príncipe[17], verdaderamente raro en ingenio, aunque con inclinación a poner en lo salado, en las argucias, en lo inestable, en la agudeza, casi toda la excelencia del escribir, me doy claramente cuenta de que este, en lo más profundo de sus pensamientos, anteponía *La henriada* a la *Eneida,* aunque no se atreviese a decirlo por temor a ofender los oídos de los hombres. En realidad, me asombra que el juicio de muy pocos, aunque recto, haya podido vencer el de infinitos hombres y producir en la opinión universal ese acuerdo de una consideración no menos ciega que justa. Ello no sucede siempre, pero yo considero que la

---

17. Se refiere a la opinión de Federico II el Grande (1712-1786) que mantenía una correspondencia con Voltaire (1694-1778), autor del poema épico *La henriada*. *(N. de la T.).*

fama de los grandes escritores suele ser efecto de la casuali-
dad más que de sus méritos; como quizá te confirme lo que
estoy a punto de decir.

Capítulo tercero

Ya hemos visto qué pocos tendrán la capacidad de admirar-
te cuando hayas alcanzado la excelencia que te propones.
Ahora, nota que incluso a estos pocos se les puede presen-
tar más de un obstáculo que les impida hacerse una opi-
nión digna de tu valor por más que vean sus signos. No hay
duda de que los escritos elocuentes o poéticos, sean del
tipo que sean, no se juzgan tanto por sus cualidades in-
trínsecas como por el efecto que producen en el alma de
quien lee. De manera que el lector, al juzgarlos, los conside-
ra más, por así decir, en sí mismo que en ellos mismos. De
ello surge que los hombres naturalmente lentos y fríos
de corazón y de imaginación, aunque dotados de buen dis-
curso, de gran agudeza de ingenio y de doctrina no medio-
cre, son casi del todo inaptos para juzgar convenientemen-
te tales escritos al no poder identificar su propia alma con
la del escritor; así que, por lo general, en su interior los des-
precian, porque leyéndolos, y aun conociéndolos por famo-
sísimos, son incapaces de comprender la causa de su fama;
igual que aquellos a los que la lectura no les produce nin-
gún sentimiento, ninguna imagen y, por tanto, ningún
deleite notable. Ahora bien, a aquellos mismos que por na-
turaleza están preparados y dispuestos para recibir y repre-
sentarse cualquier imagen o afecto bien expresado por los
escritores les sobrevienen muchas épocas de frialdad, indi-

ferencia, languidez, impenetrabilidad, y una disposición tal que, mientras dura, les hace conformes o parecidos a los que acabo de describir; y ello por diferentes causas, intrínsecas o extrínsecas, pertenecientes al espíritu o al cuerpo, transitorias o perdurables. En tales trances, nadie, aunque sea un sumo escritor, es buen juez de los escritos que deben tocar el corazón o la imaginación. (Dejo aquí a un lado la posible saciedad de deleites experimentados poco antes, en otras lecturas, y las consecuentes pasiones, más o menos fuertes, las cuales, muy a menudo, al ocupar gran parte del alma, no dejan lugar a los efectos que podrían haber provocado estas nuevas lecturas). Así, muchas veces vemos que los mismos lugares, los espectáculos —naturales o de cualquier tipo—, las músicas, y mil cosas más, que en otros tiempos nos conmovieron o habrían podido conmovernos si las hubiésemos visto u oído, ahora, viéndolas y escuchándolas, no nos conmueven en absoluto ni nos deleitan; y no por ello son menos bellas o logradas de lo que lo fueron entonces.

Pero, cuando por alguna de las mencionadas razones, el hombre no es receptivo a los efectos de la elocuencia y de la poesía, no por ello deja de dar su juicio sobre los libros de un género u otro que le toca leer por primera vez. A mí me sucede a menudo volver a leer a Homero, a Cicerón o a Petrarca y no conmoverme de ninguna manera. Sin embargo, por cuanto consciente y convencido de la bondad de tales escritores, tanto por su antigua fama como por la experiencia de las dulzuras que me han proporcionado en otras ocasiones, no profiero por esa actual ausencia de sabor ningún juicio contrario a su valor. Pero en los escritos que se leen por primera vez —y que, por ser nuevos, no han podido todavía hacerse notar o verse confirmados de manera que no queden dudas de su valor—, nada impide que, juzgándolos por el efecto que surten en su alma en ese momento, y al no encontrarse esta en disposición de recibir los sentimientos y las imágenes del que escribe, el lector se haga una opinión menor de autores y obras excelentes; opinión que, además, no es fácil que revise con nuevas lecturas de los mismos libros hechas en mejores momentos: porque probablemente el tedio experimentado en la primera lectura le disuadirá de las siguientes, y, en cualquier caso, ¿quién ignora lo importantes que son las primeras impresiones y el estar dominado por un prejuicio, aunque sea falso?

Al contrario, algunas veces los ánimos se encuentran, por una u otra razón, en estado de movilidad, sensibilidad, vigor y calor tales —o tan abiertos y dispuestos— que siguen cada mínimo impulso de la lectura, sienten vivamente cada ligero toque, y con ocasión de lo que leen, crean en sí mil movimientos y mil imaginaciones, a veces errando incluso en un dulcísimo delirio, como raptados, fuera de sí. En tales ocasiones es fácil que, recordando los deleites alcanzados en la lectura y confundiendo los efectos de la virtud y de su personal disposición con los que pertenecen verdaderamente al libro, el lector se quede preso de un gran amor y admiración hacia aquel libro y se haga una idea mucho más positiva de lo debido, anteponiéndolo incluso a otros libros más dignos, pero leídos en una coyuntura menos propicia. Puedes ver, por tanto, a cuánta incertidumbre se supeditan la verdad y la rectitud de los juicios, incluso por parte de las personas más idóneas, acerca de los escritos y de los ingenios de los demás, y ello sin malignidad ni favor; y la incertidumbre, que es tal que el hombre discrepa de sí mismo al estimar obras de igual valor, o de una misma obra en distintas edades de su vida, así como en distintos casos, e incluso en distintas horas de una misma jornada.

Capítulo cuarto

Con el fin de que tú no supongas que las mencionadas dificultades —consistentes en el ánimo no bien dispuesto de los lectores— se presentan raras veces y al margen de lo usual, considera que, con el avanzar de la edad, nada hay más común en el hombre que la paulatina falta de la disposición natural para sentir los deleites de la elocuencia, de la poesía, de las artes imitativas y de toda belleza mundana. Un decaimiento del ánimo, prescrito a nuestras vidas por la misma naturaleza, que hoy es más pronunciado que en otros tiempos, que comienza antes y progresa más rápidamente sobre todo entre los estudiosos, ya que, a la experiencia de cada uno de ellos, se añade —a quien más, a quien menos— parte de la ciencia nacida de la experiencia y de las especulaciones de tantos siglos pasados. Por ello, y por las actuales condiciones de la vida civilizada, se desvanecen fácilmente de la imaginación de los hombres las semblanzas de la primera edad, y con ellas las esperanzas del alma, y con las esperanzas gran parte de los deseos, de las pasiones, del fervor, de la vida, de las facultades. De modo que yo más bien me maravillo de que hombres adultos, sumamente doctos y dedicados a meditar sobre las cosas humanas, estén todavía sometidos a la virtud de la elocuencia y de la poesía, y no tanto de que, de cuando en cuando, estas se vean impedidas de surtir en ellos efecto alguno. Por lo que ten por seguro que, para ser afectado profundamente por lo bello y por lo grande de la imaginación, es necesario creer que hay en la vida humana algo verdaderamente grande y bello y que no todo lo poético del mundo es fábula: cosas que el joven cree siempre, aunque sepa lo contrario, hasta que su propia experiencia toma el lugar del saber; cosas en las que, sin embargo, difícilmente se sigue creyendo después de la triste disciplina del uso práctico, en especial allí donde la experiencia está unida al hábito de la especulación y a la doctrina.

De este discurso resultaría que, en general, los jóvenes son mejores jueces de las obras encaminadas a provocar afectos e imágenes que los hombres maduros o viejos. Sin embargo, por otra parte se ve que los jóvenes no acostumbrados a la lectura buscan en esta un deleite, más que humano, infinito, y de cualidades imposibles; y que, al no hallarlas, desprecian a los escritores —algo que, en ocasiones, les sucede a los iletrados, también de otras edades—. Por lo demás, aquellos jóvenes que se dedican a las letras anteponen fácilmente —así al escribir como al juzgar escritos ajenos— el exceso a la moderación, la soberbia y la gracia de los modos y de los ornamentos a lo sencillo y a lo natural, y las bellezas falaces a las verdaderas: en parte por la poca experiencia, en parte por el ímpetu de la edad. De manera que los jóvenes —pese a ser, sin duda, en tanto que más sinceros e ingenuos, los más dispuestos a elogiar lo que les parece bueno— raras veces son aptos para saborear la madura y completa bondad de las obras literarias. Con el paso de los años, crece la aptitud que viene del arte y disminuye la natural, pero ambas son necesarias.

Por otra parte, el que vive en una ciudad grande, por cálida que sea su naturaleza, por sensibles que sean su corazón y su imaginación, yo no sé cómo puede recibir algún sentimiento tierno, generoso, alguna imagen sublime o agraciada de la belleza, de la naturaleza o de las letras (excepto si, como en tu caso, pasa la mayor parte del tiempo en soledad), ya que pocas cosas son tan contrarias a ese estado de ánimo que nos hace ser capaces de tales deleites como la conversación de esos hombres, el estrépito de esos lugares, el espectáculo de la vana magnificencia de la ligereza de las mentes, de la falsedad perpetua, de los cuidados miserables y del ocio aún más miserable que allí reinan. En lo que se refiere al vulgo de los literatos, estoy por decir que el de las grandes ciudades sabe juzgar libros menos que el de las ciudades pequeñas: porque en las ciudades grandes, así como las demás cosas son casi siempre falsas y vanas, así a menudo es falsa y vana, o superficial, también la literatura. Y si los antiguos consideraban los ejercicios de las letras y de las ciencias como descansos y distracciones en comparación con los negocios, hoy, en las grandes ciudades, la mayor parte de los profesionales del estudio consideran y efectivamente utilizan los estudios y la escritura como distracciones y descansos de otras distracciones.

Yo creo que las obras de valor en pintura, escultura y arquitectura se disfrutarían mucho mejor si se distribuyeran por las provincias, en las ciudades mediocres y pequeñas, y no acumuladas, como están, en las metrópolis, donde los hombres —en parte llenos de infinitos pensamientos, en parte ocupados en mil diversiones y con el ánimo habituado o sometido, incluso a su pesar, al esparcimiento, a la frivolidad y a la vanidad— muy raras veces saben gozar de placeres íntimos del espíritu. Además, tal multitud de bellezas aglutinadas distrae el alma, la cual, al no poder atender a ninguna de ellas sino en mínima parte, no puede recibir un sentimiento vivo; o genera tal saciedad que termina contemplando esas bellezas con la misma frialdad interna con que se contempla cualquier objeto vulgar. Lo mismo digo de la música, que en las ciudades pequeñas no se presenta tan perfectamente, o con el mismo despliegue que en las grandes; en las cuales, sin embargo, los ánimos están menos dispuestos a las conmociones admirables de aquel arte, y son, por decir así, menos musicales que en cualquier otro lugar. Pero no es menos cierto que a las artes les es necesario residir en las grandes ciudades para conseguir y poner en acto su perfección; y, por otra parte, también lo es que el deleite que estas ofrecen allí a los hombres es mucho menor del que le proporcionarían en otro lugar. Y se puede decir que los artífices, en la soledad y en el silencio, con sus desvelos, esfuerzos y afanes, procuran el deleite de personas que, sin embargo, acostumbradas a moverse entre la muchedumbre y el ruido, no disfrutarán sino de una pequeñísima parte del fruto de tantos esfuerzos. Un destino, este de los artistas, que de alguna manera recae también en los escritores.

Capítulo quinto

Pero todo ello sea dicho como por inciso. Ahora, regresando a nuestro camino, diré que los escritos más cercanos a la perfección tienen la siguiente propiedad: que, por lo general, en la segunda lectura gustan más que en la primera. En cambio, en muchos libros compuestos con arte y diligencia no más que mediocre, aunque no carentes de cierto valor extrínseco y aparente, sucede lo contrario: que, al ser releídos, pierden la buena opinión que el hombre había tenido de ellos en la primera lectura. Sin embargo, leídos una sola vez, los unos y los otros engañan a menudo incluso a los doctos y expertos, hasta el punto de que los óptimos son considerados peores que los mediocres.

Ahora bien, debes considerar que hoy incluso las personas que se dedican profesionalmente a los estudios es difícil que se decidan a releer libros recientes, en especial aquellos cuyo género tiene como única finalidad el deleite. Lo cual no ocurría en la antigüedad, dada la menor cantidad de libros. Pero en este tiempo, tan rico en escrituras que nos han ido dejando los siglos, con el actual número de naciones letradas, con este excesivo número de libros producidos diariamente por cada una de ellas, con tan intenso intercambio recíproco entre todas ellas, con tal multitud y variedad de lenguas escritas, antiguas y modernas, con tal cantidad de amplitud de ciencias y doctrinas de cada índole —y tan estrechamente conectadas y relacionadas entre sí que el estudioso tiene que hacer un gran esfuerzo para abrazarlas todas—..., en este tiempo, digo, bien puedes ver que falta el tiempo, no ya para segundas lecturas, sino para las primeras. Por ello, cualquier juicio que se dé una vez sobre un libro nuevo difícilmente se cambia. A eso añade que, por las mismas causas, incluso en la primera lectura —especialmente de libros de género ameno— muy pocos, y en raras ocasiones, ponen la suficiente atención y estudio para detectar la sufrida perfección, el arte íntimo y las virtudes modestas y recónditas de los escritos.

En definitiva, hoy en día la condición de los libros perfectos parece ser peor que la de los mediocres, cuyas bellezas y dotes, verdaderas o falsas, se exponen a los ojos de manera que, por pequeñas que sean, se vislumbran con facilidad a primera vista; y podemos decir que, a estas alturas, esforzarse por escribir perfectamente es casi inútil cara a la fama, si bien, por otra parte, los libros compuestos apresuradamente y carentes de cualquier perfección —como son casi todos los modernos—, aunque sean celebrados por algún tiempo, no pueden dejar de perecer rápidamente, como de hecho se ve continuamente. Bien es verdad que el actual uso del escribir es tan copioso que muchos escritos muy dignos de memoria, incluso tras saltar a la fama, y tras haber podido, por así decir, enraizar su celebridad, debido al inmenso río de libros nuevos que ven la luz cada día, terminan pereciendo sin otra razón, dejando su lugar a otros, dignos o indignos, que ocupan la fama por breve espacio. Así, únicamente nos es dado seguir una sola gloria a la vez, frente a las tantas que fueron propuestas por los antiguos; y esta única gloria se alcanza hoy con mucha mayor dificultad que antiguamente.

Solos, en este naufragio continuo y común de escritos nobles y plebeyos, reflotan los libros antiguos; los cuales, por la fama ya establecida y corroborada por la extensión de la edad, no solo se leen todavía diligentemente, sino que se releen y se estudian. Y nota que un libro moderno, aunque fuese comparable a los antiguos en perfección, difícilmente (o de ninguna manera) podría, no digo ya poseer el mismo grado de gloria, sino proporcionar a otros tanta alegría como la que reciben de los antiguos. Y ello por dos razones: la primera es que este no sería leído con el cuidado y la sutileza que se usan en los escritos ya célebres desde hace tiempo, y no volvería a ser leído sino por muy pocos, ni estudiado por nadie —porque no se estudian libros que no sean científicos hasta que pasan a ser antiguos—. La otra es que la fama perdurable y universal de ciertos escritos —suponiendo que haya surgido por mérito propio e intrínseco—, tras surgir y crecer, multiplica en tal modo su valor, que tales obras son cada vez más gratas de leer que en el pasado, y, a menudo, la mayor parte del deleite que se experimenta leyéndolas nace simplemente de esa misma fama. A propósito de lo cual me vuelven a la mente algunas advertencias notables de un filósofo francés[18] que, discurriendo en torno a los orígenes de los placeres humanos, en sustancia dice así: «Muchas causas de gozo compone y crea nuestro ánimo para sí mismo, sobre todo relacionando entre sí diferentes cosas. Por ello sucede a menudo que lo que gustó una vez gusta igualmente otra vez solo por haber gustado antes, uniendo nosotros, a la imagen del presente, la del pasado. A modo de ejemplo, una comediante que gustó a los espectadores en la escena les gustará verosímilmente también en sus estancias, ya que, tanto por el sonido de la voz, como por su recitado, como por haber estado presentes durante los aplausos dirigidos a la mujer y de alguna manera también por el concepto de princesa añadido a aquel propio que le conviene, se compondrá una mezcla de más causas que producirán un solo deleite. Ciertamente, la mente de cada cual abunda cada día de imágenes y de consideraciones secundarias a las principales. De aquí nace el que las mujeres dotadas de gran reputación y manchadas

18. Montesquieu, *Fragment sur le Goût: de la sensibilité. (Nota de Leopardi).*

por algún pequeño defecto a menudo lleven ese defecto con orgullo, dando lugar a que los demás lo consideren como parte de su gracia. Y verdaderamente, el concreto amor que sentimos, unos por una mujer, otros por otra, la mayor parte de las veces está fundado en las preocupaciones que surgen por obtener su favor, o en la nobleza de su sangre, o de sus riquezas, o de los honores que le son rendidos, o de la consideración que le otorgan ciertos otros; a menudo también de la fama, verdadera o falsa, de belleza o de gracia, o del mismo amor que le tuvieron antes o actualmente otras personas. ¿Y quién no sabe que casi todos los placeres vienen más de nuestra imaginación que de las cualidades propias de las cosas placenteras?».

Al cuadrar perfectamente con el tema de los escritos (no menos que con otras cosas), estas advertencias me llevan a decir que si hoy saliese a la luz un poema igual o superior en valor intrínseco a la *Ilíada*, incluso siendo leído muy atentamente por los mejores jueces en cosas poéticas, les resultaría mucho menos grato y menos deleitable que aquella y por tanto lo tendrían en mucha menor consideración, porque las virtudes propias del poema nuevo no serían ayudadas por la fama de veintisiete siglos, ni por mil memorias y mil reverencias, como lo son las virtudes de la *Ilíada*. De igual manera digo que, quienquiera que leyese en profundidad la *Jerusalén*[19] o el *Furioso*[20], ignorando totalmente o en parte su celebridad, experimentaría en la lectura mucho menor deleite que otros que no la ignoran. De lo que se de-

19. Se refiere a *Jerusalén liberada* (1581), poema épico de Torcuato Tasso (1544-1595). *(N. de la T.)*.
20. Se refiere a *Orlando furioso* (1516), poema épico de Ludovico Ariosto (1474-1533). *(N. de la T.)*.

duce, hablando en general, que los primeros lectores de
cada obra ilustre, y los contemporáneos de quien la escri-
bió, suponiendo que esta obtenga fama en la posteridad,
son los que al leerla gozan menos que todos los demás; lo
cual resulta ser un gran perjuicio para los escritores.

Capítulo sexto

Estas son en parte las complicaciones que te dificultarán el
logro de la gloria entre los estudiosos y entre los propios
maestros en el arte del escribir y en la doctrina. Y en cuanto
a aquellos que —si bien bastante instruidos en esa erudición
que hoy, por así decir, es parte necesaria de la civilización—
no hacen profesión de estudios ni de escritura y solo leen
por diversión, bien sabes que no son aptos más que super-
ficialmente para gozar de la calidad de los libros; y ello, ade-
más de por lo ya dicho, también por otra razón que me que-
da por decir: y es que estos no buscan, en lo que leen, más
que un deleite inmediato. Pero el presente es pequeño e in-
sípido por naturaleza para todos los hombres. De ahí que
las cosas más dulces y, como dice Homero,

> Venus, el sueño el canto y las danzas

pronto y necesariamente se vuelvan aburridos si a la ocupa-
ción presente no se une la esperanza de algún deleite o co-
modidad futura que de ella dependa, ya que la condición
del hombre no es capaz de ningún gozo notable que no con-
sista sobre todo en la esperanza, cuya fuerza es tal que mu-
chísimas actividades carentes de todo placer, o incluso fasti-

diosas y cansinas, añadiéndoles la esperanza de algún fruto, por largas que sean se tornan enormemente gratas y placenteras; y al contrario, las cosas que se consideran placenteras en sí, separadas de la esperanza, se tornan, por así decir, tediosas casi en el momento mismo de catarlas. Y entretanto vemos que los estudiosos son lectores insaciables, incluso de lecturas muy áridas, y experimentan un perpetuo deleite en sus estudios, que se extienden por buena parte de la jornada, ya que, en los unos y en la otra, tienen siempre ante los ojos una meta colocada en el futuro y una esperanza de progreso y de beneficio, sea el que sea; y en la misma lectura que hacen, a veces como por ocio o divertimento, no dejan de proponerse, además del deleite del momento, alguna otra utilidad más o menos determinada. De ahí que aquellos que no apuntan con la lectura a ninguna finalidad que no sea, por así decir, la propia lectura, desde las primeras páginas de los libros más placenteros y más ligeros, luego de un vano placer, se sienten saciados, de manera que suelen ir, entre náuseas, errando de libro en libro y al final casi todos se maravillan de cómo otros puedan recibir de la larga lección un largo deleite. De manera que también por esto puedes saber que todo arte, industria o intento de quien escribe está perdido casi totalmente en lo que concierne a tales personas, que por lo general conforman la mayor parte de los lectores. Y también los estudiosos —al cambiar, con el paso de los años, la materia y la índole de sus estudios— apenas soportan la lectura de los libros por los que, en otro tiempo, fueron o habrían podido ser deleitados enormemente; y si bien aún conservan la inteligencia y la pericia necesarias para conocer su valor, no sienten en ellos más que tedio, porque no esperan de ellos ninguna utilidad.

Capítulo séptimo

Hasta aquí se ha hablado de la escritura en general y de ciertas cosas que atañen principalmente a las letras amenas, a cuyo estudio te veo inclinado más que a cualquier otro. Hablemos ahora en particular de la filosofía —sin pretender separar aquellas de esta, de la cual dependen totalmente—.

Quizá pienses que, derivando la filosofía de la razón —de la que acaso la mayoría de los hombres civilizados participa más que de la imaginación y de las facultades del corazón—, el valor de las obras filosóficas debe ser más conocido (y por un mayor número de personas) que el de los poemas y de los otros escritos que atañen al placer y a la belleza. Ahora bien, mi impresión es que el juicio proporcionado y la interpretación correcta es más frecuente en aquellas que en las obras filosóficas. En primer lugar, ten por seguro que para hacer progresos notables en la filosofía no son suficientes la sutileza de ingenio y una gran capacidad de razonar, sino que se necesita también mucha fuerza imaginativa; y que, en cuanto a la disposición innata de sus ingenios, Descartes, Galileo, Leibnitz, Newton o Vico habrían podido ser sumos poetas, y, por el contrario, Homero, Dante o Shakespeare, sumos filósofos. Pero ya que para tratar plenamente esta materia necesitaría muchas palabras y ello nos desviaría bastante de nuestro propósito, me conformo con esta mención y digo que solo los filósofos pueden conocer perfectamente el valor y sentir el deleite de los libros filosóficos en lo que se refiere a la sustancia (no a cualesquiera ornamentos que puedan tener, ya sea de palabras, de estilo o de otra cosa). Por tanto, así como los hombres de naturaleza, por así decir, no poética, aunque entienden las palabras y el sentido, no logran recibir las emociones y las imágenes de los poemas, así, a menudo, los que no están acostumbrados a meditar y filosofar, o no saben pensar profundamente —por más verdaderos y cuidados que sean los razonamientos y las conclusiones del filósofo, y por claro que sea el modo en el que expone unos y otras—, entienden las palabras y lo que se quiere decir, pero no la verdad de las afirmaciones. Y ello porque, al no tener la facultad o el hábito de penetrar con los pensamientos en lo más íntimo de las cosas; ni de disolver y dividir sus propias ideas en sus mínimas partes; ni de reunir y compactar un buen número de estas ideas; ni de contemplar con la mente, de un solo golpe, muchos particulares para poder así extraer una idea general; ni de seguir incansablemente con el ojo del intelecto una larga serie de verdades conectadas entre sí; ni de descubrir las sutiles y recónditas relaciones que tiene cada una de estas verdades con otras mil... por todo ello, no pueden fácilmente (o, sencillamente, no pueden) imitar o reproducir con su mente las operaciones realizadas —ni percibir las impresiones experimentadas— por el filósofo: que sería el único modo para ver, comprender y estimar convenientemente todas las causas que indujeron a ese filósofo a dar este o aquel juicio, a afirmar o negar tal cosa o tal otra, a dudar de esta o de aquella. Así que, aunque entiendan sus conceptos, al no tener (o no poder tener) una experiencia de su verdad y de su probabilidad, no pueden entender si esos conceptos son verdaderos o probables. Algo no muy distinto de lo que les sucede a los hombres de naturaleza fría con las imaginaciones y los afectos expresados por los poetas. Y sabes bien que es común al poeta y al filósofo internarse en las profundidades del alma humana y traer a la luz sus íntimas cualidades y diferencias, las causas y los efectos de unas y otras, las andaduras, los sentimientos y los eventos ocultos, cosas en las cuales los que no son aptos para sentir en sí la correspondencia de los pensamientos poéticos con la realidad tampoco sienten ni conocen la de los filosóficos.

De dichas causas nace lo que vemos todos los días, a saber, que muchas obras egregias igualmente claras e inteligibles para todos a algunos les parece que contienen mil verdades ciertísimas, y a otros, mil manifiestos errores; de modo que son impugnadas, públicamente o en privado, no solo por malignidad, por interés o por otras razones parecidas, sino también por imbecilidad y por incapacidad de sentir y de comprender la certeza de sus principios, la rectitud de sus deducciones y conclusiones y, en general, la conveniencia, eficacia y verdad de sus razonamientos. Muchas veces, las obras filosóficas más admirables son también acusadas de oscuridad, no por culpa de sus autores, sino por la profundidad o la novedad de los sentimientos y por la oscuridad del intelecto de quien no las podría comprender de ninguna manera. Ten en cuenta, por tanto, que también en el género filosófico es harto difícil lograr la aprobación, por merecida que sea. Por lo que no puedes poner en duda, aunque yo no lo haya dicho, que el número de filósofos verdaderos y profundos —los únicos que saben hacer una estimación conveniente de otros como ellos— es muy pequeño también en la actualidad, pese a que ahora haya más amor por la filosofía que en el pasado. Dejo de lado las diferentes facciones, o como se las quiera llamar, en que —hoy igual que siempre— están divididos los filósofos, cada una de las cuales, por lo general, les niega la merecida aprobación y

estima a los filósofos de otras facciones, no solo por volun-
tad, sino por tener el intelecto ocupado en otros principios.

Capítulo octavo

Puesto que no existe meta que yo no pueda imaginar para
ese ingenio tuyo, si finalmente, con el saber y con la medi-
tación, tú ascendieses a tanta altura que te fuese dado,
igual que le ha sido dado a algún espíritu selecto, descubrir
alguna verdad capital —no solo desconocida hasta enton-
ces, sino del todo alejada de la expectativa de los hombres,
totalmente distinta o contraria a las opiniones actuales, in-
cluidas las de los sabios—, no creas que por ese descubri-
miento vayas a recoger ningún elogio que no sea vulgar. Es
más, no te rendirán elogios ni siquiera los sabios (excepto
quizá una mínima parte) hasta que, repetidas esas mismas
verdades, ahora por uno, ahora por otro, poco a poco y
con el paso del tiempo, los hombres se acostumbren a ellas,
primero con los oídos y después con el intelecto.

   Y es que ninguna nueva verdad ajena a los juicios corrien-
tes —aunque demostrada con evidencia y certeza geomé-
trica, si bien no material— nunca ha sido introducida y es-
tablecida en el mundo instantáneamente, sino solo con el
paso del tiempo, mediante la costumbre y el ejemplo: es
decir, llevando a los hombres a creérsela igual que creen
todo lo demás, por costumbre, no por la certeza del alma
basada en las pruebas; de modo que al final esa verdad, em-
pezando por ser enseñada a los niños, fuese aceptada uni-
versalmente, recordado con maravilla su desconocimien-
to hasta entonces y denostadas las sentencias distintas de

los antepasados o de los contemporáneos. Y ello con tanta mayor dificultad y demora cuanto mayores y más capitales eran esas verdades, puesto que, al ser nuevas e increíbles, eran por tanto subvertidoras de un mayor número de opiniones hasta entonces arraigadas en el ánimo de los hombres. Ni siquiera los intelectos agudos y entrenados perciben fácilmente toda la eficacia de las razones que demuestran esas verdades inauditas; en especial cuando son contrarias a sus creencias arraigadas. Descartes, en su tiempo, en la geometría —que él amplió maravillosamente adaptándola al álgebra y con otros hallazgos—, fue entendido solo por muy pocos. Lo mismo le ocurrió a Newton. En verdad, la condición de los hombres extraordinariamente superiores en sabiduría a su época no es muy distinta de la de los literatos y doctos que viven en ciudades o provincias donde escasean los estudios; ya que ni estos ni aquellos son tenidos —por sus conciudadanos, comprovincianos o contemporáneos— en la consideración que merecerían. Es más, muy a menudo son vilipendiados por la diferencia de sus vidas y opiniones con respecto a las de los demás, y por la común incapacidad de percatarse del valor de sus facultades y obras.

No cabe duda de que en estos tiempos —e incluso desde la restauración de la civilización con el Renacimiento— el género humano no avanza progresivamente en el saber, sino que su avance es lento y medido, mientras que los espíritus más altos y singulares, que se entregan a la especulación de este universo sensible o inteligible para el hombre y al descubrimiento de la realidad, caminan, o acaso corren, velozmente y casi sin medida. El mundo, sin embargo, pese a verlos avanzar tan velozmente, lejos de acelerar su paso para alcanzarlos —o al menos para llegar con un retraso leve a la meta que aquellos ya han logrado—, no lo altera en lo más mínimo, y a veces no alcanza esa misma meta sino uno o más siglos después.

Se puede decir que es un sentimiento universalmente aceptado que el saber humano debe la mayor parte de su progreso a aquellos ingenios supremos que surgen de tiempo en tiempo, como milagros de la naturaleza. Yo, por el contrario, considero que la mayor parte se debe a los ingenios ordinarios y poquísimo a los extraordinarios. Uno de estos, una vez llenado con la doctrina el espacio de conocimiento de sus contemporáneos, avanza en el saber, por así decir, diez pasos por delante de todos los demás. Pero los otros hombres no solo no le siguen, sino que la mayor parte de las veces (por decirlo suavemente) se ríen de su progreso. Entretanto, muchos ingenios mediocres —quizá ayudándose en parte con los pensamientos y los descubrimientos de un pensador sumo, pero principalmente por estudios propios— dan conjuntamente un paso, que, por la brevedad del espacio —es decir, por la poca novedad de los hallazgos y también por la multitud de sus autores—, al cabo de unos años es seguido universalmente. Procediendo así, poco a poco y por obra y ejemplo de otros intelectuales mediocres, los hombres dan por fin el décimo paso, y los hallazgos de aquel sumo pensador son finalmente aceptados como verdaderos en todas las naciones civilizadas. Pero aquel pensador, ya muerto hace tiempo, no adquiere por tal éxito una tardía e intempestiva reputación: en parte, por haberse perdido ya su memoria, o porque la opinión injusta que se tenía de él cuando vivía, confirmada por la costumbre, prevalece sobre cualquier otra cosa; en parte, porque los hombres no han llegado a este grado de conocimiento por obra suya; y en parte, porque ahora ya, en el saber, son iguales que él y pronto le superarán y quizá le son superiores incluso en la actualidad, ya que a lo largo del tiempo se han podido demostrar y declarar mejor las verdades imaginadas por él, reducir sus conjeturas a certezas, dar orden y forma mejor a sus hallazgos y «madurarlos». Ello, a no ser que alguno de los estudiosos, repasando las memorias de los tiempos antiguos, considerando las opiniones de aquel grande y comparándolas con las de sus descendientes, se dé cuenta de cómo y cuánto se anticipó al género humano y le otorgue, por tanto, algunas loas que, en cualquier caso, levantan poco ruido y caen pronto en el olvido.

Si bien el progreso del saber humano —igual que la caída de los graves— adquiere cada vez mayor celebridad, es muy difícil que ocurra que una misma generación de hombres cambie su convicción, o reconozca sus propios errores, y que crea hoy lo contrario de lo que creyó en otro tiempo. Más bien prepara tales medios para la siguiente generación, que después conoce y cree, en muchos asuntos, lo contrario que la anterior. Pero, así como nadie siente el perpetuo movimiento que nos transporta circularmente junto con la tierra, así la mayoría de los hombres no se da cuenta del avance continuo que hacen sus conocimientos, ni del constante variar de sus juicios. Y nunca cambia de opinión, en el sentido de creer que la ha cambiado. Sin embargo, cada vez que abraza repentinamente una creencia muy ajena a la que tenía hasta ese momento, seguramente no puede no creerla y no darse cuenta de ello. Por tanto, ninguna verdad —salvo que venga de los sentidos— será creída jamás por los contemporáneos del que la descubrió.

Capítulo noveno

Pongamos por caso que, superado todo obstáculo, ayuda-
do tu valor por la fortuna, hayas logrado, en efecto, no ya
la celebridad, sino la gloria, y no después de la muerte, sino
en vida. Veamos qué frutos extraerás de ello. En primer lu-
gar, ese deseo de los hombres de verte y conocerte en per-
sona, ese ser señalado con el dedo, ese honor y esa reveren-
cia formulados por la gente con los actos y con las palabras,
esas cosas en las que consiste la máxima utilidad de la glo-
ria que nace de los escritos, parece que deberían darse en
las ciudades pequeñas más fácilmente que en las grandes,
donde los ojos y los ánimos están distraídos y aprisionados,
en parte por la potencia, en parte por la riqueza, o por las
artes que sirven al entretenimiento y a la alegría de la vida
inútil. Pero como las ciudades pequeñas carecen en su ma-
yoría de medios y de subsidios para alcanzar la excelen-
cia en la literatura y en las doctrinas, y como todo lo raro y
apreciable concurre y se aglomera en las grandes ciudades,
he aquí que las pequeñas, raramente habitadas por los doc-
tos y por lo general carentes de buenos estudios, suelen te-
ner en muy baja estima no solo la doctrina y la sabiduría,
sino la propia fama que alguno ha logrado con estos me-
dios. De hecho, la una y el otro no son, en estos lugares,
materia de envidia. Y si por casualidad alguna persona ad-
mirable o incluso extraordinaria, en inteligencia y estudios,
vive en un lugar pequeño, el hecho de ser única no solo no
acrecienta su valor, sino que le perjudica, hasta el punto de
que a menudo, aunque sea famosa en el exterior, en su co-
munidad se la considera la persona más despreciable y os-
cura del lugar. Así como en un lugar donde el oro y la plata

fuesen desconocidos y sin valor alguien que fuese rico no sería más rico que los demás —es más, sería muy pobre y tenido por tal—, de la misma forma, allí donde el ingenio y la doctrina no se conocen y —en cuanto desconocidos— no se aprecian, allí, aunque haya uno que abunde de ellos, este no tiene la capacidad de quedar por encima de los demás, y, si no tiene otros bienes, es considerado un vil. En tales lugares, está tan lejos de poder ser celebrado que, a menudo, es reputado incluso como mayor de lo que es en realidad y por ello despreciado. En el tiempo en el que, siendo joven, yo me pudría en mi pequeño Bosisio[21], habiéndose sabido por allí que me dedicaba a los estudios y que ejercía un poco la escritura, los paisanos me reputaban poeta, filósofo, físico, matemático, médico, experto en leyes, teólogo y maestro en todas las lenguas del mundo; y me preguntaban sin hacer la más mínima diferencia sobre cualquier punto de cualquier disciplina o lengua que surgiese por alguna causa en la conversación. Y no por eso me estimaban más, al contrario, me creían mucho menor que todos los hombres doctos de otros lugares. Pero si yo les hacía sospechar que mi doctrina era aún menos amplia de lo que ellos pensaban, entonces rebajaban todavía más su concepto de mí y, al final, se persuadían de que mi doctrina no se extendía más allá de la de ellos.

Por lo dicho hasta aquí, no te será difícil ver cuántos obstáculos se interponen, en las grandes ciudades, en la consecución de la gloria y en la posibilidad de gozar de sus frutos. Ahora añado que, aunque ninguna otra fama es más

---

21. Pueblo natal del poeta y filósofo Giuseppe Parini, actualmente Bosisio Parini, en la provincia de Lecco, en Lombardía. (*N. de la T.*).

difícil de merecer que la de egregio poeta, escritor ameno o filósofo —a las que tú aspiras—, ninguna de ellas da menos frutos a quien las posee. Conoces bien las perpetuas querellas, los antiguos y modernos ejemplos de la pobreza y de las desventuras de los sumos poetas. En Homero, todo es (por así decir) vago y bellamente indefinido, tanto en la poesía como en la persona: en él, patria, vida, y cada cosa, son como un arcano impenetrable para los hombres. En medio de tanta incertidumbre e ignorancia solo sabemos —por constante tradición— que Homero fue pobre e infeliz; como si la fama y la memoria de los siglos no hubiesen querido dejar lugar a dudas sobre que la fortuna de los otros poetas excelentes fue la misma que la del príncipe de la poesía. Pero dejando de lado los otros bienes y hablando solo del honor, ninguna fama suele ser menos honorable —y menos útil para ser considerado mayor que los demàs— que las que acabo de nombrar: quizá debido a la multitud de personas que la alcanzan sin mérito, quizá a la gran dificultad de merecerla, que quitan valor y fe a la fama; quizá porque casi todos los hombres de ingenio ligeramente culto creen tener —o poder fácilmente adquirir, ya sea en literatura o en filosofía— tanto conocimiento y facultad que no reconocen como superiores a los que verdaderamente valen en estas cosas; o quizá por ambas razones. Lo cierto es que tener fama de mediocre matemático, físico, filólogo o anticuario; de mediocre pintor, escultor o músico; de dominar medianamente una sola lengua antigua o peregrina..., todo ello es suficiente para obtener de los hombres comunes, incluso en las ciudades mejores, mucha más consideración y aprecio de los que se obtienen por ser conocido y celebrado por buenos jueces como filósofo, poeta insigne o como hombre excelente en el arte de escribir bien. Así las cosas, las dos partes más nobles, más difíciles de lograr, más extraordinarias y estupendas; las dos cumbres, por así decir, del arte y de la ciencia humana —me refiero a la poesía y a la filosofía— son, en aquellos que las ejercen —especialmente hoy—, las facultades más despreciadas del mundo, por detrás incluso de las artes que se practican principalmente con la mano, entre otras cosas porque nadie presupone el poseer ninguna de estas facultades, al no haberla hallado y al no poderla hallar sin estudio y esfuerzo. En definitiva, el poeta y el filósofo no logran en vida más fruto de su ingenio, ni más premio a sus estudios, que los de una gloria nacida y limitada a un pequeño número de personas. Y esta es una más de las muchas cosas en las que la poesía se parece a la filosofía, también ella pobre y desnuda, como canta Petrarca[22], no solo de cualquier otro bien, sino de reverencia y de honor.

Capítulo décimo

Al no poder sacar casi ningún beneficio de tu gloria en la convivencia con los hombres, la mayor utilidad que extraerás de ella será la de dirigirla a tu espíritu y complacerte contigo mismo en el silencio de tu soledad, sacar de ella estímulo y consuelo para nuevos esfuerzos, y convertirla en fundamento de nuevas esperanzas, pues la gloria de los escritores —así como todos los bienes de los hombres— no

---

22. *Povera e nuda vai, filosofia*. Petrarca, parte 4, son. 1, *La gola e 'l sonno*. (*Nota de Leopardi*).

solo resulta más grata de lejos que de cerca, sino que nunca se halla en el presente de quien la posee, y no se encuentra en ningún lugar.

Por tanto, al final recurrirás con la imaginación al extremo refugio y consuelo de las almas grandes, que es la posteridad. Y lo harás igual que cuando Cicerón —cubierto no de una gloria simple, vulgar y tenue, sino de una gloria múltiple, desmedida y tan grande como convenía a un romano insigne antiguo— se dirige apasionadamente, con otra identidad, a las generaciones futuras diciendo: ¿Acaso piensas que yo me hubiese decidido a tomar y a sostener tantos esfuerzos, de día y de noche, en la ciudad y en el campo, si hubiese creído que mi gloria no pasaría más allá del final de mi vida? ¿No habría sido mucho más deseable una vida ociosa y tranquila, sin ningún esfuerzo o afán? Pero mi alma, no sé cómo, con la testa casi elevada, miraba continuamente a la posteridad, como si esta, pasada la vida, estuviese entonces por fin a punto de vivir. Cicerón relaciona esto con un sentimiento de la inmortalidad de las almas generado por la naturaleza en los humanos. Pero la razón verdadera es que todos los bienes del mundo, en cuanto son adquiridos, se muestran indignos de los cuidados y de los esfuerzos invertidos en alcanzarlos; en especial la gloria, la cual, entre todos los demás bienes, tiene un precio más alto y un menor uso una vez poseído. Pero como, según la sentencia de Simónides,

> La bella esperanza a todos nos nutre
> De semblanzas beatas
> Por las que cada cual en vano se afana;
> Uno la Aurora amiga, otro a la edad

O la estación espera;
Y nada en la tierra el mortal curso acelera,
Que en el año por venir, fáciles y píos
Con Pluto los otros dioses
La mente no prometa;

así, a medida que uno, gracias a la experiencia, se da cuenta de la vanidad de la gloria, la esperanza —como expulsada y perseguida—, no encontrando ya lugar donde posarse en la vida, no por ello desaparece, sino que, traspasada más allá de la muerte, se detiene en la posteridad: ya que el hombre está siempre necesitado y es siempre proclive a esperar en el bien futuro, así como, por otro lado, queda siempre insatisfecho del bien presente. Del mismo modo que aquellos que desean la gloria, tras lograrla en vida, en realidad se alimentan sobre todo de la que esperan alcanzar después de la muerte, nadie es tan feliz en el presente como para no despreciar su vana felicidad actual y anhelar, para su futuro, una felicidad igualmente vana.

Capítulo undécimo

Pero, en definitiva, ¿por qué recurrimos a la posteridad? Ciertamente la naturaleza de la imaginación humana comporta que se tenga mejor opinión de los descendientes que de los contemporáneos o de los ancestros; y ello, porque de los hombres que aún no existen no tenemos conocimiento alguno ni en la práctica ni por su fama. Pero apelando a la razón y no a la imaginación, ¿creemos de veras que los que vendrán serán mejores que los presentes? Yo creo más bien

lo contrario y tengo por cierto el proverbio de que el mun-
do envejece empeorando. La condición de los hombres
egregios me parecería mejor si pudiesen apelar a los del pa-
sado, los cuales, según Cicerón, no fueron inferiores en nú-
mero con respecto a los del futuro, y que, en cuanto a vir-
tud, fueron muy superiores. Sin embargo, como el hombre
más valioso de este siglo no recibirá honra alguna de los
antiguos, pensamos que los hombres del futuro —puesto
que estarán exentos de emulación, de envidia, de amor y de
odio, no ya entre ellos mismos sino hacia nosotros— serán
estimadores más justos de nuestras cosas que los contem-
poráneos. ¿Serán mejores jueces también en los demás as-
pectos? Limitándonos a lo que se refiere a los estudios,
¿pensamos que los hombres del futuro van a tener un ma-
yor número de poetas excelentes, de escritores sublimes,
de filósofos verdaderos y profundos? Es decir, ¿pensamos
que su juicio tendrá mayor influencia en la gente que la de
los nuestros en el presente? ¿Creemos que las facultades
del corazón, de la imaginación, del intelecto, serán mejores
que hoy en la mayoría de los hombres?

¿Acaso no vemos, en las letras amenas, cómo algunos
siglos han sido de tan perverso juicio, de desprecio por
la verdadera excelencia en el escribir, de olvido y vilipen-
dio de los grandes escritores antiguos o nuevos, y que se
amaban y apreciaban constantemente modos bárbaros,
que se consideraban los únicos convenientes y naturales,
ya que toda convención, aunque corrupta y pésima, difí-
cilmente se distingue de la naturaleza? Y ello ¿no ha suce-
dido acaso en siglos y naciones gentiles y nobles? ¿Qué
garantía tenemos de que la posteridad vaya a elogiar siem-
pre las formas de escritura que nosotros elogiamos (supo-

niendo que las que se aprecian hoy sean realmente las loables)? Por supuesto, los juicios y las inclinaciones de los hombres acerca de las bellezas de la escritura son totalmente cambiantes y variados según los tiempos, la naturaleza de los lugares y de los pueblos, las costumbres, los usos, las personas. Ahora bien, pese a esta variedad e inconstancia, es inevitable que emerja la gloria de los grandes escritores.

También es más variada y cambiante la condición tanto de la filosofía como de las otras ciencias, aunque a primera vista parezca lo contrario, porque las letras amenas dependen de lo bello —que a su vez depende en gran parte de las costumbres y de las opiniones—, mientras que las ciencias dependen de lo real, que es inmóvil y no sufre cambio alguno. Sin embargo, al ser esta una verdad oculta para los mortales —si exceptuamos lo que los siglos van descubriendo poco a poco—, sucede que: por una parte, esforzándose los hombres por conocerla y conjeturarla, abrazando esta o aquella apariencia, se dividen en muchas opiniones y sectas y se genera en las ciencias no pequeña variedad; por otra parte, con los nuevos descubrimientos y retazos de verdad que paulatinamente se van adquiriendo, las ciencias crecen continuamente. Por lo cual —al prevalecer en distintas épocas diferentes opiniones que toman el lugar de las certezas— sucede que tales certezas cambian a menudo de forma y de características. Dejo de lado el primer punto, es decir, la variedad, aunque esta es una desventaja para la gloria de los filósofos y de los científicos, tanto cara a la posteridad como cara a sus contemporáneos. Pero la mutabilidad de las ciencias y de la filosofía, ¿en qué medida piensas tú que perjudica a la gloria en la posteridad? Cuando por nuevos descubrimientos hechos y por nuevas suposiciones y conjeturas, el estado de una u otra ciencia haya cambiado notablemente por aquello que es de nuestro siglo, ¿en qué consideración se tendrán los escritos y pensamientos de los hombres que hoy en esas ciencias tienen mayor prestigio? ¿Quién lee ya las obras de Galileo? Sin embargo, en su momento estas fueron muy admiradas: no se podían entonces escribir en aquellas materias obras mejores, ni más dignas de un intelecto alto, ni más llenas de grandes hallazgos y de conceptos más nobles. No es menos cierto que cualquier mediocre físico o matemático de la actualidad es muy superior a Galileo. ¿Cuántos leen hoy los escritos del canciller Bacon? ¿Quién se ocupa de la obra de Malebranche? ¿Y la misma obra de Locke? Si los progresos de la ciencia —que prácticamente fue fundada por él— siguen siendo tan rápidos en el futuro como parece, ¿cuánto tiempo aún seguirá en las manos de los hombres?

Ciertamente, la misma fuerza de la inteligencia, el mismo trabajo y esfuerzo que filósofos y científicos ejercen para alcanzar la gloria, con el paso del tiempo son causa de su apagamiento y ocultamiento, ya que del progreso que cada uno de ellos aporta a su ciencia —y por el cual adquieren fama— nacen otros progresos, que hacen que su nombre y escritos caigan en desuso; y, para la mayoría de los hombres, es ciertamente difícil admirar y venerar en otros una ciencia ya muy inferior a la propia. Ahora bien, ¿alguien duda de que la próxima edad descubrirá la falsedad de muchas cosas que hoy afirman y creen aquellos que en el saber son los primeros? ¿Alguien duda de que superará —y en no pequeña medida— el conocimiento de la edad presente?

Capítulo duodécimo

Quizá al final trates de interpretar las opiniones y los consejos que he expresado para comprender si te conviene más proseguir o renunciar al camino hacia esta gloria tan inútil, difícil e incierta —tanto de conseguir como de retener—, parecida a la sombra, que cuando la tienes entre las manos no puedes ni sentirla ni frenarla, porque huye. Te diré, por tanto, mi parecer, brevemente y sin disimulo. Yo considero que tu maravillosa agudeza y capacidad de comprensión, tu nobleza, calidez y fecundidad de corazón y de imaginación son, entre todas las cualidades que la suerte dispensa a las almas humanas, las más dañinas y tristes para quien las recibe. Pero una vez recibidas, es difícil evitar su perjuicio. Por otra parte, en estos tiempos, casi la única utilidad que estas pueden dar es esta gloria que a veces se obtiene de tales cualidades aplicándolas a las letras y a las doctrinas. Por tanto, igual que hacen aquellos pobres que, al ser discapacitados, se las ingenian para sacarle a su desgracia el mayor provecho posible, sirviéndose de ello para provocar la misericordia de los hombres, así mi sentencia es que tú debes esforzarte por recabar como puedas de tus cualidades el único bien —aunque pequeño e incierto— que son capaces de producir. A menudo esas cualidades son consideradas como beneficios y dones de la naturaleza, otorgados a hombres del pasado o del presente, y a menudo envidiados por aquellos que carecen de ellas (algo tan absurdo como pensar que un hombre sano envidiase a esos desgraciados que yo decía y las calamidades de sus cuerpos, como si estos males fueran por gusto elegibles gracias de la infeliz ganancia que generan). Los demás esperan obrar —en la medida en que su época les permite— y gozar —en la medida de su condición de mortales—. Los grandes escritores, incapaces —por naturaleza o por hábito— de muchos placeres humanos, y privados de otros muchos por voluntad propia, a menudo esquivos en el trato con los hombres —exceptuando con aquellos que siguen sus mismos estudios—, tienen por destino llevar una vida parecida a la muerte y, si lo consiguen, vivir después de enterrados. Pero nuestro destino, donde sea que este nos lleve, hay que seguirlo con ánimo fuerte y grande, lo cual se le exige especialmente a tu virtud y a la de aquellos que se te parecen.

A SU AMADA[23]

Cara beldad, que amor
lejos me inspiras, o escondiendo el rostro
—menos si el pecho en sueños
sombra divina, turbas—,
o en campos donde brille
bello el día y de natura la risa;

---

23. Canto n.º XVIII. Canción compuesta en seis días, en septiembre de 1823. Sobre la mujer a la que se dirige esta composición, Leopardi escribe —en un artículo sobre sus *Canzoni* en la revista *Nuovo raccoglitore* (1825, fasc. IX), después recogido en nota en la edición de los *Cantos* de 1831—: «La amada, es decir, la enamorada, a la que se refiere el autor, es una de esas imágenes, unos de esos fantasmas de belleza y virtud celestial e inefable, que nos vienen a menudo a la fantasía en el sueño o en la vigilia, cuando somos poco más que niños, y después raras veces en el sueño o en una casi enajenación de la mente, siendo jóvenes. En definitiva, es *la amada que no se halla*. El autor no sabe si la amada (y llamándola así muestra que no ama a ninguna otra) haya nacido, hasta el día de hoy, o vaya a nacer jamás: sabe que ahora no vive en la tierra y que nosotros no somos sus contemporáneos; la busca entre las ideas de Platón, la busca en

¿quizá tú, el inocente
siglo de oro beato hiciste
y ahora, entre la gente,
leve alma, vuelas? ¿O la suerte avara
que de ti nos priva a otros prepara?

De verte viva ya
nula esperanza queda;
a no ser, cuando desnudo y solo
por nueva vía a peregrina estancia
vaya mi espíritu. Ya en el primer
albor de mi jornada incierta, oscura,
compañera en este árido suelo
te creí. Pero no hay cosa en la tierra
que te asemeje; si una te igualara
en el rostro, en el habla, en la manera,
sería, aun siendo tal, bien menos bella.

Entre tanto dolor
que el destino impuso a la humana edad
si así, tal como mi pensar te pinta,
te amase uno en la tierra, en él sería
feliz este vivir:
y bien claro veo que aún ahora
loa y virtud, como en mi juventud,
tu amor me haría seguir. Mas el cielo
no otorgó alivio alguno a nuestro afán;

la luna, en los planetas del sistema solar, en los de los sistemas de las estrellas. Si esta canción querrá llamarse amorosa, será también cierto que tal amor no podrá ni dar ni sufrir celo alguno porque, más allá del autor, ningún amante terreno querrá hacer el amor con el telescopio». *(N. de la T.)*.

y contigo la vida mortal sería
como aquella que en el cielo deifica.
Por los valles, donde suena
del fatigado agricultor el canto,
sentado y lamentando
el juvenil error que me abandona;
y por montes, al recordar y llorar
los perdidos deseos, la perdida
esperanza de mis días; al pensar
en ti, otra vez palpito. Pudiera yo,
en este tetro siglo y aire infecto,
tu alta especie guardar; que de la imagen
me sacio, puesto que no de la verdad.

Si de eternas ideas
una eres tú, que de sensible forma
desdeña eterno saber que sea vestida
y que entre lo caduco
pruebe el afán de desolada vida;
o si otra tierra en excelsas esferas
entre innumerables mundos te acoge;
y más bella que el Sol, cercana estrella
te ilumina, y benigno éter respiras;
desde aquí, desde el tiempo infausto y breve,
este himno de ignoto amante recibe.

4. Poesía y filosofía

De *Zibaldone*

31

El gusto actual por la filosofía no se debe considerar pasajero ni casual, como lo fue antiguamente, por ejemplo, entre los griegos en tiempos de Platón después de Sócrates, y, en otros tiempos, entre los romanos (pero solo entre los nobles y los sabios, como en la época de Luciano, cuando mantenían al filósofo como ingrediente de la corte y de familias ilustres, y se entretenían tontamente con él, etc.). Véase, entre las obras de Luciano, su tratado *De mercede conductis*. En aquellos tiempos era una moda y, al no tener su principio radical en el estado de los pueblos, podía pasar y pasaba como toda moda, de manera que era cosa accidental que se llevase este gusto y no otro. Pero en la actualidad, el comercio entre los pueblos, la prensa y todo lo que ha hecho avanzar tanto a la civilización causan este amor por las luces y, en consecuencia, por la filosofía; así como este gusto filosófico, que se manifiesta en las obras más a la moda, y ese espíritu sin el cual ninguna obra moderna se da: de modo que este gusto, al tener su sólida raíz en la condición presente de los pueblos, debe ser considerado como perdurable y no casual ni pasajero, y muy diferente de una moda.

58

No sería tan necesaria la viva voz del maestro en las ciencias si los ensayistas tuviesen la mente más poética. Parece ridículo desear lo poético por ejemplo en un matemático, pero así es: sin una viva y fuerte imaginación no es posible ponerse en el lugar del estudiante y prever todas las dificultades, dudas e ignorancias que tendrá; algo necesario, que, sin embargo, ni siquiera los más claros hacen, pese a que no se aprende nunca plenamente una ciencia difícil (por ejemplo, las matemáticas) exclusivamente de los libros.

129

La variedad que la naturaleza ha puesto en las cosas y en los ingenios es tanta que, incluso los mismos filósofos, aunque todos busquen la misma verdad, debido a los distintos aspectos en los cuales una misma proposición se presenta a los distintos ingenios, serían todos originales si no leyesen

a los demás filósofos y no observasen las cosas con ojos aje-
nos. Y es fácil descubrir que una gran parte de las verdades
pronunciadas en nuestros tiempos por escritores considera-
dos originales, aunque dichas verdades pasen por nue-
vas, de nuevo no tienen nada más que el aspecto y ya han
sido expuestas de otra manera (18 de junio de 1820). Ob-
sérvese que todos los escritores no europeos (y los orienta-
les, como Confucio, etc.), aunque digan más o menos las
mismas cosas que los nuestros, parecen originales, porque,
al no haber leído a nuestros filósofos europeos, no han po-
dido imitarlos o seguirlos o conformarse a ellos sin querer,
como nos sucede a todos nosotros.

231, 5 de septiembre de 1820

Homero y Dante, debido a su época, llegaron a saber mu-
chísimas cosas, y más de las que llegan a saber la mayor
parte de los hombres cultos de hoy, no solo en proporción
a la época, sino también en sentido absoluto. Hay que dis-
tinguir el conocimiento material del filosófico, el conoci-
miento físico del matemático, el conocimiento de los efec-
tos del conocimiento de las causas: aquel es necesario para
la fecundidad y variedad de la imaginación, para la pro-
piedad, la verdad, la evidencia y la eficacia de la imitación;
este no puede sino perjudicar al poeta. Por tanto, la erudi-
ción favorece sumamente al poeta cuando la ignorancia de
las causas le concede (y no solamente con respecto a los
demás sino también con respecto a sí mismo) atribuir los
efectos que ve o conoce a las causas que se figura en su fan-
tasía.

304-305, 7 de noviembre de 1820

El dicho burlesco de un francés «Glissez, mortels, n'appuyez pas»[1] a mí me parece que contiene toda la sabiduría humana, toda la sustancia, el fruto y el resultado de la más sublime, profunda, sutil y madura filosofía. Pero esta enseñanza ya nos había sido dada por la naturaleza: y no a nuestro intelecto, ni a la razón, sino a nuestro instinto congénito e íntimo; y todos nosotros la habíamos puesto en práctica de niños. ¿Qué hemos aprendido, entonces, con tantos estudios, tantos esfuerzos, experiencia, sudores y dolores? Y la filosofía ¿qué nos ha enseñado? Lo que de niños nos resultaba natural y que después hemos olvidado y perdido a fuerza de saber; lo que nuestros incultos y salvajes bisabuelos sabían y ejecutaban sin soñar con ser filósofos, sin dificultades, ni esfuerzo, ni investigaciones, ni observaciones, ni profundidad, etc. De modo que la naturaleza ya nos había hecho tan sabios como cualquier supremo sabio de nuestro tiempo o de cualquier otro; es más, nos había hecho aún más sabios, pues el sabio obra por máximas, por algo que está casi fuera de él, mientras que nosotros obrábamos por instinto y por una disposición que estaba dentro de nosotros, fusionada con nuestra naturaleza y, por ello, más certera, infalible y continuamente eficaz. Así, el ápice del saber humano y de la filosofía consiste en reconocer su inutilidad (si el hombre fuese todavía el que era al principio); consiste en corregir los daños que ella misma ha hecho

---

1. «Deslizaos, mortales, no os apoyéis». Verso final de una cuartina de Pierre Charles Roy (1683-1764), publicada bajo una incisión del siglo XVIII de Nicolas de Larmessin que representa a algunos patinadores, vista por Leopardi en la revista *Spettatore*, t. XI, 1818, p. 117. *(N. de la T.)*.

y en volver a poner al hombre en la condición en la que siempre habría estado si la filosofía no hubiese nacido jamás. Por ello es útil, solamente, la cumbre de la filosofía: porque nos libera y desengaña de la filosofía.

309

De un tonto que siempre sale con la lógica, de la que tanto presume, y que la mete en todos los discursos: él es propiamente el hombre definido a la griega, un *animal* lógico.

347-349, 22 de noviembre de 1820

Las buenas poesías son igualmente inteligibles a los hombres que tienen imaginación y sentimiento que a aquellos que no los tienen. Y sin embargo, a los primeros les gustan, mientras que a los segundos, no: es más, no comprenden cómo pueden gustar, en primer lugar porque no son capaces ni están dispuestos a ser conmovidos, sublimados, etc., por el poeta; y además de eso porque, si bien entienden las palabras, no entienden la verdad, la evidencia de aquellos sentimientos. El corazón no les demuestra que esas pasiones, esos efectos, esos fenómenos morales, etc., que el poeta describe son realmente así. Así, las palabras del poeta, aunque claras y bien comprendidas por ellos, no les representan las cosas y verdades que representan para otros; y, aun entendiendo las palabras, no entienden al poeta.

Conviene observar que esto ocurre también con los escritos filosóficos profundos, metafísicos y psicológicos, etc., con el fin de no maravillarse de los efectos (muy diversos y a menudo contrarios) que producen en distintos individuos y clases, y, por tanto, del distinto concepto en que son tenidos. Pongamos, por ejemplo, un escrito de este género, lleno de verdades y compuesto con toda la claridad de expresiones posible. Las palabras le dicen lo mismo al hombre profundo y al superficial; todos comprenden igualmente el sentido material del escrito y, en definitiva, todos entienden perfectamente lo que el autor quiere decir. Sin embargo, no por ello ese escrito es comprendido por todos, como se cree comúnmente. Porque el hombre superficial, el hombre que no sabe poner su mente en el estado en el que estaba la mente del autor, el hombre que no es capaz de pensar con la misma profundidad del autor, entiende materialmente lo que lee, pero no ve las relaciones que tienen esas afirmaciones con la realidad, no siente que la cosa es así, porque no descubre el campo que el autor descubría, no conoce las relaciones y vínculos de las cosas que el autor veía y de las cuales deducía aquellas consecuencias, etc., que para él y para cualquiera que se le asemeje son irrefutables, y para estos otros, en cambio, no son ni siquiera verdades. Verán las mismas cosas, pero no conocerán ni sentirán que tienen relación entre sí y con las consecuencias que el autor deduce de ello; no verán la relación recíproca de las partes del silogismo (ya que todo conocimiento humano es un silogismo). En resumen, entenderán perfectamente el escrito pero no entenderán la verdad de lo que dice, una verdad que existe realmente y será comprendida por otros. Asimismo, no tendrán tanta fuerza de mente como para dudar y para sentir la razonabilidad y la verdad de la duda sobre las cosas que la naturaleza o el hábito dan por ciertas.

No basta entender una proposición verdadera, hay que sentir la verdad. Hay un sentido de la verdad igual que lo hay de las pasiones, de los sentimientos, de las bellezas, etc.; de lo verdadero como de lo bello. Quien la entiende, pero no la siente, entiende lo que significa esa verdad, pero no entiende que sea verdad, porque no experimenta el sentido, es decir, la persuasión. Entre este tipo de personas hay que colocar a la mayor parte de los modernos apologistas de la religión, hombres sin corazón, sin sentimiento, sin tacto fino y profundo en las cosas de la naturaleza, en definitiva, sin experiencia de la verdad; igual que aquellos lectores de poetas que carecen de experiencia de pasiones, entusiasmo, sentimientos, etc., los cuales, suponiendo que entiendan también perfectamente el sentido de los filósofos profundos a los que combaten, no entienden la verdad que hay en ellos y dan por neta y concretamente falso aquello que vosotros sabréis y sentiréis que es verdadero, o viceversa.

Por lo demás, para entender a los filósofos (y casi a cada escritor), es necesario (igual que para entender a los poetas) tener una gran fuerza imaginativa y de sentimiento, y la suficiente capacidad de reflexionar como para poder ponerse en la piel del escritor y en ese preciso punto de vista y de situación en el que él se encontraba al considerar las cosas de las que escribe; de lo contrario, jamás lo consideraréis lo bastante claro, aunque de hecho lo sea. Y ello, tanto si en vosotros se da la persuasión y el asentimiento al escritor como en el caso contrario. Yo sé que, con este método, nunca he encontrado oscuros o ininteligibles los escritos de Madame de Staël que todos consideran oscurísimos.

351

Conviene que el filósofo se meta claramente en la cabeza
que la vida por sí misma no importa nada, sino el pasarla
bien y felizmente o, por lo menos (es más, sobre todo), el
no pasarla mal e infelizmente. Y que por ello no haga con-
sistir la utilidad en aquellas cosas que simplemente facili-
tan, conservan, etc., la vida (considerada casi como si fuese
un bien en sí misma), sino en aquellas que la convierten en
un bien, es decir, que la hacen feliz de verdad. Pero feliz de
verdad solo la hace lo falso, y toda felicidad fundada sobre
la verdad es falsísima; o, digamos, que toda felicidad se re-
vela falsa y vana cuando su objeto llega a ser conocido en su
realidad y verdad.

Cántico del gallo silvestre[2]

Afirman algunos maestros y escritores hebreos que entre el
cielo y la tierra —o, digamos, medio en uno medio en la
otra— vive cierto gallo selvático, el cual está sobre la tierra
con los pies y con la cresta y con el pico toca el cielo[3]. Este
gallo gigante, además de varias particularidades que de él
se pueden leer en los autores mencionados, tiene uso de ra-
zón, o ciertamente, como papagayo que es, ha sido amaes-

---

2. Es el último de los veinte opúsculos compuestos en 1824, entre el 6 y el 16
de noviembre. Así como *Storia del genere umano* tiene función de proemio,
esta obra, hasta la escritura posterior de nuevos diálogos, debía finalizar el li-
bro y lo hace con una conclusión lírica, no filosófica, como indica el propio
Leopardi en una de sus notas. Se asocia con *Zib.* 151-152 (p. 242). *(N. de la T.)*.
3. Véase, entre otros, el *Buxtorf, Lexic. Chaldaic. Talmud, et Rabbin*, col. 2653
y sig. *(Nota de Leopardi)*.

trado no sé por quién para proferir palabras como los hombres, ya que se han encontrado en papel de pergamino antiguo, escrito en lengua hebrea y en una lengua entre caldea, targúmica[4], rabínica, cabalística y talmúdica, un canto titulado: *Scir detarnegòl bara letzafra*, es decir, *Cántico matutino del gallo silvestre*, el cual, no sin gran esfuerzo ni sin consultar a más de un rabino, cabalista, teólogo, jurisconsulto y filósofo hebreo, he llegado a interpretar y a traducir en lengua vulgar como aquí abajo se ve. No he podido hasta el momento concluir si este cántico se repite por parte del gallo cada cierto tiempo o todas las mañanas; o si ha sido cantado una sola vez, y quién lo oye o lo haya oído cantar, ni si dicha lengua es realmente la lengua del gallo o si el cántico original está en alguna otra lengua. En lo que se refiere a la traducción aquí reportada, para hacerla lo más fiel posible (algo en lo que me he esforzado especialmente) me ha parecido mejor usar la prosa que el verso, aunque se trate de un texto poético. El estilo interrumpido y a veces inflado no se me deberá imputar a mí, ya que es conforme al del texto original, que en este aspecto se corresponde con el uso de las lenguas orientales, en especial por parte de los poetas.

¡Arriba, mortales, levantaos! El día renace: vuelve la verdad sobre la tierra y se marchan las vanas imágenes. ¡Surgid, retomad el peso de la vida! ¡Regresad del mundo falso al verdadero!

En este tiempo, cada cual recoge y recorre con su ánimo todos los pensamientos de su vida actual; reclama a su me-

---

4. Un Tárgum es una interpretación en arameo de la Biblia hebrea, producida o compilada por judíos desde finales del Segundo Templo hasta comienzos de la Edad Media. (*N. de la T.*).

moria los proyectos, los estudios y los asuntos; se propone los deleites y los afanes que están por sucederle a lo largo de la nueva jornada. Y cada cual en este tiempo está más deseoso que nunca de encontrar en su mente expectativas alegres y pensamientos dulces. Pero pocos son satisfechos en estos deseos: para todos, el despertar es un mal. El miserable, en cuanto se despierta, regresa a las manos de su infelicidad. Dulcísimo es aquel sueño que fue conciliado con el concurso de leticia o esperanza. La una y la otra, hasta la vigilia del día siguiente, se conservan enteras y salvas; pero al llegar esta, o se desvanecen o decaen.

Si el sueño de los mortales fuese perpetuo y una sola cosa con la vida, si bajo el astro diurno, languideciendo en la tierra en profundísima quietud todos los vivientes, no se diese obra alguna: no mugir de bueyes por los prados, ni estrépito de bestias por las selvas, ni canto de aves por el aire, ni susurro de abejas o de mariposas corriese por el campo; no voz, no movimiento sino de las aguas, del viento y de las tempestades, surgiese de alguna parte; ciertamente el universo sería inútil. ¿Pero es que acaso se hallaría en él menos felicidad o más miseria de la que hoy se encuentra? Yo te pregunto, oh sol, autor del día y rector de la vigilia: en el espacio de los siglos, distinguidos y consumados por ti hasta aquí, surgiendo y cayendo, ¿viste tu alguna vez uno solo entre los vivos ser feliz? Entre todas las innumerables obras de los mortales vistas por ti hasta hoy, ¿crees que siquiera una logró su meta, que fue la satisfacción, durable o transitoria, de la criatura que la produjo? Es más: ¿has visto tú en el presente o viste jamás la felicidad dentro de los confines del mundo? ¿En qué campo habita? ¿En qué bosque, en qué montaña, en qué valle, en qué país habitado o desierto, en qué planeta de los tantos que tus llamas iluminan y calientan? ¿Acaso se esconde de ti y está posado en el fondo de las cavernas o en las profundidades de la tierra o del mar? ¿Qué ser animado participa de ella? ¿Qué planta o qué otro ser que tú vivificas? ¿Qué criatura provista o no de virtudes vegetativas o animales? Y tú mismo, tú, que casi cual gigante, incansable, velozmente, de día y de noche, sin sueño ni reposo, recorres el desmesurado camino que te ha sido prescrito, ¿eres feliz o infeliz?[5]

Mortales, despertad. Aún no estáis libres de la vida. Vendrá un tiempo en que ninguna fuerza de fuera, ningún intrínseco movimiento, os aparte de la quietud del sueño, sino que en esta siempre e insaciablemente reposaréis. Por ahora no os es concedida la muerte; solo os es concedida de cuando en cuando, por algún espacio de tiempo, una semejanza de ella, ya que la vida no podría ser conservada si no fuese interrumpida frecuentemente. Una falta demasiado intensa de este sueño breve y caduco es un mal de por sí mortífero y causa de sueño eterno. La vida es tal que para poder sobrellevarla es necesario de vez en cuando deponerla, recobrar algo de fuerza y reponerse con un gusto y casi una partícula de muerte.

Parece que el ser de las cosas tiene como único objetivo morir. Al no poder morir lo que no era, de la nada surgieron las cosas que son. Ciertamente, la última causa del ser no es la felicidad, ya que ninguna cosa es feliz. Es cierto

---

5. Igual que un buen número de gentiles y de cristianos, también muchos hebreos (entre ellos Filón de Alejandría y el rabino Maimónides) creían que el sol, así como los planetas y las estrellas, tenían alma y vida. Véase el Gassendi, *Physic.* Sect. 2, lib. 2, cap. 5; y el Petau, *Theologic. dogm.* de sex dier. opific. lib. 1, cap. 12, § 5 et seqq. (*Nota de Leopardi*).

que las criaturas animadas se proponen este fin en cada obra, pero de ninguna de ellas lo obtienen; y en toda su vida, ingeniándoselas, esforzándose y penando siempre, no padecen verdaderamente por otra cosa, y no se afanan sino para alcanzar esta única meta de la naturaleza que es la muerte.

De todos modos la primera parte de la jornada suele ser para los vivientes la más soportable. Pocos, al despertarse, recuperan en su mente pensamientos felices y alegres, pero casi todos los producen y forman en el presente, ya que a esa hora los ánimos, incluso sin ninguna materia especial o determinada, se inclinan sobre todo a la alegría o están dispuestos, más que en otros momentos, a la paciencia ante los males. Así que si alguno, cuando fue alcanzado por el sueño, se encontraba ocupado en la desesperación, al despertar, su alma acepta nuevamente la esperanza, aunque no le resulte fácil en ningún modo. Muchos infortunios, dificultades, causas de temor y sufrimiento se muestran entonces mucho menores de lo que parecieron la noche anterior. A menudo, las angustias del día anterior incluso se desprecian, y casi mueven a risa, como si hubiesen sido efecto de errores y de imaginaciones vanas. La tarde es comparable a la vejez; por el contrario, el comienzo de la mañana se asemeja a la juventud: casi siempre amigable y reconfortante; la tarde, triste, descorazonada y propensa a esperar lo malo. Pero, igual que la juventud de la vida entera, así la que los mortales experimentan cada día es brevísima y huidiza, y muy pronto también el día se convierte para ellos en edad avanzada.

La flor de los años, si bien es lo mejor de la vida, es, sin embargo, algo miserable. En efecto, este pobre bien desaparece en tan poco tiempo que cuando el ser vivo, por distintas señales, se da cuenta del declive de su propio ser, apenas ha podido experimentar su propia perfección, ni sentir y conocer plenamente sus fuerzas, que ya disminuyen. En cualquier tipo de criaturas mortales, la mayor parte de la vida es un marchitarse. En cada obra suya, la naturaleza se empeña y se inclina hacia la muerte; por eso la vejez prevalece de forma tan manifiesta, y con tanta ventaja, en la vida y en el mundo. Cada parte del universo se apresura infatigablemente hacia la muerte con admirable disposición y celeridad. Únicamente el propio universo parece inmune a la decadencia y a la languidez, ya que, aunque en el otoño y en el invierno se muestre casi enfermo y viejo, siempre rejuvenece para la nueva estación. Sin embargo, igual que los mortales —que, si bien en el primer momento de cada día recuperan algo de su juventud, de todos modos envejecen durante todo el día y finalmente se extinguen—, así el universo, aunque al comienzo de los años rejuvenezca, de todos modos envejece continuamente. Vendrá un tiempo en el que este universo y la misma naturaleza se apaguen. Y así como de grandísimos reinos e imperios humanos, y de sus maravillosos movimientos, que fueron famosísimos en otras edades, no queda hoy ni signo ni fama alguna, del mismo modo, del mundo entero, y de las infinitas historias y calamidades de las cosas creadas, no quedará ni un vestigio: solo un silencio absoluto y una altísima quietud llenarán el espacio inmenso. Así, este arcano maravilloso y terrible de la existencia universal, antes de haber podido ser expuesto ni comprendido, se extinguirá y se perderá[6].

6. Esta es la conclusión poética, no la filosófica. Hablando filosóficamente, la existencia, que nunca ha comenzado, jamás terminará. *(Nota de Leopardi).*

Fragmento apócrifo de Estratón de Lámpsaco[7]

Preámbulo

Este fragmento que yo, por pasatiempo, he traducido del griego al vulgar, proviene de un código a pluma que hace algunos años se encontraba, y quizá aún se encuentre, en la librería de los monjes del monte Athos. Lo titulo *Fragmento apócrifo* porque, como cualquiera puede ver, las cosas que se leen en el capítulo del fin del mundo solo pueden haber sido escritas hace poco tiempo, mientras que Estratón de Lámpsaco, filósofo peripatético, llamado «el Físico», vivió trescientos años antes de la era cristiana. Es cierto que el capítulo del origen del mundo concuerda con lo poco que conservamos de las opiniones de aquel filósofo en los escritores antiguos. Y por ello podría pensarse que el primer capítulo, es más, quizá también el comienzo del otro, son realmente de Estratón, y que el resto haya sido añadido por algún docto griego no antes del siglo pasado. Juzguen los eruditos lectores.

---

7. Si el *Cantico del gallo silvestre* contiene la conclusión poética del libro, este opúsculo —escrito en 1825 quizá en Bolonia y publicado en 1845 en la edición de los *Opúsculos morales* realizada por Antonio Ranieri— contiene la conclusión filosófico-científica. Sabemos, gracias a la premisa escrita por Leopardi a las obras completas de 1835, que era voluntad de Leopardi incluirla. El texto se presenta como la traducción del griego de un manuscrito antiguo encontrado y comentado por el traductor, cuyo final podría pertenecer a una tercera mano muy posterior, quizá contemporánea. Las principales influencias, que dan al *Fragmento* un carácter científico de orden mecanicista, son el *Sistème de la nature* de Paul Henri d'Holbach y el tratado *Entretiens sur la pluralité des mondes* de Bernard Le Bovier de Fontenelle. (*N. de la T.*).

Del origen del mundo

Las cosas materiales, así como todas perecen y todas tienen fin, igualmente todas tuvieron un comienzo. Pero la materia misma no tuvo ningún comienzo, es decir, que ella es por su propia fuerza *ab aeterno*. De modo que, si de ver que las cosas materiales crecen, menguan y al final se disuelven se concluye que estas no son de por sí *ab aeterno*, sino que han tenido un comienzo y han sido producidas, por el contrario, lo que nunca crece ni mengua y nunca perece se deberá considerar que nunca ha tenido un comienzo y que no proviene de causa alguna. Y ciertamente, de ninguna manera se podría demostrar que, de las dos argumentaciones, si la última fuese falsa, la primera, en cambio, fuese verdadera. Pero ya que estamos seguros de que la primera es verdadera, debemos concederle lo mismo también a la otra. Ahora bien, nosotros observamos que la materia no se incrementa nunca, ni siquiera en una mínima cantidad, y que ninguna (aunque mínima) parte de la materia se pierde, de manera que la materia no está sometida a la desaparición. Por lo tanto, las distintas formas de ser de la materia, que pueden verse en esas criaturas que llamamos «materiales», son caducas y pasajeras; pero ningún signo de caducidad ni de mortalidad se descubre en la materia considerada universalmente, y, por ello, ningún signo de que esta haya comenzado ni de que para ser le sea o le haya sido necesario alguna causa o fuerza fuera de ella. El mundo —es decir, el ser de la materia en un determinado modo— es algo producido y caduco. Ahora hablaremos del origen del mundo.

La materia considerada universalmente —así como, en particular, las plantas y las criaturas animadas— tiene en sí por naturaleza una o más fuerzas propias, que la agitan y mueven continuamente de maneras muy diversas. Podemos conjeturar y también nombrar tales fuerzas por sus efectos, pero no conocerlas en sí ni descubrir su naturaleza. Tampoco podemos saber si los efectos que nosotros referimos a una misma fuerza proceden verdaderamente de una o de más; ni si, por el contrario, esas fuerzas a las que nosotros aludimos con distintos nombres son realmente distintas o una sola. De la misma manera, a menudo se designa con vocablos diversos una sola pasión o fuerza en el hombre: a modo de ejemplo, la ambición, el amor del placer y similares; fuentes de cada una de las cuales derivan efectos, a veces simplemente distintos, a veces incluso contrarios a los de las otras fuentes, que en realidad son una misma pasión, es decir, el amor de sí mismo, que obra de modo diverso en diferentes casos. Por tanto, estas fuerzas —o deberíamos decir esta fuerza— de la materia, moviéndola y agitándola continuamente, generan en esa materia innumerables criaturas, es decir, la modifican de muy diversas maneras. Criaturas que, comprendiéndolas todas juntas —y considerándolas distribuidas en ciertos géneros y especies, y conectadas entre sí según tales órdenes y según tales relaciones que provienen de su naturaleza—, se llaman mundo. Pero, puesto que dicha fuerza no deja nunca de obrar y de modificar la materia, las criaturas que continuamente forma también las destruye, creando con su materia nuevas criaturas. Mientras que, aun destruyéndose a las criaturas individuales, sus géneros y sus especies (todas o la mayoría) se mantienen, y mientras que los órdenes y las relaciones naturales de las cosas no cambien (totalmente o en su mayor parte), se dice que ese mundo aún perdura. Pero infinitos mundos, en el espacio infinito de la eternidad, habiendo durado más o menos tiempo, al final han desaparecido, al haberse perdido —por los continuos movimientos de la materia, causados por la mencionada fuerza— aquellos géneros y especies de los que esos mundos se componían, y al desaparecer aquellas relaciones y aquellos órdenes que los gobernaban. Y no por ello la materia desaparece en una sola de sus partículas, sino que solo han faltado aquellos modos de ser, sucediéndose para cada uno de ellos otro modo —es decir, otro mundo— una y otra vez.

Del fin del mundo

No es fácil decir cuánto tiempo ha durado hasta aquí este mundo presente, del que los hombres son parte —es decir, una de las especies de las que está compuesto—, así como tampoco se puede conocer cuánto tiempo vaya a durar en el futuro. Los órdenes que lo rigen parecen inmutables, y así son considerados, ya que estos no cambian sino poco a poco y con una longitud de tiempo incomprensible, de modo que los cambios no son percibidos, no ya por los sentidos del hombre, sino por su conocimiento. Una longitud de tiempo que, por larga que sea, es, sin embargo, menor que la duración eterna de la materia. Se ve en este mundo presente un continuo perecer de los individuos y un continuo transformarse de las cosas en otras cosas. Pero dado que la destrucción queda compensada continuamente por la producción, y que los géneros se conservan, se estima que este mundo no tiene en sí ni vaya a tener ninguna causa por la cual vaya a perecer, y que no muestra ningún signo de caducidad. Pero igualmente se puede demostrar lo contrario con más de un indicio, entre otros este.

Sabemos que la Tierra —debido al perpetuo movimiento alrededor de su propio eje, huyendo del centro su parte más cercana al ecuador e impulsándose hacia el centro, las más cercanas a los polos— ha cambiado de forma, y que cambia continuamente, haciéndose cada día más ancha alrededor del ecuador y, por el contrario, achatándose cada vez más alrededor de los polos. Por tanto, debe ocurrir que, pasado cierto tiempo —cuya cantidad, suponiendo que sea medible, no puede ser conocida por los hombres—, la Tierra se aplane en uno y otro lado del ecuador hasta que, perdida del todo su forma de globo, adopte la de una tabla fina y redonda. Esta rueda, pese a dar vueltas continuamente alrededor de su centro, atenuada y dilatada, a la larga, al huir todas sus partes del centro, se verá perforada en el medio. A su vez, este agujero, ampliándose concéntricamente día tras día, hará que la Tierra, transformada en un anillo, al final se rompa en pedazos; los cuales, saliéndose de la actual órbita de la Tierra y perdido el movimiento circular, se precipitarán en el Sol o quizá en algún planeta.

Se podría, por hipótesis, aducir un ejemplo como confirmación de este argumento: me refiero al del anillo de Saturno, sobre cuya naturaleza no se ponen de acuerdo los físicos. Y aunque nueva e inaudita, quizá no sería inverosímil conjetura el presumir que, al comienzo, dicho anillo hubiese sido uno de los planetas menores destinados a seguir a Saturno; que más tarde, aplanado y perforado en el centro por razones parecidas a las que hemos dicho de la Tierra —pero mucho más rápidamente, al tratarse de una materia

más rara y blanda—, se cayese de su órbita al planeta Satur-
no, quedando por él retenido alrededor de su centro en vir-
tud de la atracción de su masa, como vemos que ocurre. Y
se podría creer que este anillo, al seguir girando como hace
alrededor de su centro, que es al mismo tiempo el del glo-
bo de Saturno, se afinase y dilatase cada vez más, crecien-
do así el intervalo que hay entre él y el mencionado globo,
aunque esto ocurra con demasiada lentitud como para que
tales cambios puedan ser notados y conocidos por los hom-
bres, especialmente estando tan distantes. Estas cosas, se-
riamente o en broma, sean dichas acerca del anillo de Sa-
turno.

Ahora bien, ese cambio que nosotros sabemos que se ha
dado y se da cada día en la figura de la Tierra no hay duda
alguna de que, por las mismas razones, se dará igualmente
en la figura de cada planeta, como no hay duda de que el
cambio en los otros planetas no nos es tan manifiesto como
en el caso de Júpiter. Y no solo a los que, como la Tierra, gi-
ran alrededor del Sol, sino que el mismo cambio sin duda se
da también en todos los planetas que razonablemente de-
ben de estar alrededor de cada estrella. Por tanto, igual que
se ha visto en la Tierra, pasado cierto tiempo, todos los pla-
netas, reducidos por sí mismos a pedazos, han de precipitar:
los unos en el Sol, los otros en sus estrellas. En cuyas llamas
es manifiesto que no ya bastantes o muchos individuos, sino
todos los géneros y las especies que ahora están contenidos
en la Tierra y en los planetas, serán destruidos en toda su es-
tirpe. Y es posible que esto, o alguna cosa muy similar, tuvie-
ran en el ánimo los filósofos, tanto griegos como bárbaros,
que afirmaron que el final de este mundo sería perecer en el
fuego. Pero puesto que nosotros vemos que también el Sol

da vueltas alrededor de su propio eje, y, por tanto, lo mismo ha de creerse de las estrellas, se sigue que el uno y las otras, con el correr del tiempo, deberán, no menos que los planetas, alcanzar su disolución, y que sus llamas se dispersarán en el espacio. De tal manera, por tanto, el movimiento circular de las esferas mundanas —que es la parte principal de los presentes órdenes naturales y casi principio y fuente de la conservación de este universo— será causa también de la destrucción del universo mismo y de dichos órdenes.

Desaparecidos los planetas, la tierra, el Sol y las estrellas, pero no su materia, se formarán, a partir de esta última, nuevas criaturas, diferenciadas en nuevos géneros y nuevas especies, y por las fuerzas eternas de la materia nacerán nuevos órdenes de las cosas y un nuevo mundo. Pero las cualidades de este y de aquellos, así como de los innumerables mundos que ya fueron y de los otros infinitos que serán, no los podemos ni siquiera conjeturar.

CANTO NOCTURNO DE UN PASTOR ERRANTE DE ASIA[8]

¿Qué haces tú, luna, en el cielo? Dímelo,
silenciosa luna.
Ya tarde, sales y vas

---

8. Canto n.º XXIII. Canción compuesta entre el 22 de octubre de 1829 y el 9 de abril de 1830, en un proceso creativo excepcionalmente largo. La idea de este canto le fue sugerida por un artículo de la revista *Journal des Savants* que transcribe en su *Zibaldone*, del barón de Meyendorff, donde se habla de pueblos nómadas primitivos de Asia central que tienen la costumbre de dirigir quejumbrosos cantos a la luna. La idea de la lírica como género primordial y originario de la poesía y el nombre de «canto» como título de su obra poética tienen también relación con esta composición. *(N. de la T.)*.

contemplando desiertos, y te posas.
¿Aún no estás tú saciada
de recorrer sempiternos caminos?
¿Aún no te has cansado, aún deseas
contemplar estos valles?
Se asemeja a tu vida
la vida del pastor.
Sale al primer albor,
mueve el rebaño a través del campo y ve
rebaños, fuentes, hierbas;
después, cansado, al atardecer se echa:
otra cosa no espera.
Di, luna, ¿de qué sirve
al pastor esta vida,
vuestra vida a vos? Dímelo, ¿a qué tiende
este mi vagar breve?
¿A qué tu curso inmortal?

Viejito cano, enfermo,
mal vestido y descalzo,
con pesado fardo sobre la espalda
por montañas y valles,
por riscos abruptos, polvo, maleza
al viento, en la tormenta y cuando abrasa
la hora, y cuando hiela,
huye, corre, anhela,
cruza torrentes, lagos,
cae, se levanta y más y más se esfuerza
sin reposo o refugio,
maltrecho, sanguinolento, hasta llegar
allá donde el camino

y donde tanto penar se destinan:
abismo hórrido, inmenso,
donde, precipitando, todo olvida.
Oh, virgen luna, tal
es la vida mortal.

Nace el hombre con dolor,
riesgo de muerte es su nacimiento.
Prueba pena y tormento
por primera cosa; y en el mismo inicio
madre y progenitor
le dan consuelo por haber nacido.
Después, al ir creciendo,
uno y otro lo sostienen, van siempre
con actos y palabras
a infundirle el coraje
y a consolarle del humano estado:
otra grata tarea
no hacen los parientes a su progenie.
Mas ¿por qué dar al sol,
por qué dar a la vida
quien después de ella consolar convenga?
Si vida es desventura,
¿por qué en ella se dura?
Oh casta luna, tal
es el estado mortal.
Mas tú mortal no eres
y quizá lo que digo te dé igual.

Mas quizá, sola eterna peregrina,
tú, tan pensativa, quizá tú entiendas

este terrenal vivir,
nuestro padecer y suspirar qué son,
y qué es este morir, este supremo
palidecer del rostro
y este abandonar la tierra y perder
toda consueta amante compañía.
Y seguro comprendes
el porqué de las cosas viendo el fruto
de la mañana, de la tarde,
del tácito, infinito andar del tiempo.
Tú sabes, tú sí, a cuál dulce amor
ríe la primavera,
a quién favorece el ardor, qué causa
el invierno y sus hielos.
Mil cosas sabes tú, miles descubres
que son celadas al simple pastor.
A menudo al mirarte
estar muda sobre el desierto llano,
que, al curvarse, confina con el cielo;
o al verte seguirme a mí
y a mi manada, al viajar, mano a mano,
y al mirar arder en el cielo estrellas
me pregunto pensando:
¿para qué tantas llamas?
¿Qué hace el aire infinito, aquel profundo
infinito sereno? ¿Qué será esta
soledad inmensa? ¿Y yo qué soy?
Así reflexiono: sobre la estancia
desmedida y soberbia
y sobre su numerosa familia;
tras tanto afanarse y tanta mudanza

de cada celeste y terrenal cosa,
dando vueltas sin pausa
para volver siempre donde partieron;
uso alguno, algún fruto
adivinar no sé. Mas tú, seguro,
jovencita inmortal, todo conoces.
Esto conozco y siento,
que del eterno girar,
de este frágil ser mío
algún bien o contento
otros tendrán; para mí la vida es mal.

Oh, mi rebaño yacente, oh beato,
que de tu miseria, creo, no sabes,
¡cuánta envidia te tengo!
No ya porque de penas
casi libre te ves;
que todo afán y daño,
todo extremo temor rápido olvidas;
más aún porque ningún tedio pruebas.
Cuando a la sombra estás, sobre la hierba,
tú estás quieto y contento,
y gran parte del año,
sin tedio, consumas en tal estado.
Así, yo a la sombra, en la hierba, yazgo
y me invade un hartazgo
la mente, y casi un espolón me pica
así que, yaciendo, aún más estoy lejos
de encontrar paz y asiento.
Sin embargo, nada deseo,
y hasta aquí no tengo razón de llanto.

Lo que goces o cuánto
no sé decir; mas dichoso tú eres.
Y yo gozo muy poco,
rebaño, y no solo de ello me quejo.
Si hablar pudieses te preguntaría:
Dime, ¿por qué yaciendo
al gusto suyo, ociosa,
la bestia no se harta,
y yaciendo yo el tedio me asalta?

Si tuviese yo alas
y volase entre nubes
a enumerar estrellas una a una,
o, cual trueno, errase de cima a cima,
más feliz sería, dulce rebaño,
más feliz sería, cándida luna.
O quizá se equivoque,
mirando otras suertes, mi pensamiento:
quizá sea, tanto en tal forma o tal
estado, en cuna o en madriguera,
funesto, a quien nace, el día natal.

5. Ilusiones y realidad

De *Zibaldone*

51

El placer más sólido de esta vida es el placer vano de las ilusiones. Yo considero las ilusiones como algo en cierto modo real, ya que son ingredientes esenciales del sistema de la naturaleza humana, y concedidas por la naturaleza a todos los hombres de manera que no es lícito despreciarlas como sueños de uno solo, sino que hay que considerarlas como verdaderamente propias del hombre y queridas por la naturaleza, sin las cuales nuestra vida sería miserable y bárbara, etcétera. Por tanto, son necesarias y entran sustancialmente en el compuesto y orden de las cosas.

69

¡Oh infinita vanidad de la realidad!

85

Antes de experimentar la felicidad, o, mejor dicho, una apariencia de felicidad viva y presente, podemos alimentarnos de esperanzas, y, si estas son fuertes y constantes, su tiempo es verdaderamente el tiempo feliz del hombre, como en la edad entre la niñez y la juventud. Pero, una vez experimentada esta felicidad, y una vez perdida, las esperanzas ya no bastan para contentarnos, y la infelicidad del hombre queda establecida. Además de que las esperanzas (y, en cualquier caso, la viveza de la felicidad experimentada) son mucho más difíciles después de la triste experiencia vivida, esta no puede ser compensada con los deleites y las promesas limitadas de la esperanza, y el hombre, en comparación con esta esperanza, llora siempre lo que ha perdido y que muy difícilmente puede regresar, porque el tiempo de las grandes ilusiones ha terminado.

99

Parece un absurdo, y, sin embargo, es totalmente cierto que, siendo una nada todo lo real, no hay más realidad ni otra sustancia en el mundo que las ilusiones.

105-106

Para las grandes acciones —que en su mayor parte no pueden provenir sino de la ilusión—, por lo general no basta con el engaño de la fantasía, como podría ser el de un filósofo (y como son las ilusiones de nuestros días, tan escasos de grandes hechos), sino que se requiere el engaño de la razón, como entre los antiguos. Y un gran ejemplo de esto es lo que ocurre ahora en Alemania, donde, si alguien se sacrifica por la libertad (como ese Sand, asesino de Kotzebue)[1], ello no ocurre por efecto de la simple, antigua ilusión de libertad, del amor patrio y de grandeza de las acciones, como podría parecer, sino por las fantochadas místicas que llenan la cabeza de los estudiantes alemanes y ofuscan su razón, como puede verse en las gacetas de estos días, donde aparecen sus cartas llenas de opiniones extravagantes y ridículas, que hacen del amor por la libertad una nueva religión toda llena de nuevos misterios. (26 marzo de 1820. Véanse las *Gazzetta di Milano* de comienzos de este mes).

109

La ebriedad es madre de la alegría, así como el vigor. ¿Qué significa esto? ¿Por qué la ebriedad no causa la melancolía? En primer lugar, porque la melancolía deriva de lo verdadero, no de lo falso, y la ebriedad causa el olvido de lo verdadero, olvido del que solo puede nacer la alegría. En segundo lugar, porque los hombres en estado de naturaleza, es decir, con un vigor mucho mayor que en la actualidad, estaban hechos para ser felices y abandonarse a las ilusiones, y para verlas y sentirlas como cosas vivas, corpóreas, presentes.

---

1. El dramaturgo A. F. Kotzebue, antiliberal, fue asesinado en marzo de 1819 por el estudiante Karl Sand, perteneciente a una sociedad secreta y condenado por ello a la pena capital. *(N. de la T.).*

115, 7 de junio de 1820

Los ejercicios con los que los antiguos se procuraban vigor corporal no solo eran útiles para la guerra o para excitar el amor de la gloria, etc., sino que contribuían (es más, eran necesarios) a mantener el vigor del alma, el coraje, las ilusiones, el entusiasmo —que nunca se hallarán en un cuerpo débil—; en definitiva, aquellas cosas que causan la grandeza y el heroísmo de las naciones. Y es algo ya comprobado que el vigor del cuerpo daña las facultades intelectuales y favorece las imaginativas, y que, por el contrario, la imbecilidad del cuerpo es muy favorable para la reflexión, y que quien reflexiona no obra e imagina poco; y que las grandes ilusiones no han sido hechas para él.

125

Para los hechos magnánimos es necesaria una persuasión que tenga naturaleza de pasión y una pasión que tenga el aspecto de persuasión en aquel que la experimenta.

125, 16 de junio de 1820

La filosofía independiente de la religión, en sustancia, no es más que la doctrina del desenfreno razonado; y digo esto no cristianamente ni como lo han dicho todos los apologistas de la religión, sino moralmente. Porque siendo todo lo bello y lo bueno de este mundo puras ilusiones, y siendo la virtud, la justicia, la magnanimidad, etc., puros fantasmas y sustancias imaginarias, la ciencia que llega a descubrir todas estas verdades que la naturaleza había escondido bajo un profundísimo arcano, si no sustituye todo ello con las verdades reveladas, llega inevitablemente a la conclusión de que lo mejor en este mundo es ser un perfecto egoísta y hacer siempre aquello que nos proporciona mayor comodidad o placer.

127-128, 16 de junio de 1820

La gloria no es una pasión del hombre primitivo y solitario, pero la primera vez que una tropa de hombres se unió para matar a una bestia (o por algún otro hecho en el que tuviesen necesidad de ayuda recíproca), aquel que mostró más valor oyó que los demás, que aún no conocían ese vicio, le decían, sinceramente y sin adulación, «bravo»; una palabra que le gustó enormemente. Así él, igual que algún otro espíritu magnánimo que también estaba allí, sintió por primera vez el deseo de la gloria. Y así nació el amor a la gloria.

128

La pasión por la gloria es tan propia del hombre en sociedad, y tan natural, que incluso ahora, en tanta muerte del mundo y falta de toda suerte de excitaciones, los jóvenes sienten la necesidad de distinguirse, y no encontrando otro camino abierto como antaño, consuman las fuerzas de su juventud y estudian todas las artes y desechan la salud del cuerpo, acortan su vida, no tanto por amor al placer como por ser notados y envidiados y jactarse de victorias vergonzosas (que, sin embargo, el mundo hoy aplaude), no quedándole a un joven otro modo más que este para hacer valer su cuerpo y obtener la alabanza, ya que hoy en día, aunque muy poco, algo de gloria le queda al alma, pero al cuerpo (que es la parte que más hace y en la que consiste por naturaleza el valor de la mayoría de los hombres) no le queda otro camino.

130

Observen de qué modo tan razonable usaban los antiguos la música y la danza en los convites, y, concretamente después de la comida, como dice Homero en el primer canto de la *Odisea*, y quizá también donde habla de Demódoco[2]. El hombre nunca está más dispuesto que en esa circunstancia para ser enardecido por la música, por la belleza y por todas las ilusiones de la vida.

137

Hoy en día las mentes superiores tienen esta propiedad: que son muy proclives a concebir ilusiones y están muy fácilmente dispuestas a perderlas (hablo incluso de las pequeñas ilusiones del día a día); proclives a concebirlas, por la gran fuerza de la imaginación, y a perderlas, por la gran fuerza de la razón.

---

2. Demódoco es un personaje de la *Odisea,* aedo de la corte de Alcínoo, que aparece en el canto VII. *(N. de la T.).*

151-152, 4 de julio de 1820

Al levantarte de la cama —en parte por el vigor recuperado en el reposo, en parte por el olvido de los males que da el sueño, en parte por cierta renovación de la vida causada por esa especie de interrupción que se le ha dado—, normalmente te sientes más alegre, o menos triste, que cuando te acostaste. En mi infeliz vida la hora menos triste es la de levantarme. Por unos momentos, las esperanzas y las ilusiones recobran cierto vigor, y yo llamo a aquella hora «la juventud de la jornada» por esta similitud que tiene con la juventud de la vida. Asimismo, con respecto a la propia jornada, siempre se suele esperar pasarla mejor que la anterior. Y la tarde, cuando te sientes fracasado y desengañado por esta esperanza, se puede llamar «la vejez de la jornada».

214-217, 18-20 de agosto de 1820

Aunque estén debilitadas y sean desenmascaradas por la razón, las ilusiones permanecen en el mundo y constituyen la mayor parte de nuestra vida. Y no basta con conocerlo todo para perderlas, aunque se sepa que son vanas. Y una vez perdidas, no se pierden sin que quede de ellas una raíz vigorosísima, y a lo largo de la vida vuelven a florecer a pesar de toda la experiencia y certeza adquiridas.

Yo he visto a personas muy sabias y expertas —llenas de conocimientos, de sabiduría, de filosofía—, muy infelices, perder todas sus ilusiones y desear la muerte como único bien y deseársela también (como único bien) a sus amigos; y poco después, reconciliarse con la vida (aunque desganadamente), hacer proyectos para el futuro, esforzarse por conseguir algunos beneficios temporales para aquellos amigos, etc. Y no podía ser ya por ignorancia o por falta de persuasión segura y experimentada de la nulidad de las cosas. Y a mí también me ha ocurrido lo mismo cien veces, desesperarme por no poder morir y después retomar mis habituales proyectos y castillos en el aire sobre mi vida futura, y también un poco de alegría pasajera. Y esa desesperación, y ese regreso, no tenían motivos para alternarse, ya que la desesperación se producía por causas que perduraban casi enteramente durante el tiempo en el que yo recobraba mis ilusiones. Sin embargo, algún pequeño motivo para consolarme bastaba a tal efecto, y es cosa indudable que las ilusiones se desvanecen en el tiempo de la desventura (y por ello es totalmente cierto, y lo he comprobado yo mismo, que aquel que nunca ha sido desgraciado no sabe nada. Yo sabía, porque hoy en día no se puede no saber, pero casi como si no supiese, y así iba a regularme en la vida) y regresan después de que esta ha pasado o ha sido mitigada por el tiempo y la costumbre. Regresan con más o menos fuerza, según las circunstancias, el carácter, el temperamento corporal y las cualidades espirituales (tanto las innatas como las adquiridas).

Casi todos los escritores de verdadera y exquisita inclinación sentimental, pintando la desazón y el desánimo total ante la vida, han extraído los colores de su propio corazón y pintado un estado en el cual ellos mismos, poco más o menos, se han encontrado. ¿Y bien? Con toda su antigua desesperación, pese a que, escribiendo, sintiesen vivamente la naturaleza y la fuerza de aquellas amargas verdades y pasiones que expresaban —es más, a pesar de que tuviesen que convencerse de ellas en ese momento, etc., para poder representar eficazmente ese estado del hombre, y que, en consecuencia, sintiesen y tuviesen casi entre las manos la nada de las cosas—, sin embargo, se servían del sentimiento de esa nada para mendigar gloria, y cuanto más vivo estaba en ellos el sentimiento de la vanidad de las ilusiones, tanto más se proponían y esperaban alcanzar un fin ilusorio, y, con ese deseo de muerte, vivamente sentido y vivamente expresado, no buscaban más que procurarse algunos placeres de la vida. Y así sucede con todos los filósofos que escriben y tratan las miserables verdades de nuestra naturaleza, los cuales, careciendo de ilusiones, en el fondo con sus libros no buscan más que crearse y gozar de algunas ilusorias ventajas de la vida (véase Cicerón, *Pro Archia Poeta*, cap. 11).

Así es: la naturaleza es tan infinitamente más fuerte que la razón que, aunque deprimida y debilitada más allá de lo imaginable, aún le queda fuerza suficiente como para vencer a su enemiga, y ello en sus propios seguidores y en el momento mismo en que la predican y la divulgan; es más, predicando y divulgando la razón contra la naturaleza, hacen vencer a la naturaleza sobre la razón. El hombre no vive de otra cosa más que de religión o de ilusiones. Esta es una afirmación exacta e incontestable: eliminadas radicalmente la religión y las ilusiones, todo hombre, es más, todo niño a la primera facultad de razonar (ya que los niños no viven, por lo general, más que de ilusiones), se mataría seguramente con sus propias manos, y nuestra raza se habría extinguido desde su nacimiento por necesidad congénita y sustancial.

Pero las ilusiones, como he dicho, perduran a pesar de la razón y del saber. Es de esperar que duren también en el futuro: pero ciertamente ya no hay camino recto hacia aquello que digo de la actual condición de los hombres, del incremento y la divulgación de la filosofía, por un lado (que va adelgazando y haciéndonos perder lo poco que nos queda), y, por otro, de la carencia positiva de casi todos los objetos de ilusión, así como de la mortificación real, de la uniformidad, de la inactividad, de la nulidad, etc., de toda la vida. Cosas que —si finalmente llevan a los hombres a perder todas las ilusiones y los olvidos, a perderlos para siempre, y a tener ante los ojos, constantemente y sin pausa, la verdad pura y desnuda— harán que de esta raza humana no queden más que los huesos, igual que de otros animales de los que se habló el siglo pasado. Tan posible es que el hombre viva totalmente separado de la naturaleza (de la cual nos estamos alejando cada vez más) como que un árbol talado por la raíz florezca y fructifique. Sueños y visiones: volveremos a hablar de ello de aquí a cien años. Todavía no tenemos ejemplo en el pasado de los progresos de una civilización desmesurada y de una desnaturalización sin límites. Pero si no volvemos atrás, nuestros descendientes dejarán este ejemplo a las futuras generaciones, suponiendo que las haya.

231, 6-7 de septiembre de 1820

El origen del profundo sentimiento de infelicidad, o sea, el desarrollo de aquello que llamamos «sensibilidad», por lo general procede de la falta o pérdida de las grandes y vivas ilusiones; y, en efecto, la expresión de este sentimiento apareció en el Lacio por medio de Virgilio, precisamente en el tiempo en el que las grandes y vivas ilusiones se habían desvanecido para el romano privado (que había vivido de ellas tanto tiempo) y la vida y las cosas públicas habían tomado la andadura del orden y de la monotonía. La sensibilidad que se encuentra en los jóvenes aún inexpertos del mundo y de los males, aunque teñida de melancolía, es distinta de este sentimiento, y a quien lo experimenta promete y da no ya dolor, sino placer y felicidad.

271

Por lo general, la gloria —en especial la literaria— es dulce cuando el hombre se alimenta de ella en el silencio de su estudio y esta le sirve de impulso para nuevas empresas gloriosas y como fundamento para nuevas esperanzas: porque entonces conserva la fuerza de la ilusión, la única fuerza que posee. Sin embargo, cuando es disfrutada en el mundo y en la sociedad, normalmente se revela pequeñísima, nula o, en definitiva, incapaz de llenar el alma y satisfacerla: igual que todos los placeres, que de lejos son grandes y de cerca mínimos, áridos, vacíos y nulos.

271-272, 11 de octubre de 1820

Aquellos que, para consolar a una persona que carece de toda clara ventaja en la vida, le dicen: «No te aflijas; ten por seguro que son puras ilusiones» dicen una tontería. Porque aquel podrá y deberá responder: «Pero todos los placeres son ilusiones o consisten en la ilusión y nuestra vida está formada y compuesta por estas ilusiones». Ahora bien, si yo no puedo tenerlas, ¿qué placer me queda? ¿Y para qué vivo? Lo mismo digo yo de las antiguas instituciones, etc., propensas a fomentar el entusiasmo, las ilusiones, la valentía, la actividad, el movimiento, la vida. Eran ilusiones, pero elimínenlas (como de hecho han sido eliminadas). ¿Qué placer queda? Y la vida ¿en qué se convierte? Asimismo digo: la virtud, la generosidad, la sensibilidad, la correspondencia verdadera en amor, la fidelidad, la constancia, la justicia, la magnanimidad, etc., humanamente hablando son entes imaginarios. Y sin embargo, si el hombre sensible los encontrase frecuentemente en el mundo, sería menos infeliz; y si el mundo fuese más intensamente tras estos entes imaginarios (dejando de lado una vida futura), sería mucho menos infeliz. Perseguiría ilusiones, porque nada es capaz de llenar el alma humana, pero ¿no es mejor una vida con muchos placeres ilusorios que sin ningún placer? ¿No se viviría mejor si en el mundo estas ilusiones se realizasen más a menudo y si el hombre de corazón no se tuviese que persuadir no ya de que son entes imaginarios, sino de que en el mundo no se encuentran ya ni tan siquiera como imaginarios (de forma que faltase alimento y sostén a la ilusión)?

Por otro lado, no hay mayor ilusión (es decir, apariencia de placer) que la que deriva de lo bello, de lo tierno, de lo grande, de lo sublime y de lo honesto. Por tanto, cuanto más abundantes fuesen estas cosas, aunque ilusorias, menos infeliz sería el hombre.

325-326

Así como los más ardientes defensores de las ilusiones son, quizá, aquellos que conocen y sienten la vanidad de manera más viva y universal, así sus más ardientes detractores son aquellos que no la conocen bien, o, si la conocen, no la sienten íntimamente y en toda la extensión de la vida; es decir, la conocen en teoría, pero no en la práctica. Tales son los filósofos sin escrúpulos e intolerantes de nuestros días. Porque si conociesen, sintiesen y comprendiesen toda la inmensa extensión de la vanidad de las ilusiones, se asustarían; la falta de estas ilusiones les dejaría casi sin aliento, intentarían refugiarse de nuevo en la ignorancia, en el olvido de la realidad, en la cruel duda (un olvido que, lejos de alienarlos, los llevaría de nuevo a la religión), o intentarían volver a la actividad, etc. Desde luego, no combatirían con tanto ardor las ilusiones, no buscarían la gloria en demostrar la vanidad de todas las glorias, no pondrían mucho interés en demostrar y persuadir de que nada importa (por consiguiente, ni siquiera esta demostración).

334-337

Los apologistas de la religión repiten a menudo que, en la época de la primera aparición del cristianismo, el mundo estaba en un estado de muerte; que el cristianismo lo reavivó, algo que, según ellos, parecía imposible. Por lo cual, concluyen que ello solo pudo ser el efecto de la omnipotencia divina, que ello demuestra claramente su verdad, que el error estaba perdiendo al mundo y que la verdad lo salvó. El mismo contrasentido de siempre. Lo que mataba al mundo era la falta de ilusiones, y el cristianismo lo salvó no como verdad, sino como una nueva ilusión. Los efectos que produjo —entusiasmo, fanatismo, sacrificios magnánimos, heroísmo— son los típicos efectos de una gran ilusión. No consideramos ahora si esto es verdadero o falso, sino únicamente que ello no demuestra nada en su favor. Pero ¿cómo se asentó con tantos obstáculos, yendo a la contra de tantas pasiones, contradiciendo a los gobiernos, etc.? ¡Como si fuese la primera vez que el fanatismo de una gran ilusión triunfa sobre todo!

No ha considerado mínimamente el corazón humano quien no sabe de cuántas ilusiones este es capaz (aunque contrasten con sus intereses) y cómo, muy a menudo, el ser humano ama justamente aquello que claramente le perjudica. ¡Cuántas penas corporales sufren por falsas opiniones los sacerdotes de la India, etc., etc.! Y la secta de los flagela- dores, nacida sobre los principios del cristianismo, ¿qué ilu- sión era? ¿Y los sacrificios infinitos que hacían los antiguos filósofos —por ejemplo los cínicos— a la profesión de su sec- ta despojándose de todas sus riquezas, etc.? ¿Y el sacrificio de los 300 en las Termópilas? Pero ¿cómo triunfó el cristia- nismo sobre la filosofía, sobre la apatía que había apagado todos los errores del pasado? Las luces de aquella época: 1. no estaban: ni establecidas, ni definidas, ni fijas; 2. ni ex- tendidas ni divulgadas; 3. no eran profundas como ahora, consecuencia natural de la mayor experiencia, de la prensa, del comercio universal, de los descubrimientos geográficos (que ya no dejan lugar a ningún error de la imaginación), de los progresos de las ciencias, que se dan la mano de manera que se puede decir que toda nueva verdad descubierta, sea del tipo que sea, influye sobre el espíritu humano. Aquellas luces habían bastado para apagar el burdo error de las anti- guas religiones, pero no solo permitían, sino que incluso se prestaban a un error sutil. Y ese tiempo (precisamente por sus luces) se inclinaba hacia lo metafísico, lo abstracto, lo místico, y por eso Platón triunfaba entonces. Véase a Plotino, Porfirio, Jámblico, y a los secuaces de Pitágoras, él también abstracto y metafísico. Oriente, además (no solo entonces, sino antiguamente), en la moral y en lo demás se había inclinado hacia la sutileza, la profundidad y la verdad. Egipcios, chinos, Viejo Testamento, etc., etc. Para destruir el error más sutil eran necesarias luces mucho más profundas, agudas y universales que las de entonces. Tales son las de hoy día, tan perfectas que están enteramente libres de error; y de ellas (así como de las luces antiguas) no puede surgir un nuevo error tan sutil como para darle algo de vida al mundo. Para los males de la filosofía actual no hay más remedio que el olvido, y un alimento material para las ilusiones.

Diálogo de Torcuato Tasso con su genio familiar[3]

GENIO: ¿Cómo estás, Torcuato?

TASSO: Ya sabes cómo se puede estar en una prisión[4] y lleno de problemas hasta el cuello.

GENIO: Anda, que después de cenar no es momento para lamentarse. Ponte de buen humor y riámonos de ello juntos.

TASSO: No soy capaz. Pero tu presencia y tus palabras siempre me consuelan. Siéntate aquí a mi lado.

---

3. Opúsculo compuesto del 1 al 10 de junio de 1824, más un soliloquio que un diálogo, ya que el genio familiar con el que habla Torcuato Tasso, celebérrimo poeta del siglo XVI italiano y autor de *Jerusalén liberada*, es un *alter ego*. (*N. de la T.*).
4. Se refiere al hospital de Sant'Anna, en Ferrara, donde Tasso estuvo interno desde marzo de 1579 por haber dirigido frases injuriosas al duque Alfonso II de Este. Permaneció recluido allí durante siete años. (*N. de la T.*).

GENIO: ¿Que me siente? No es cosa fácil para un espíritu. Pero bueno: hazte a la idea de que estoy sentado.

TASSO: Oh, si pudiese ver a mi Eleonora[5]. Cada vez que me viene a la mente nace en mí un escalofrío de alegría que desde la coronilla se extiende hasta la punta de los pies; y no queda en mí nervio ni vena que no se vean sacudidos. A menudo, pensando en ella se reavivan en mi alma imágenes y sentimientos tales que por breve tiempo me parece ser todavía aquel Torcuato que fui, antes de haber probado la desgracia y la maldad de los hombres, y al que ahora lloro tantas veces como muerto. Realmente yo diría que la experiencia del mundo y el ejercicio del dolor suelen hundir y acallar dentro de cada uno de nosotros a aquel primer hombre que fue, el cual de vez en cuando se despierta durante un rato, pero tanto más raramente cuantos más son los años; luego, cada vez se va retirando más en nuestra intimidad y va cayendo en un sopor mayor que antes, hasta que, perdurando aún nuestra vida, muere. En definitiva, yo me maravillo de cómo el pensamiento de una mujer tenga tanta fuerza como para, por así decir, renovarme el alma y hacerme olvidar tantas calamidades. Y si no fuese porque ya no me queda la esperanza de volver a verla, creería que aún no he perdido la facultad de ser feliz.

GENIO: ¿Cuál de las dos cosas consideras que es más dulce, ver a la mujer amada o pensar en ella?

TASSO: No lo sé. Es verdad que cuando estaba ante mí me parecía una mujer; de lejos, me parecía y me parece una diosa.

---

5. Se refiere a Eleonora de Este, hermana de Alfonso II. La tradición biográfica de los románticos afirma que este amor secreto estuvo en el origen de las desgracias del poeta. (*N. de la T.*)

GENIO: Esas diosas son tan benignas que, cuando alguien se les acerca, de repente repliegan su divinidad, se quitan los rayos que tienen alrededor y se los meten en el bolsillo para no deslumbrar al mortal que tienen delante.

TASSO: Me temo que dices la verdad. Pero ¿no te parece un gran defecto de las mujeres que, al tenerlas efectivamente delante, estas resulten tan distintas de como nos las habíamos imaginado?

GENIO: Yo no sé ver qué culpa puedan tener en estar hechas de carne y hueso en lugar de ambrosía y néctar. ¿Hay algo en el mundo que tenga siquiera una sombra o una milésima parte de la perfección que pensáis que hay en las mujeres? Y también me parece extraño que no sorprendiéndoos de que los hombres sean hombres, es decir, criaturas poco loables y poco amables, luego no logréis comprender cómo pueda ser que las mujeres en efecto no sean ángeles.

TASSO: Con todo ello, me muero del deseo de volver a verla y de volverle a hablar.

GENIO: Bien, esta noche en sueño la conduciré hasta ti, bella como la juventud y amable hasta el punto de que tendrás el valor de hablarle en modo mucho más franco y ágil de lo que fuiste capaz en el pasado; es más, al final le estrecharás la mano, y ella, mirándote fijamente, pondrá en tu alma una dulzura tal que te sentirás totalmente invadido por ella; y, durante todo el día de mañana, cada vez que recuerdes ese sueño, sentirás tu corazón henchido por la ternura.

TASSO: Gran consuelo: un sueño en lugar de lo verdadero[6].

6. En el original *vero*, que puede traducirse como «verdadero», por cuanto opuesto a «falso», que no se ha de confundir con el término *verità* («verdad»).

GENIO: ¿Qué es lo verdadero?

TASSO: Pilates no lo supo menos de lo que lo sé yo[7].

GENIO: Bien, yo responderé por ti. Recuerda que entre la realidad y el sueño no hay más diferencia que la de que este puede a veces ser mucho más bello y dulce de lo que aquella pueda serlo jamás.

TASSO: ¿Vale, pues, lo mismo un placer soñado que uno verdadero?[8].

GENIO: Así lo creo. Es más, conozco a uno que, cuando la mujer a la que ama se le presenta ante los ojos en algún sueño gentil, durante todo el día siguiente evita encontrarse con ella y volver a verla, pues sabe que ella no podría salir ilesa de la comparación con la imagen que el sueño le ha dejado impresa, y que la realidad, borrando de su mente lo falso, le privaría del extraordinario deleite que obtiene de ello. Por esto no se debe condenar a los antiguos, mucho más cuidadosos, preparados y laboriosos que vosotros acerca de toda suerte de gozo posible para la naturaleza humana, pues tuvieron por costumbre procurar en muy diversos modos la dulzura y la felicidad de los sueños. Ni se debe reprender a Pitágoras por haber prohibido comer judías, al creerlas nocivas para la tranquilidad de los sueños y causa

Hemos optado por «verdadero», aunque podría haberse elegido «realidad» (dado el carácter filosófico del término leopardiano, que se refiere a la visión del mundo que aporta la razón científica al margen de las ilusiones) para facilitar el enlace posterior con la cita bíblica. (N. de la T.).

7. «Pilatos preguntó: ¿Qué es la verdad?» a Jesús, en el Evangelio de Juan XVIII-38. (N. de la T.).

8. En *Zibaldone* 168 (12-23 de julio de 1820), Leopardi afirma que la imaginación es la primera fuente de felicidad humana y que la percepción de la realidad la limita; que la naturaleza no ha querido que se la percibiera como una facultad engañosa, sino más bien de conocimiento, y que por ello ha establecido que los sueños se perciban como cosas reales. (N. de la T.).

de su enturbiamiento[9]; y deben excusarse a los supersticiosos que antes de acostarse solían orar y hacer libaciones a Mercurio, conductor de los sueños, para que este se los procurase alegres, y que, a tal efecto, tenían su imagen entallada en las patas de los camastros[10]. Así, al no hallar nunca la felicidad en el tiempo de la vigilia, intentaban ser felices durmiendo, y creo que en parte y de alguna manera lo lograban, y que por Mercurio eran servidos mejor que por otros dioses.

TASSO: Por tanto, ya que los hombres nacen y viven solo para el placer, ya sea del cuerpo o del alma; y si, por otra parte, el placer, solo o en su mayor parte, se halla en los sueños, será conveniente que decidamos vivir para soñar; a lo cual, en verdad, no puedo rendirme.

GENIO: Ya estás rendido y determinado a hacerlo puesto que vives y aceptas vivir. ¿Qué es el placer?

TASSO: No tengo tanta práctica como para poder conocer qué es.

GENIO: Nadie lo conoce por la práctica, sino solo por especulación, porque el placer es un sujeto especulativo, no real; un deseo, no un hecho; un sentimiento que el hombre concibe con el pensamiento y no experimenta; o, dicho mejor, un concepto y no un sentimiento. ¿No os dais cuenta de que, en el instante mismo de cualquiera de vuestros deleites, aunque deseado infinitamente y alcanzado con es-

9. Apollonio, *Hist. commentit.*, cap. 46. Cicerone, *de Divinat.*, lib. 1, cap. 30; lib. 2, cap. 58. Plinio, lib. 18, cap. 12. Plutarco, *Convival. Quaestion.*, lib. 8, *quaest.* 10, opp. tom. 2, p. 734. Dioscoride, *de Materia Medica,* lib. 2, cap. 127. *(Nota de Leopardi).*
10. Meursio, *Exercitat. critic.*, par. 2, lib. 2, cap. 19, opp. vol. 5, col. 662. *(Nota de Leopardi).*

fuerzos y dificultades indecibles, no pudiendo contentaros del gozo que obtenéis en cada uno de esos momentos, siempre esperáis un gozo mayor y más verdadero, en el que consista en definitiva aquel placer, y vais como llevándoos constantemente a los instantes futuros de ese mismo deleite? El cual se acaba siempre antes de la llegada del instante que os satisfaga, y no os deja más que la esperanza ciega de gozar mejor y más verdaderamente en otra ocasión, y el consuelo de fingir y contaros a vosotros mismos que habéis gozado, contándoselo también a los demás, no ya por ambición, sino por ayudaros —persuadiéndoles— a persuadiros de lo que querríais lograr en vosotros mismos. Mas quien consiente en vivir no lo hace, en sustancia, con otra intención ni con otra utilidad que la de soñar, es decir, creer que va a gozar o que ha gozado, ambas cosas fantasiosas y falsas.

TASSO: ¿Nunca pueden los hombres creer que están gozando en el presente?

GENIO: Si creyesen en esto, de hecho gozarían. Pero cuéntame tú si en algún instante de tu vida recuerdas haber dicho con plena sinceridad y convicción: «yo gozo». Más bien a menudo dijiste y dices sinceramente: «yo gozaré»; y muchas veces, aunque con sinceridad menor, «yo he gozado». De manera que el placer es siempre pasado o futuro, pero nunca presente.

TASSO: Que es como decir que es siempre nada.

GENIO: Así parece.

TASSO: También en los sueños.

GENIO: Hablando con propiedad.

TASSO: Y sin embargo, el objeto y el intento de nuestra vida, no solo esencial, sino único, es el placer mismo, entendiendo por placer la felicidad, la cual, proceda de lo que proceda, tiene efectivamente que ser placer.

GENIO: Exacto.

TASSO: Por tanto nuestra vida, al carecer siempre de su fin, es perpetuamente imperfecta, y vivir es, por tanto, por su propia naturaleza, un estado violento.

GENIO: Quizá.

TASSO: Yo no veo el «quizá». Pero entonces, ¿para qué vivimos? Quiero decir, ¿por qué consentimos en vivir?

GENIO: ¿Qué puedo saber yo de eso? Mejor lo sabréis vosotros que sois hombres.

TASSO: Yo te juro que no lo sé.

GENIO: Pregúntales a otros más sabios y quizá encuentres a alguien que resuelva esa duda.

TASSO: Así lo haré. Pero ciertamente esta vida que yo llevo es toda ella un estado violento, porque, incluso dejando de lado los dolores, el simple tedio me mata.

GENIO: ¿Qué es el tedio?

TASSO: Aquí no me falta experiencia para poder satisfacer tu pregunta. A mí me parece que el tedio tiene la misma naturaleza que el aire, que llena todos los espacios que se interponen entre las cosas materiales y todos los vacíos contenidos en cada una de ellas; y que allí donde un cuerpo se va y otro no le sustituye, este inmediatamente toma su lugar. De modo que todos los intervalos de la vida colocados entre los placeres y los dolores están ocupados por el tedio. Y así como, según los peripatéticos, en el mundo material no se da vacío alguno, así en nuestra vida solo se da vacío cuando la mente, por una causa cualquiera, interrumpe el uso del pensamiento. Por todo el resto del tiempo el alma, considerada también en sí misma y como separada del cuerpo, se halla conteniendo alguna pasión, ya que el ser vaciada de todo placer y dolor al alma le implica estar llena de tedio, que también es una pasión, no menos que el dolor o el deleite.

GENIO: Y dado que todos vuestros deleites son de una materia similar a la de las telarañas, levísima, muy densa y transparente, por ello, igual que el aire en la tela, el tedio penetra en ellos por todas partes y los llena. En realidad, por tedio, no creo que deba entenderse otra cosa sino el puro deseo de felicidad no satisfecho por el placer y no ofendido abiertamente por el dolor. El cual deseo, como decíamos antes, nunca es satisfecho y el placer propiamente no se encuentra. Así que la vida humana está, por así decir, compuesta y entretejida en parte por el dolor y en parte por el tedio, hallando reposo de cada uno de ellos solo cayendo en el otro. Y este no es tu destino particular, sino el destino común a todos los hombres.

TASSO: ¿Qué remedio podría salvarnos del tedio?

GENIO: El sueño, el opio y el dolor. Y este último es el más potente de todos, porque el hombre mientras sufre no se aburre de ninguna manera.

TASSO: En lugar de esta medicina yo me conformo con aburrirme toda la vida. Pero también la variedad de las acciones, de las ocupaciones y de los sentimientos, si bien no nos libera del tedio al no conceder un deleite verdadero, sin embargo nos alivia y aligera nuestra carga. Mientras que en este cautiverio, separado de la sociedad, habiéndome privado incluso de la escritura, reducido a anotar las campanadas del reloj por pasatiempo, a contar las vigas, las fisuras y las termitas del palco, a mirar las baldosas del suelo, a entretenerme con las mariposas y las mosquitas que vagan por la habitación, a pasar casi todas las horas de la misma manera, yo no tengo nada que me disminuya de algún modo el peso del tedio.

GENIO: Dime, ¿cuánto hace que te has reducido a esta forma de vida?

TASSO: Muchas semanas, como bien sabes.

GENIO: ¿No has notado, desde el primer día hasta hoy, alguna diferencia en la molestia que te produce?

TASSO: Es verdad que me aburría más al principio, y que poco a poco la mente, no ocupada en nada y no distraída, se me va acostumbrando a conversar consigo misma mucho más y con mayor placer que antes, y va adquiriendo un hábito y tal capacidad de hablarse a sí misma —es más, de cotorrear—, que muchas veces me parece casi estar en compañía de personas que están conversando, y cualquier mínimo tema que se me presente al pensamiento me basta para hacer conmigo mismo una gran conversación.

GENIO: Verás confirmarse en ti ese hábito y crecer cada día, de manera que, cuando se te devuelva la facultad de frecuentar a otros hombres, te parecerá que estás más desocupado estando en su compañía que en soledad. Y no creas que esta adaptación a tal tenor de vida le sucede solo a los que están como tú, ya acostumbrados a meditar, pues le sucede más o menos a cualquiera. Además, el estar separado de los hombres y, por así decir, de la vida misma, conlleva esta utilidad: que el hombre, si bien lúcido, lleno de conocimiento y desencantado de las cosas humanas debido a la experiencia, poco a poco, acostumbrándose de nuevo a mirarlas desde lejos —desde donde se muestran mucho más bellas y más dignas que de cerca—, se olvida de vanidad y miseria de estas, vuelve a formarse y casi a crearse el mundo a su manera, vuelve a apreciar, a amar y a desear la vida, de cuyas esperanzas —si no le es arrebatado el poder tenerlas o la confianza de reintegrarse en la sociedad de los hombres— se va nutriendo y deleitando como solía en sus primeros años. De manera que la soledad hace casi el mismo papel que la juventud, o cuando menos rejuvenece el alma, devuelve el valor y reactiva la imaginación, y renueva en el hombre experimentado los beneficios de aquella primera inexperiencia que tú recuerdas con nostalgia. Yo te dejo, pues veo que el sueño te va entrando, y me voy a preparar el bello sueño que te he prometido. Así, entre soñar y fantasear, irás consumando la vida con ninguna otra utilidad que la de consumarla, que es el único fruto que del mundo se puede obtener y el único fin que debéis proponeros cada mañana al despertar. Muy a menudo tenéis casi que arrastrarla con los dientes; dichoso el día en que podéis tirar de ella con las manos o llevarla sobre la espalda. Pero, en definitiva, tu tiempo no corre más lentamente en esta cárcel de lo que corre en los salones y en los jardines de aquel que te oprime. Adiós.

TASSO: Adiós. Pero escucha. Tu conversación me reconforta mucho. No es que interrumpa mi tristeza, pero esta, que la mayor parte del tiempo es como una noche oscurísima sin luna ni estrellas, mientras estoy contigo, se parece al oscurecer de los crepúsculos, más grato que molesto. Para que yo pueda a partir de ahora llamarte o encontrarte cuando te necesite, dime dónde sueles habitar.

GENIO: ¿Aún no lo has entendido? En algún licor generoso.

EL PENSAMIENTO DOMINANTE[11]

Dulcísimo, potente
dominador de mi profunda mente;
terrible pero caro
don del cielo; consorte
de mis lúgubres horas,
pensamiento que a mí tanto retornas.
De tu natura arcana
¿quién no habla? ¿Tu poder por doquier
quién no sintió? Mas siempre
que a decir sus efectos
a las lenguas el sentimiento incita
paréceles nuevo lo que medita.

¡Cuán solitaria se hizo
mi mente desde la hora
en que tú en ella moras!
Veloces, en torno, como un rayo
los demás pensamientos
se me dispersan. Como una torre
en retirado campo
tú estas solo, gigante, en medio de ella.

11. Canto n.º XXVI, perteneciente al llamado ciclo de *Aspasia*, compuesto por varias poesías amorosas que fueron escritas probablemente entre 1831 y 1835 y que narran el amor apasionado y no correspondido de Leopardi por la florentina Fanny Targioni Tozzetti. La *immoderata cogitatio* de la tradición lírica amorosa adopta en Leopardi especiales connotaciones polémicas, pues al elevar su espíritu le hace aún más insoportable el «siglo muerto», rendido al utilitarismo y reacio a toda auténtica nobleza. La palabra «amor» no aparece en toda la composición, lo cual, sin embargo, hace que domine tácitamente todo el discurso. *(N. de la T.)*.

Qué se han vuelto, más allá de ti solo,
toda obra terrena,
toda vida, a mis ojos!
¡Qué intolerable tedio,
el ocio, los asuntos,
y de vano placer vana esperanza,
al lado de ese gozo
gozo celeste que de ti me alcanza!

Como de las puras rocas
del áspero Apenino
a un campo verde que lejos sonría
vuelve la vista, ansioso, el peregrino;
tal yo del seco y crudo
mundano conversar, con tanto gusto
a ti vuelvo cual a alegre jardín:
cura mis sentidos hallarte aquí.

Casi increíble parece
que la vida infeliz y el mundo estulto
tanto y tan largo tiempo
sin ti yo soportara;
casi entender no puedo
que por otros deseos
no símiles al tuyo otros suspiren.
Nunca ya tras haber
probado esta vida
temor de la muerte asola mi pecho.
Hoy me parece un juego
esa que el mundo inepto,
aun exaltando a veces
siempre aborrezca y tema

necesidad extrema;
y si hay peligro, con una risa
su advertencia mi mirada fija.

Siempre a los cobardes y toda alma
avariciosa, abyecta
tuve en desprecio. El acto lamentable
hiere mi sentir presto
y se muestra a mi alma cada ejemplo
de la humana vileza despreciable.
De esta edad soberbia,
que de vacuas esperanzas se nutre,
que ama el parloteo y la virtud odia;
estúpida, que reclama lo útil
y no ve que la vida
se vuelve cada día más inútil;
mejor soy. En escarnio
tengo al humano juicio,
y el bajo vulgo que todo hace feo
de ti despreciador, yo pisoteo.

¿Ante aquel del que emanas
qué afectos no ceden?[12]
Es más, ¿qué otro afecto sino él tiene
entre mortales sede?
Avaricia, soberbia, odio, desdén,
deseo de honor, de reinos,
¿qué son sino apetitos

---

12. El pensamiento de amor nace de Amor, y todos los afectos son inferiores
a él. (*N. de la T.*).

en parangón con él? Un solo afecto
pervive entre nosotros: solo uno
prepotente señor,
dio las eternas leyes al amor.

Valor no tiene ni razón la vida
sino por él que para el hombre es todo;
sola disculpa al hado
que puso en tierra al mortal
para tanto penar sin otro fruto;
solo por el cual, en algún instante
no a la gente fatua, al que no es vil,
la vida de la muerte es más gentil.
Por acoger tus gracias, pensamiento,
comprobar las humanas pesadumbres
y sostener por años
esta vida mortal no fue indigno;
y aún regresaría,
como ahora, de nuestro mal experto,
bajo tal signo a comenzar el curso;
que entre arena y viperinos ataques
nunca a ti tan cansado
por el mortal desierto
vine, como para que nuestras penas
no las juzgara por tu bien vencidas.

¡Qué mundo es, qué nueva
inmensidad, qué paraíso es aquel
donde a menudo tu estupendo encanto
parece alzarme, en que yo,
vagando en otra luz que la ordinaria

mi terrenal estado
y todo lo real pongo en olvido!
Tales, creo, los sueños
de los inmortales. En fin, un sueño
en parte, que lo real hace bello
eres tú, dulcísimo pensamiento;
sueño y patente error. Mas de natura,
entre amenos errores,
divina eres[13]; por tan viva y fuerte
que contra lo real constante duras,
y a menudo a lo real te adecúas
y solo te disipas con la muerte.

Y tú, sin duda, oh mi pensar, tú solo
vital para mis días,
razón dilecta de infinito afán,
conmigo serás por la muerte extinto;
con vivos signos en el alma siento
que eres mi eterno señor por destino.
Otros suaves engaños
con el verdadero aspecto solían
un poco atenuarse[14]. Cuanto más vuelvo
a ver de nuevo a aquella
de la que razonando en ti yo vivo
crece ese gran deleite
crece ese gran delirio, en que respiro.

---

13. El pensamiento dominante es en sí un error, pero de naturaleza divina, que perdura ante la realidad y que a menudo se adecúa a esta desapareciendo solo en el momento de la muerte. (*N. de la T.*).
14. En otros amores la presencia real de la persona amada atenuaba la imagen que la fantasía se había forjado. (*N. de la T.*).

¡Angélica beldad!
Incluso el más bello rostro que admiro
me parece, como una falsa imagen,
tu rostro imitar. Tú, única fuente
de gracia y ventura,
sola muestras verdadera hermosura.

Desde que te vi, ¿de cuál
de mis celosos cuidados final
no fuiste tú? ¿Cuánto del día pasa
sin pensarte? Al sueño
tu soberana imagen
cuántas veces faltó? Bella cual sueño,
angélica semblanza
en la terrena estancia,
en las vías del universo entero,
qué pido yo, qué espero
sino ver tus ojos con más anhelo,
sino tener tu dulce pensamiento.

6. El desierto, la retama y el volcán

De *Zibaldone*

137-140, 26 de junio de 1820

Mientras yo estaba disgustadísimo de la vida, sin ninguna esperanza y tan deseoso de la muerte que me desesperaba por no poder morir, me llegó una carta de aquel amigo mío que siempre me había animado a tener esperanza, rogándome que viviera, asegurándome, como hombre de suma inteligencia y gran fama que era, que yo llegaría a ser grande y glorioso para Italia. En esa carta me decía que comprendía muy bien mis desventuras (Piacenza, 18 de junio de 1820), que si Dios me mandaba la muerte la aceptase como un bien y que él mismo la deseaba para sí mismo y para mí por el amor que me profesaba. ¿Creeréis que esta carta, en lugar de separarme más de la vida, me devolvió el apego por aquello que había abandonado? ¿Me creeréis si os digo que, pensando en las esperanzas pasadas, en los consuelos y presagios que me hizo mi amigo —al que ahora parecía no importarle ya el verlos realizados, ni aquella grandeza que me había prometido—, y que, repasando al azar mis obras y mis estudios, recordando mi niñez, los pensamientos y deseos, las bellas visiones y las ocupaciones de la adolescencia, se me abría el corazón de tal manera que ya no podía renunciar a la esperanza y la muerte me asustaba? No ya en cuanto muerte, sino como anuladora de toda la bella expectativa pasada. Y, sin embargo, aquella carta no me decía nada que yo no me dijese ya a mí mismo cada día, y coincidía ni más ni menos con mi opinión.

Para tal efecto encuentro las siguientes razones:

1. que las cosas que de lejos parecen tolerables de cerca cambian de aspecto. Aquella carta y aquel deseo me situaban en una especie de superstición, como si las cosas se constriñesen y la muerte realmente se acercase; y si de lejos me había parecido fácil de soportar —es más, la única cosa deseable—, de cerca me parecía dolorosa y formidable;

2. yo consideraba aquel deseo de muerte como heroico. Sabía bien que no me quedaba otra cosa, pero, de hecho, también me complacía en el pensamiento de la muerte como en una imaginación. Creía cierto que mis poquísimos amigos —pero estos pocos sí, y, concretamente, el ya nombrado— me querían vivo, que no consentían mi desesperación y que, si yo hubiese muerto, se habrían quedado sorprendidos y abatidos y habrían dicho: «Entonces, ¿todo ha acabado? ¡Oh, Dios, tantas esperanzas, tanta grandeza de espíritu, tanto ingenio sin fruto alguno! Ni gloria, ni placeres: todo ha pasado, como si nunca hu-

biese sido». Pero pensar que fuesen a decir: «Loado sea el señor, ha dejado de sufrir, me alegro por él, que no le quedaba otro bien. Descanse en paz»; este cerrarse casi espontáneo de la tumba sobre mí, este súbito e integral consuelo de mi muerte en mis seres queridos, aunque razonable, me ahogaba con el sentimiento de mi total anulación. La previdencia de tu muerte en tus amigos, que los consuela anticipadamente, es la cosa más horrible que puedas imaginar;

3. el estado, no de mi razón (que veía la realidad), sino de mi imaginación, era este. La necesidad y la ventaja de la muerte, que era real, producía en mí el efecto de una ilusión con la que la imaginación se encariña, y la ventaja y las esperanzas de la vida, que eran ilusorias, estaban en el fondo de mi corazón como la realidad. Aquella carta de mi amigo puso estas cosas al revés. En definitiva, esta vida es una carnicería sin la imaginación, y la desventura más extrema se vuelve aún peor y se parece a un verdadero infierno cuando eres despojado de aquella sombra de ilusión que la naturaleza siempre suele dejarnos. Si te sobreviene una calamidad sin remedio (y en cualquier asunto doloroso), el comunicarte con un amigo y el sentir que este te confirma enteramente aquello que tu razón ya veía muy claro te quitan todo residuo de esperanza, y, pareciéndote entonces percatarte de la totalidad e inevitabilidad de tu mal, caes en la plena desesperación.

De estas consideraciones, aprende cómo debes regularte cuando consueles a una persona afligida. No te muestres incrédulo ante su mal si es real, pues no la persuadirías y la abatirías aún más privándola de la compasión. Ella conoce bien su mal, y tú, confesándolo, estarás de

acuerdo con ella. Pero en el fondo del fondo de su cora-
zón le queda una gota de ilusión. Incluso los más desespe-
rados, créeme, la conservan por beneficio constante de la
naturaleza. Cuídate de no secársela, y antes peca de ate-
nuar su mal y de mostrarte poco compasivo que de secun-
darle en aquello en lo que su imaginación aún contradice
a su razón. Aunque exagere su calamidad, ten por seguro
que en lo más íntimo de su corazón (es decir, en un fondo
oculto incluso para sí mismo) hace todo lo contrario. No
debes sintonizarte con sus palabras sino con su corazón,
porque así como secundando su corazón dotarás de cierta
realidad a aquella sombra de ilusión que le queda, de ha-
cer lo contrario, le darás un golpe extremo y mortal. En
ese caso, la soledad y el desierto le habrían consolado me-
jor que tú, porque habría tenido consigo la naturaleza,
siempre dispuesta a hacer feliz y a consolar. Hablo de las
calamidades gravísimas y reales que llevan a la desespera-
ción de la vida, no de las ligeras, en las cuales, al contrario,
se desea ser creído exagerando, ni tampoco de aquellas
que provienen de grandes ilusiones y pasiones, en las que
el hombre quizá busca y quiere la desesperación y rehú-
ye el consuelo.

306-307

Apelamos cada día a la posteridad. En las cosas en las que
los defectos o vicios de los contemporáneos —en cuanto
contemporáneos— perjudican a la justicia, al recto juicio, a
las retribuciones debidas, etc., está bien. Pero en todo lo
demás, en todo lo que concierne a los vicios de los hom-

bres como hombres, o como animales depravados, no sé cuánto nos favorecerá esta apelación. Si pudiésemos apelar a los hombres del pasado seríamos más afortunados, pero la costumbre del mundo ha sido siempre la de empeorar, y que el futuro fuese peor que el presente y el pasado. Las generaciones mejores no son las que están por llegar, sino las pasadas, y no hay esperanza de que el mundo cambie de costumbre y recule en vez de avanzar; y avanzando ya no puede hacer nada más que empeorar. Sobre todo porque a estos tiempos y costumbres presentes no parece que puedan sucederles —ni derivar de ellos— otros tiempos y costumbres peores. Veamos por tanto qué nos queda por esperar de la posteridad.

352-352

Nombrando a nuestros predecesores solemos decir: los buenos antiguos, nuestros buenos antiguos. Todo el mundo tiene la opinión de que los antiguos eran mejores que nosotros, tanto los ancianos, que por ello los elogian, como los jóvenes, que por ello los desprecian. Lo cierto es que el mundo en esto no se engaña: lo cierto es que, sin pensarlo, reconoce y confiesa todos los días su deterioro. Y no lo hace solamente con esta frase, sino de mil otras maneras; y sin embargo ni siquiera se le pasa por la cabeza volver atrás, es más, solo cree honroso ir siempre hacia adelante, y, por una de las típicas contradicciones, se persuade y tiene por seguro que avanzando mejorará y que no podrá mejorar sino avanzando; y consideraría estar perdido si retrocediera.

Fragmento del suicidio[1]

¿De qué sirve decir que el hombre ha cambiado? Si la naturaleza envejeciese o pudiese cambiar, etc. Pero ya que, etc., y la felicidad que la naturaleza nos ha destinado y los medios para obtenerla son siempre inmutables y únicos, ¿a qué fin nos conducirá haberlos abandonado? ¿Qué demuestran tantas muertes voluntarias, etc., sino que los hombres están cansados y desesperados de esta existencia? Antiguamente, los hombres se mataban por heroísmo, por ilusiones, por pasiones violentas, etc., y sus muertes eran ilustres, etc. Pero ahora, cuando el heroísmo y las ilusiones han desaparecido, ¿qué quiere decir que el número de suicidios haya crecido tanto, y no solamente en las personas ilustres —a causa de grandes desventuras, como antaño, y dotadas de gran imaginación—, sino en todas las clases, hasta el punto de que estas muertes ya no son ni siquiera ilustres? ¿Qué quiere decir que Inglaterra ha sido siempre más fecunda en esto que otros lugares? Quiere decir que en Inglaterra se medita más que en otros lugares —y donde se medita, sin imaginación y entusiasmo, se detesta la vida—; quiere decir que el conocimiento de las cosas conduce al deseo de la muerte, etc. Y ahora se ven muertes voluntarias llevadas a cabo con toda frialdad. Y en efecto, si quitamos el temor o la esperanza en el futuro, no hay tan mezquino calculador que, ponderando las partidas de una vida nula, muerta, llena de dolor y de tedio seguro, inevitable, etc., etc., etc.

Y sin embargo el suicidio es la cosa más monstruosa en la naturaleza, etc., etc.

1. Compuesto a finales de 1820. (*N. de la T.*).

Ya no es posible engañarse o disimular. La filosofía nos ha hecho conocer tanto, que aquel olvido de nosotros mismos, que antes era fácil, ahora es imposible. O la imaginación recupera su vigor y las ilusiones vuelven a tomar cuerpo y sustancia en una vida enérgica y móvil —y la vida vuelve a ser cosa viva y no muerta, y la grandeza y la belleza de las cosas vuelven a parecer una sustancia, y la religión retoma su crédito—, o este mundo se convertirá en un serrallo de desesperados, o quizá incluso en un desierto. Sé que estos os parecerán sueños y locuras, y sé también que hace treinta años quien hubiese prenunciado esta inmensa revolución, de cosas y de opiniones, de la que hemos sido y somos espectadores y parte no habría encontrado quien se dignara siquiera burlarse de su vaticinio, etc. En definitiva, continuar en esta vida de la que hemos conocido la infelicidad y la nada, sin distracciones vivas y sin aquellas ilusiones sobre las que la naturaleza ha establecido nuestra vida, no es posible.

Mientras tanto, la política sigue siendo casi puramente matemática en lugar de ser filosófica, como si, después de haber destruido cada cosa, a la filosofía le compitiera esforzarse en volver a edificar (de hecho, este debería ser su verdadero objetivo en la actualidad, al revés de como era en los tiempos de ignorancia), y como si no fuese a hacerles nunca un gran bien a los hombres, porque hasta aquí no ha hecho más que pequeños bienes y sumos males. Objeto primitivo de la naturaleza al variar las cosas: la distracción del hombre y hacer que no se fijara largo tiempo en ningún objeto, ni siquiera en el placer, que, tras un largo deseo, cuando se ha alcanzado, se convierte en arena entre dedos. Y como aquellos hebreos que decían *haec est illa*

Noemís?[2], así nosotros siempre inevitablemente decimos: entonces *¿es este el gran placer?* Todo el plan de la naturaleza para la vida humana gira en torno a la gran ley de distracción, ilusión y olvido. Cuanto más esta ley pierde vigor, tanto más el mundo va a la perdición.

Poquísimos están de acuerdo en que las cosas de los antiguos eran realmente más felices que las de los modernos, y estos poquísimos las miran como cosas en las que ya no se debe pensar, porque las circunstancias han cambiado. Pero la naturaleza no ha cambiado, y otra felicidad no se encuentra; y la filosofía moderna no debe jactarse de nada si no es capaz de conducirnos a un estado en el que podamos ser felices. Ya sean cosas antiguas o no antiguas, el hecho es que aquellas convenían al hombre y estas no; y que entonces se vivía también muriendo, y ahora se muere viviendo; y que no hay más medios que los antiguos para volver a amar y a sentir la vida.

La apuesta de Prometeo[3]

El año 833275 del reino de Júpiter, el Colegio de las Musas publicó e hizo anunciar, en los lugares públicos de la ciudad y de los suburbios de Hipernéfelo[4], diversas cédulas en las que invitaba a todos los dioses mayores y menores y a todos los habitantes de dicha ciudad, que recientemente o

---

2. Cita de la Biblia, cap. 1-19 del libro de Rut. Literalmente: «¿No es esta Noemí?». *(N. de la T.).*
3. Obra escrita entre el 30 de abril y el 8 de mayo de 1824. *(N. de la T.).*
4. Hipernéfelo significa «sobre las nubes»; un diálogo de Luciano de Samósata, *Icaromenippo*, se titula también así. *(N. de la T.).*

en el pasado hubiesen realizado cualquier loable inven-
ción, a proponerla —material o figurativamente o por escri-
to— a algunos jueces elegidos por ese colegio. Y disculpán-
dose de que, debido a su conocida pobreza, no pudiera
mostrarse tan liberal como habría querido, prometía como
premio al hallazgo que resultara juzgado el más bello y
fructuoso una corona de laurel, con el privilegio de poderla
llevar en la cabeza día y noche, en privado y en público, en
la ciudad y fuera de ella; y poder ser pintado, esculpido, in-
cidido, fundido, representado en cualquier modo y materia
con aquella corona en la cabeza.

Concursaron para este premio no pocos celestes por pa-
satiempo —algo no menos necesario para los habitantes de
Hipernéfelo que para los de las otras ciudades—, sin ningu-
na aspiración por aquella corona, que, en sí, no valía el pre-
cio de una boina de tela; y en cuanto a la gloria, si ya los
hombres que se han hecho filósofos la desprecian, se pue-
de imaginar cuánta consideración puedan tener de ella los
dioses, tanto más sabios que los hombres —es más, los úni-
cos sabios según Pitágoras y Platón—.

Por tanto, dando un ejemplo único y hasta entonces
inaudito en casos similares, el premio fue adjudicado sin la
intervención de peticiones, favores, promesas ocultas o ar-
tificios. Los seleccionados fueron tres: Baco, por la inven-
ción del vino; Minerva, por la del aceite, necesario para las
unciones que los dioses realizan cotidianamente en sus ba-
ños, y Vulcano, por haber descubierto una olla de bronce,
llamada «económica», que sirve para cocer lo que sea en un
pequeño fuego y a gran velocidad. Así, teniendo que divi-
dir el premio en tres partes, a cada uno le tocaba apenas
una ramita de laurel. Sin embargo, los tres rechazaron tan-

to la parte como el todo. Vulcano alegó que, al pasarse la mayor parte del tiempo en el fuego de la fragua con gran esfuerzo y sudor, le resultaría incomodísimo ese estorbo en la frente; eso sin tener en cuenta el peligro de quemarse o chamuscarse si, por ventura, alguna chispa saltara a esas ramas secas y las incendiara. Minerva dijo que teniendo que sostener en su cabeza un yelmo —como dice Homero— suficiente como para cubrir los ejércitos de cien ciudades, no le convenía nada aumentarse ese peso. Baco no quiso cambiar su mitra y su corona de hojas de parra por la de laurel, aunque la habría aceptado con gusto si le hubiesen permitido ponerla de emblema en el exterior de su taberna; pero las musas no consintieron en dársela para este fin, de manera que la corona quedó en sus arcas.

Ninguno de los competidores por este premio sintió envidia por los tres dioses que lo habían conseguido y rechazado, ni se quejó de los jueces, ni se escandalizó por la sentencia, excepto uno, Prometeo, que fue excluido del concurso por haber presentado el modelo de tierra que había hecho y utilizado para formar a los primeros hombres, con una escritura añadida que declaraba las cualidades y los oficios del género humano inventado por él. Sorprende bastante el enfado de Prometeo —pues ninguno de los demás, ni vencidos ni vencedores, había tomado en serio el concurso—; por ello, al investigar la causa, se ha sabido que Prometeo deseaba con ahínco no solo el honor, sino también el privilegio que le habría proporcionado la victoria. Algunos creen que pretendía hacerse con el laurel para defender su cabeza de las tempestades, igual que Tiberio, de quien se narra que siempre que oía tronar se ponía la corona —pues se creía que el laurel no es abatido por los rayos[5]—. Pero en la ciudad de Hipernéfelo no cae rayo y no truena. Otros, con más verosimilitud, afirman que, debido a los años, Prometeo empieza a perder el pelo; una desventura que, como les sucede a muchos, soporta de muy mala gana, y, al no haber leído las loas a la calvicie escritas por Sinesio, o al no haber sido persuadido por ellas —lo cual es más creíble—, quería, igual que César dictador, esconder bajo la diadema la desnudez de su cabeza.

Pero, volviendo a los hechos, un día, conversando Prometeo con Momo, discutían animadamente sobre el hecho de que el vino, el aceite y las sartenes se hubiesen puesto por encima del género humano, que Prometeo afirmaba ser la mejor obra de los inmortales que aparece en el mundo. Y, pareciéndole que no persuadía lo suficientemente a Momo —que aducía no sé qué razones en contra—, Prometeo le propuso que bajaran los dos juntos a la tierra, que se posaran en el primer lugar que, en cada una de sus cinco partes, hallaran habitada por los hombres y que antes de partir apostaran sobre si en los cinco lugares —o en la mayor parte de ellos— encontrarían o no pruebas manifiestas de que el hombre es la más perfecta criatura del universo. Tras lo cual, una vez aceptada la apuesta por Momo y acordado el precio de la misma, empezaron sin dilación a bajar hacia la tierra, dirigiéndose en primer lugar al nuevo mundo, aquel que, por su propio nombre y por no haber sido pisado hasta ese momento por ningún inmortal, estimulaba mayormente su curiosidad. Aterrizaron en el país de Popayán, en su lado septentrional, a poca distancia del río Cauca, en un

5. Plinio, lib. 16, cap. 30; lib. 2, cap. 55. Suetonio, *Tiber.*, cap. 69. *(Nota de Leopardi).*

lugar donde aparecían muchos signos de presencia humana: vestigios de cultivo en el campo, bastantes caminos, troncos en muchos lugares, árboles cortados y extendidos y, en particular, unas fosas que parecían sepulturas, así como algunos huesos de hombres aquí y allá. Pero pese a ello los dos seres celestiales, aun aguzando sus oídos y extendiendo su vista por los alrededores, no pudieron oír una voz ni hallar una sombra de hombre vivo. En parte caminando y en parte volando, recorrieron muchas millas, cruzando montes y ríos y encontrando por todas partes los mismos signos y la misma soledad. ¿Cómo están ahora tan desiertos estos países —le decía Momo a Prometeo— que, sin embargo, evidentemente han sido habitados? Prometeo recordaba las inundaciones del mar, los terremotos, los temporales y las lluvias torrenciales que él sabía que eran comunes en las regiones cálidas: y, simultáneamente, desde todos los bosques cercanos oían las ramas de los árboles que, agitadas por el aire, destilaban agua sin parar. Pero Momo no lograba comprender cómo podía aquella zona estar sometida a las inundaciones del mar hallándose tan alejada de él que no se veía por ningún lado; y aún menos entendía por qué los terremotos, los temporales y las lluvias habían acabado con todos los hombres del país perdonando, en cambio, a los jaguares, a los monos, a los hormigueros, a las zarigüeyas, a las águilas, a los papagayos y a otras cien especies de animales terrestres y volátiles que andaban por aquellos parajes. Finalmente, bajando a un inmenso valle, descubrieron, por así decir, un pequeño conjunto de casas o cabañas de madera, cubiertas por hojas de palmera y rodeadas, cada una de ellas, por un terreno cercado. Ante una de ellas había muchas personas, en parte de pie, en parte sentadas, en torno a una vasija de cerámica colocada sobre un gran fuego. Tras tomar forma humana, los dos seres celestiales se acercaron, y Prometeo, saludando cortésmente, se dirigió a uno que parecía ser el jefe, y le preguntó: ¿Qué hacéis?

SALVAJE: Comemos, como ves.

PROMETEO: ¿Qué buenas viandas tenéis?

SALVAJE: Esta poca carne.

PROMETEO: ¿Carne doméstica o selvática?

SALVAJE: Doméstica, es más, de mi hijo.

PROMETEO: ¿Tienes por hijo un ternero como lo tuvo Pasífae?

SALVAJE: No un ternero, sino un hombre, igual que todos los demás.

PROMETEO: ¿Lo dices en serio? ¿Comes tu propia carne?

SALVAJE: No mi propia carne, pero sí la de este, pues solo por eso lo he traído al mundo y me he esforzado en alimentarlo.

PROMETEO: ¿Para comértelo?

SALVAJE: ¿De qué te extrañas? Y la madre, que ya no está para hacer más hijos, también pienso comérmela pronto.

MOMO: Igual que se come la gallina después de haber comido los huevos.

SALVAJE: Y las otras mujeres que tengo, cuando ya sean inútiles para parir, igualmente las comeré. Y estos esclavos que veis, ¿creéis que los mantendría vivos si no fuese para comerme de cuando en cuando su progenie? Pero cuando hayan envejecido, a ellos también me los comeré uno a uno, si estoy vivo[6].

---

6. Quiero traer a colación aquí un pasaje verdaderamente poco agradable y poco amable por la materia que trata pero también muy curioso de leer por la

PROMETEO: Dime, ¿estos esclavos son de tu misma nación o de alguna otra?

forma tan natural en la que el autor se expresa. Se trata de Pedro de Cieza, español, que vivió en el tiempo de los primeros descubrimientos y conquistas hechos por sus connacionales en América, donde fue militar y vivió durante diecisiete años. Sobre su veracidad en lo que narra se puede ver la primera nota de Robertson en el sexto libro de *Historia de América*. Traigo sus palabras a la ortografía moderna. «La segunda vez que volvimos por aquellos valles, cuando la ciudad de Antiocha fue poblada en las sierras que están por encima dellos, oí decir, que los señores o caciques destos valles de Nore buscaban por las tierras de sus enemigos todas las mugeres que podían; las cuales traídas a sus casas, usaban con ellas como con las suyas proprias; y si se empreñaban dellos, los hijos que nacían los criaban con mucho regalo, hasta que habían doce o trece años; y desta edad, estando bien gordos, los comían con gran sabor, sin mirar que eran su substancia y carne propria: y desta manera tenían mugeres para solamente engendrar hijos en ellas para después comer; pecado mayor que todos los que ellos hacen. Y háceme tener por cierto lo que digo, ver lo que pasó con el licenciado Juan de Vadillo (que en este año está en España; y si le preguntan lo que digo dirá ser verdad): y es, que la primera vez que entraron Christianos españoles en estos valles, que fuimos yo y mis compañeros, vino de paz un señorete, que había por nombre Nabonuco, y traía consigo tres mugeres; y viniendo la noche, las dos dellas se echaron a la larga encima de un tapete o estera, y la otra atravesada para servir de almohada; y el Indio se echó encima de los cuerpos dellas, muy tendido; y tomó de la mano otra muger hermosa, que quedaba atrás con otra gente suya, que luego vino. Y como el licenciado Juan de Vadillo le viese de aquella suerte, preguntole que para que había traído aquella muger que tenía de la mano: y mirándolo al rostro el Indio, respondió mansamente, que para comerla; y que si él no hubiera venido, lo hubiera ya hecho. Vadillo, oído esto, mostrando espantarse, le dijo: ¿pues cómo, siendo tu muger, la has de comer? El cacique, alzando la voz, tornó a responder diciendo: mira mira; y aun al hijo que pariere tengo también de comer. Esto que he dicho, pasó en el valle de Nore: y en el de Guaca, que es el que dije quedar atrás, oí decir a este licenciado Vadillo algunas vezes, como supo por dicho de algunos Indios viejos, por las lenguas que traíamos, que cuando los naturales dél iban a la guerra, a los Indios que prendían en ella, hacían sus esclavos; a los cuales casaban con sus parientas y vecinas; y los hijos que habían en ellas aquellos esclavos, los comían: y que después que los mismos esclavos eran muy viejos, y sin potencia para engendrar, los comían también a ellos. Y a la verdad, como estos Indios no tenían fe, ni conocían al demonio, que tales pecados les hacía hacer, cuan malo y perverso era; no me espanto dello: porque hacer esto, más lo tenían ellos por valentía, que por pecado». Parte primera de la Chronica del Perú hecha por Pedro de Cieza, cap. 12, ed. de Amberes, 1554, hoja 30 y siguiente. *(Nota de Leopardi).*

SALVAJE: De otra.

PROMETEO: ¿De lejos de aquí?

SALVAJE: Muy lejos; tanto, que entre sus casas y las nuestras había un riachuelo.

Y apuntando a un montículo añadió: «Estaba allí, pero los nuestros la han destruido»[7].

En ese momento, le pareció a Prometeo que algunos de ellos lo estaban observando con esa mirada amorosa que le hace el gato al ratón, de modo que, para no ser devorado por sus propias criaturas, se echó a volar enseguida, y Momo con él. Y tal fue el miedo que tuvieron, que al partir ensuciaron los alimentos de los bárbaros con esa suerte de inmundicia que las arpías desperdigaron por envidia sobre las mesas troyanas[8]; pero ellos, más famélicos y menos esquivos que los compañeros de Eneas, siguieron comiendo. Prometeo, muy decepcionado del nuevo mundo, se dirigió inmediatamente al más viejo, es decir, a Asia, y, cubierta en apenas un instante la distancia que hay entre las nuevas y

7. «El número de indígenas independentistas que habitan las dos Américas disminuye anualmente. Hay todavía alrededor de 500.000 al norte y al oeste de Estados Unidos, y 400.000 al sur de las repúblicas de Río de la Plata y Chile. No es tanto a las guerras que tienen que sostener contra los gobernantes americanos, como a su funesta pasión por los licores fuertes y a las luchas de exterminio que libran entre ellos, a lo que hay que atribuir su rápido decrecimiento. Llevan a tal punto estos dos excesos, que se puede predecir, con certeza, que antes de un siglo habrán desaparecido completamente de esta parte del globo. La obra del Sr. Schoolcraft (titulada *Travels in the central portions of the Mississipi valley;* publicada en Nueva York en el año 1825) está llena de detalles curiosos sobre estos propietarios primitivos del Nuevo Mundo; deberá ser aún más celebrada, ya que es, por así decir, la historia del último período de existencia de un pueblo que se extinguirá». *Revue Encyclopédique,* tom. 28, noviembre de 1825, p. 444. (*Nota de Leopardi,* con el texto citado en francés).

8. Los monstruos de rostro de mujer y cuerpo de pájaro ensuciaron de estiércol las mesas de los troyanos. Virgilio, *Eneida,* 3, vv. 223 y sigs. (*N. de la T.*).

las antiguas Indias, él y Momo bajaron cerca de Agra, a un campo lleno de una infinita masa de gente reunida en torno a una fosa llena de maderas, en el borde de la cual, por un lado, se veía a algunos con antorchas encendidas, a punto de darles fuego, y, por otro, como sobre un palco, a una mujer joven, cubierta con suntuosos vestidos y toda clase de ornamentos bárbaros, la cual, danzando y vociferando, daba signos de grandísima alegría. Viendo esto, Prometeo se imaginó a una nueva Lucrecia —o a una nueva Virginia, o a una emuladora de las hijas de Erecteo, o a una Ifigenia, o a Codro, a Meneceo, a Curcio o a Decio—[9] que, siguiendo la fe de algún oráculo, se inmolase voluntariamente por su patria. Después, al comprender que la razón del sacrificio de la mujer era la muerte del marido, pensó que la joven mujer, cual Alcestis, quería ofrecerse a sí misma para recuperar el espíritu del marido. Pero una vez enterado de que aquella mujer se disponía a quemarse a sí misma solo porque esto se usaba entre las mujeres viudas de su secta, que en realidad siempre había odiado a su marido, que estaba borracha y que el muerto, en vez de resucitar, debía de ser quemado en ese mismo fuego, volviéndole enseguida la espalda a ese espectáculo emprendió camino ha-

9. Personajes de la antigüedad, todos ellos, que tienen en común haberse sacrificado por su patria. Lucrecia se suicida al no tolerar la deshonra que le impone Tarquinio Sexto. Virginia fue asesinada por su padre para evitar que fuese ultrajada por Apio Claudio. Las hijas de Eretreo, rey de Atenas, se inmolaron para aplacar la ira de Neptuno contra su padre. Ifigenia, hija de Agamenón, fue sacrificada por su padre para conseguir vientos favorables para su travesía por mar. Codro, rey de Atenas, se sacrificó por la victoria de su patria en la guerra. El tebano Meneceo se inmoló para salvar a su ciudad durante el asedio a Tebe. Curcio se arrojó con su caballo a un precipicio para aplacar la ira de los dioses. Los Decios se sacrificaron en la batalla por la victoria de Roma. (N. de la T.).

cia Europa, manteniendo con su compañero, durante el viaje, el siguiente diálogo.

Momo: Cuando robabas con gran peligro el fuego del cielo para comunicarlo a los hombres, ¿habrías pensado que estos se servirían de él para cocerse los unos a los otros en el caldero o para quemarse a sí mismos por voluntad propia?

Prometeo: Por supuesto que no. Pero considera, querido Momo, que los que hemos visto hasta ahora son bárbaros y que no se debe juzgar la naturaleza de los hombres basándose en los bárbaros, sino más bien en los civilizados, hacia los cuales vamos ahora; y estoy convencido de que entre ellos veremos y oiremos cosas y palabras que te parecerán dignas no solamente de admiración, sino de estupor.

Momo: Si los hombres son el género más perfecto del universo, no veo cómo sea necesario que estén civilizados para que no se den fuego a sí mismos y no se coman a sus propios hijos, cuando entre los demás animales, aunque todos sean bárbaros, ninguno se quema voluntariamente —excepto el Fénix, que no existe—. Muy raramente se comen a uno de los suyos, y aún más raramente se alimentan de sus hijos —y en ese caso siempre por algún accidente insólito, no por haberlos generado con ese fin—. Además, ten en cuenta que, de las cinco partes del mundo, una sola —y no entera, es más, una parte mucho más pequeña que cualquiera de las otras cuatro— está dotada de la civilización que tú elogias, incluso añadiéndole algunas pequeñas porciones de otras partes del mundo. Y tú mismo no querrás decir que allí la civilización esté tan cumplida como para afirmar que hoy día todos los hombres de París o de Filadelfia tengan la perfección que corresponde a su especie. Ahora bien, ¿cuánto tiempo han tenido que penar estos pueblos para alcanzar el estado actual de civilización no todavía perfecta? Tantos años como se puedan contar desde el origen del hombre hasta los tiempos recientes. Y casi todas las invenciones de mayor necesidad o de mayor provecho para la consecución del estado civilizado han tenido su origen no en la razón, sino en casos fortuitos. De modo que la civilización humana es obra de la suerte más que de la naturaleza: de hecho, donde estos casos no se han dado, vemos que los pueblos siguen siendo bárbaros, aunque tengan tanta edad como los pueblos civilizados. Por tanto digo: si el hombre bárbaro muestra que es inferior en muchos aspectos a cualquier otro animal; si incluso hoy la civilización, que es lo opuesto de la barbarie, solo es poseída por una pequeña parte del género humano; si, además de eso, esta parte solo ha podido llegar al presente estado civilizado después de una innumerable cantidad de siglos y por beneficio sobre todo de la casualidad más que de otra razón, y si, por último, incluso ese estado civilizado no es perfecto, considera si tal vez tu sentencia acerca del género humano no sería más verdadera planteándola de esta manera: es decir, diciendo que este sí es verdaderamente el más alto entre los géneros, como tú piensas, pero el más alto en la imperfección, no en la perfección, a pesar de que, al hablar y juzgar, los hombres confundan continuamente la una con la otra, argumentando desde determinados supuestos que se han construido y que consideran verdades palpables. Es verdad que, desde el principio, los otros géneros de criaturas fueron absolutamente perfectos cada uno por sí mismo. Y aunque no fuera evidente que el hombre bárbaro, comparado con los demás animales, es el peor de todos ellos, no me convence la idea de que el ser naturalmente más imperfecto en su propio género, como parece ser el hombre, deba considerarse como una perfección mayor que todas las demás. Añádele a eso que la civilización humana, tan difícil de alcanzar —y acaso imposible de llevar a cumplimiento—, tampoco es tan estable como para no poderse caer, como de hecho ha sucedido muchas veces y en varios pueblos que habían alcanzado una buena parte de civilización. En definitiva, concluyo que si tu hermano Epimeteo les hubiese llevado a los jueces el modelo que debió de usar cuando formó el primer asno o la primera rana, quizá hubiese ganado el premio que tú no has conseguido. De todos modos, te concederé con gusto que el hombre es totalmente perfecto si tú te decides a admitir que su perfección se parece a la que se le atribuía al mundo según Plotino: el cual decía que es óptimo y perfecto absolutamente, aunque para que sea perfecto conviene que contenga, entre otras cosas, también todos los males posibles: de hecho, en él se halla tanto mal como el que puede caber. Y en este aspecto quizá le concedería igualmente a Leibniz que el mundo actual es el mejor de todos los mundos posibles.

No hay duda de que Prometeo no tenía preparada una respuesta clara, precisa y dialéctica a todas estas razones, pero es igualmente cierto que no la dio porque, en ese mismo momento, se encontraron sobre la ciudad de Londres, donde, tras bajar y ver una gran multitud de gente acudir corriendo a las puertas de una casa privada, mezclándose entre la multitud, entraron en la casa, donde vieron, sobre una cama, a un hombre tendido boca arriba que tenía en la diestra una pistola, herido en el pecho y muerto; y, junto a él, dos niños igualmente muertos. En la habitación había bastantes personas de la casa y algunos jueces que les interrogaban mientras un oficial escribía.

PROMETEO: ¿Quiénes son estos desgraciados?

CRIADO: Mi señor y sus hijos.

PROMETEO: ¿Quién los ha matado?

CRIADO: El señor, a los tres.

PROMETEO: ¿Quieres decir a los niños y a sí mismo?

CRIADO: Eso es.

PROMETEO: ¡Oh! ¡Qué es esto! Ha debido de pasarle alguna terrible desgracia.

CRIADO: Ninguna, que yo sepa.

PROMETEO: ¿Acaso era pobre, o despreciado por todos, o desafortunado en amor o en la corte?

CRIADO: Al contrario, era riquísimo y creo que todos lo apreciaban. Por el amor no se preocupaba, y en la corte tenía todo el favor.

PROMETEO: Entonces, ¿cómo ha caído en tal desesperación?

CRIADO: Según ha dejado escrito, por tedio de la vida.

PROMETEO: ¿Y estos jueces qué hacen?

CRIADO: Se informan de si el señor había enloquecido o no; pues en caso de que no hubiese enloquecido, sus haberes recaerían en las arcas públicas por ley y no se podría hacer nada para evitarlo.

PROMETEO: Pero, dime, ¿no tenía ningún amigo o pariente al que pudiese encomendar a estos niños en lugar de asesinarlos?

CRIADO: Sí que los tenía: entre otros, uno muy cercano al cual ha encomendado a su perro.

Momo estaba a punto de congratularse con Prometeo de los buenos efectos de la civilización y de la alegría que parecía producir en nuestras vidas; y también de recordarle que ningún otro animal, aparte del hombre, se mata voluntariamente a sí mismo, ni apaga por desesperación la vida de sus hijos. Pero Prometeo lo previno y, sin preocuparse por ver las dos partes del mundo que quedaban, le pagó la apuesta.

Diálogo de Tristán con un amigo[10]

AMIGO: He leído vuestro libro. Melancólico, como de costumbre en vos.

TRISTÁN: Sí, como de costumbre en mí.

AMIGO: Melancólico, desconsolado, desesperado: se ve que esta vida os parece algo verdaderamente horrible.

TRISTÁN: ¿Qué os puedo decir? Yo tenía en la cabeza esta idea fija, loca, de que la vida humana es infeliz.

AMIGO: Infeliz, quizá sí. Sin embargo, al final...

TRISTÁN: ¡No, no! Es más, es felicísima. Ahora he cambiado de opinión. Pero cuando escribí este libro yo tenía esa locura en la cabeza, como os digo. Y estaba tan convencido, que me habría esperado cualquier otra cosa antes que poner en duda las observaciones que hacía en ese sentido, y me parecía que la conciencia de todo lector debería aprobarlas, todas ellas, rápidamente. Pensé que surgiría la discusión acerca de la utilidad o del daño de tales observaciones, pero nunca sobre su verdad. Es más, creí que, al referirse a los

---

10. Opúsculo compuesto en 1832 y publicado en la edición florentina de 1834. Se trata de una falsa retractación llena de ironía y comicidad, que se abandona al final con una abierta y trágica invocación a la muerte. (N. de la T.).

males comunes, mis lamentos resonarían en el corazón de cualquiera que los oyera. Luego, al oír que se me rebatía, no ya alguna frase concreta, sino todo, que me decían que la vida no es infeliz, y que si a mí me lo parecía debía de ser efecto de una enfermedad o de otra desgracia mía particular, al principio quedé atónito, estupefacto, inmóvil como una piedra, y durante varios días creí que me hallaba en otro mundo. Después, al volver en mí, me indigné un poco, y, finalmente, me reí y me dije: los seres humanos, por lo general, son como los maridos que, para vivir tranquilos, es necesario que crean que sus esposas son fieles; de hecho, así lo hacen, también cuando la mitad del mundo sabe que la verdad es muy distinta. Quien quiera o deba vivir en un país, conviene que crea que es uno de los mejores de la tierra habitable; y así lo cree. Puesto que quieren vivir, a los seres humanos les conviene creer que la vida es bella y apreciable; y así lo creen, y se enfadan con quienes piensan de otro modo. Porque el género humano, en definitiva, cree siempre no en la realidad, sino en aquello que le es —o parece ser— más favorable. El género humano, que ha creído y creerá en tantos despropósitos, nunca creerá que no sabe nada, que no es nada, ni que no tiene nada que esperar. Ningún filósofo que enseñase alguna de estas tres cosas tendría éxito, ni crearía escuela, especialmente entre el pueblo, porque, además de que las tres son poco favorables para quien quiere vivir, las dos primeras ofenden la vida de los hombres, y la tercera —y las otras dos también— requieren de valor y fortaleza de ánimo para ser creídas. Y los hombres son cobardes, débiles, de alma innoble y estrecha, siempre dispuestos a esperar el bien, siempre prestos a cambiar sus opiniones sobre qué es bueno según la necesidad que gobierne su vida: siempre preparados a rendir las armas a su fortuna, como dice Petrarca[11], prestos y resolutos a consolarse de cualquier desventura, a aceptar cualquier compensación a cambio de aquello que les es negado o que han perdido, a conformarse con cualquier condición a cualquier destino más inicuo y bárbaro; y dispuestos —cuando son privados de toda cosa deseable— a vivir de creencias falsas, lozanas y firmes, como si fuesen las más verdaderas y las mejor fundadas del mundo.

Por mi parte, así como Europa meridional se ríe de los maridos enamorados de sus mujeres infieles, así me río yo del género humano enamorado de la vida, y juzgo como algo muy poco viril el querer dejarse engañar y decepcionar como tontos, y, además de los males que se sufren, ser como la burla de la naturaleza y del destino. Hablo siempre de los engaños del intelecto, no de los de la imaginación. No sé si estos sentimientos míos nacen de enfermedad: sé que, enfermo o sano, desprecio la cobardía de los hombres, rechazo todo consuelo y todo engaño pueril, y tengo la valentía de soportar la ausencia de toda esperanza, de contemplar intrépidamente el desierto de la vida, de no disimularme ninguna parte de la infelicidad humana y de aceptar todas las consecuencias de una filosofía dolorosa, pero verdadera; la cual, si no es útil para nada más, les procura a los hombres fuertes la orgullosa complacencia de ver despojado de todo velo la encubierta y misteriosa crueldad del destino humano.

Yo me decía todas estas cosas como si esa filosofía dolorosa fuese de mi invención, viéndola tan rechazada por todos como se rechazan las cosas nuevas e inauditas; pero

---

11. Parte 2, canción 5, *Solea dalla fontana di mia vita*. (Nota de Leopardi).

después, meditándolo, me di cuenta de que era tan nueva como Salomón, Homero y los poetas y filósofos más antiguos que se conocen, los cuales están llenísimos de figuras, de fábulas, de sentencias que ilustran la extrema infelicidad humana. Entre ellos, hay quien dice que el hombre es el más miserable de los animales; quien dice que es mejor no nacer o –para el que ya haya nacido– morir en la cuna; otros dicen que si uno es querido por los dioses muere joven; y otros, mil cosas más por el estilo...[12]. Y también me acordé de que, desde aquellos tiempos hasta ayer o antes de ayer, todos los poetas, todos los filósofos y los escritores grandes y pequeños, de una manera u otra, habían repetido y confirmado las mismas doctrinas. De modo que de nuevo quedé maravillado, y así –entre la maravilla, la indignación y la risa– pasé mucho tiempo; hasta que, estudiando más profundamente esta materia, comprendí que la infelicidad del hombre era uno de los errores arraigados del intelecto y que la falsedad de esta opinión, y la felicidad de la vida, era uno de los grandes descubrimientos del siglo XIX. Entonces me tranquilicé; y ahora confieso que estaba equivocado al creer lo que creía.

Amigo: ¿Y habéis cambiado de opinión?

Tristán: Sin duda. ¿Queréis vos que yo contraríe las verdades descubiertas por el siglo decimonono?

Amigo: ¿Y creéis vos todo lo que cree el siglo?

Tristán: Así es. ¿Os sorprende?

Amigo: ¿Creéis por tanto en la perenne perfectibilidad del hombre?

---

12. Véase Estobeo, *Sermones* 96, pp. 527 y sigs., *Sermones* 119, pp. 601 y sigs. (*Nota de Leopardi*).

TRISTÁN: Sin duda.

AMIGO: ¿Creéis, pues, que en efecto la especie humana va mejorando cada día?

TRISTÁN: Sí, por supuesto. Es verdad que, en lo que se refiere a la fuerza del cuerpo, algunas veces pienso que cualquiera de los antiguos valía por cuatro de nosotros. Y el cuerpo es el hombre, porque (dejando de lado todo lo demás) la magnanimidad, la valentía, las pasiones, la fuerza para actuar y para gozar, todo aquello que hace que la vida sea noble y viva, depende del vigor del cuerpo, sin el cual no acontece. Alguien que sea débil de cuerpo no es hombre, sino niño; es más, aún peor, porque su suerte es la de ver a los demás vivir y a sí mismo, como mucho, hablar; pero la vida no le pertenece. Por eso, antiguamente, la debilidad del cuerpo era considerada algo ignominioso, incluso en los siglos más civilizados. Pero entre nosotros, desde hace ya muchísimo tiempo, la educación no se digna a pensar en el cuerpo, algo demasiado bajo y abyecto: piensa en el espíritu y, precisamente, queriendo cultivar el espíritu, arruina el cuerpo, sin darse cuenta de que, al hacerlo, arruina también al espíritu. Y, aun suponiendo que se pudiese remediar todo ello con la educación, no se podría hacer nunca sin cambiar radicalmente el estado moderno de la sociedad, sin encontrar un remedio que sirviese también a las otras partes de la vida privada y pública, que antiguamente conspiraron para perfeccionar o conservar el cuerpo y hoy conspiran para depravarlo. El efecto es que al lado de los antiguos nosotros somos poco menos que niños, y que los antiguos, en comparación con nosotros —hoy se puede decir más que nunca—, fueron hombres. Hablo así de los individuos comparados con los individuos, igual que de las masas (por usar esta palabra moderna tan agraciada) comparadas con las masas. Y añado que los antiguos fueron incomparablemente más viriles que nosotros también cuando crearon sus sistemas de moral y de metafísica. En cualquier caso, yo no me dejo llevar por tan pequeñas objeciones, y creo que la especie humana va progresando constantemente.

Amigo: Creéis, además, ya se entiende por vuestras palabras, que el saber, o, como se suele decir, las luces, crecen continuamente.

Tristán: No hay duda alguna. Aunque veo que cuanto más crece la voluntad de aprender, tanto más disminuye la de estudiar. Y causa estupor ver el número de doctos —verdaderos doctos— que vivían al mismo tiempo hace ciento cincuenta años, o incluso después, y ver lo desmedidamente mayor que era su número comparado con el actual. Y que no me digan que los doctos son pocos porque ahora los conocimientos ya no están acumulados en algunos individuos, sino divididos entre muchos, y que la abundancia de estos compensa el escaso número de aquellos. Los conocimientos no son como las riquezas, que se reparten y se reúnen, y que siempre dan la misma cantidad. Donde todos saben poco, allí se sabe poco, porque la ciencia va tras la ciencia y no se desperdiga. En rigor, la instrucción superficial puede ser común a muchos no doctos, pero no ser repartida entre muchos. El resto del saber únicamente le pertenece a quien es docto, y gran parte de él solo a quien es sumamente docto. Y, exceptuando los casos fortuitos, solo quien es docto en grado sumo, y provisto de un inmenso capital de conocimientos, es apto para aumentar substancialmente y sacar adelante el saber humano. Hoy día —excepto quizá en Alemania, donde la doctrina todavía no ha podido ser desmantelada— ¿no os parece que el ver surgir este tipo de hombres doctísimos es cada día más difícil? Hago estas reflexiones así, solo para discurrir y para filosofar un poco, o acaso para especular; no es que no esté persuadido de lo que vos decís. Es más, aunque viese el mundo todo lleno, por un lado, de ignorantes impostores y, por otro, de ignorantes presuntuosos, no por ello dejaría de creer como creo que el saber y las luces crecen día a día.

AMIGO: En definitiva, creéis que este siglo es superior a todos los pasados.

TRISTÁN: Por supuesto. Así lo han pensado de sí mismos todos los siglos, incluso los más bárbaros; y así lo cree mi siglo, y yo con él. Si, dicho esto, me preguntarais en qué es superior a los otros siglos, si en aquello que atañe al cuerpo o en aquello que atañe al espíritu, me remitiría a las cosas que he dicho antes.

AMIGO: En definitiva, para resumirlo todo en dos palabras (ya que ahora no hablamos ni de literatura ni de política), ¿pensáis vos acerca de la naturaleza y de los destinos de los hombres y de las cosas lo mismo que piensan los periódicos?

TRISTÁN: Exactamente. Creo y abrazo la profunda filosofía de los periódicos, los cuales, matando cualquier otra literatura y cualquier otro estudio —especialmente aquellos que son graves y desagradables—, son maestros y luz de la era actual. ¿No es así?

AMIGO: Ciertísimo. Si esto que decís va en serio y no en broma, entonces vos os habéis convertido en uno de los nuestros.

TRISTÁN: Sí, por supuesto, de los vuestros.

AMIGO: En ese caso, ¿qué haréis con vuestro libro? ¿Queréis que le llegue a la posteridad con esos sentimientos tan contrarios a las opiniones que ahora tenéis?

TRISTÁN: ¿La posteridad? Yo me río porque vos bromeáis; y si fuese posible que no estuvieseis bromeando, aún más me reiría. No digo ya en lo que se refiere a mí, sino en lo que se refiere a individuos o a cosas individuales del siglo XIX, pues entenderéis bien que no hay que tener temor alguno por los que nos sucederán, que sabrán tanto como los antepasados. *Los individuos han desaparecido frente a las masas*, dicen elegantemente los pensadores modernos. Lo cual quiere decir que es inútil que el individuo haga ningún esfuerzo, ya que, sea cual sea su mérito, no le queda esperanza ni siquiera de lograr ese mísero premio que es la gloria, ni en la vigilia ni en el sueño. Deje hacer a las masas; aunque sobre qué pueden hacer estas sin individuos, estando compuestas de individuos, deseo y espero que me lo expliquen los entendidos en individuos y masas que hoy iluminan el mundo. Pero para regresar al propósito del libro y de la posteridad, en concreto, los libros —que hoy, en su mayoría, se escriben en menos tiempo del que es necesario para leerlos—, veis bien que, igual que cuestan lo que valen, duran en proporción con lo que cuestan. Yo creo que el siglo venidero hará una bonita tachadura sobre la inmensa bibliografía del siglo XIX; es decir, dirá: tengo bibliotecas enteras de libros que han costado unos veinte: otros treinta años de esfuerzos; otros, menos, pero de enorme trabajo. Leamos antes estos, porque verosímilmente de ellos extraeremos mayor conocimiento; y cuando de esta clase ya no tengamos nada más que leer, entonces echaré mano de los libros hechos improvisadamente.

Amigo mío, este siglo es un siglo de muchachos y los po-
quísimos hombres que quedan se tienen que esconder por
vergüenza como el que caminaba recto en el país de los
cojos. Y estos buenos muchachos quieren hacer, en cada
cosa, lo que en otros tiempos han hecho los hombres, y
hacerlo precisamente como muchachos, es decir, de gol-
pe, sin más esfuerzos preparatorios. Es más, quieren que
el grado que ha alcanzado la civilización —y la índole del
tiempo actual y futuro— los absuelva para siempre, a ellos
y a sus sucesores, de toda necesidad de sudores y de largos
esfuerzos para llegar a ser aptos en estas cosas. Un amigo
mío, hombre de muchos manejos y actividades, me decía
hace unos días que incluso la mediocridad se ha converti-
do en algo rarísimo; casi todos son ineptos, casi todos in-
suficientes para los oficios o los ejercicios a los que la ne-
cesidad, la fortuna o la elección les han destinado. En esto
me parece que consiste, en parte, la diferencia que hay en-
tre este y otros siglos. En todos los demás, igual que en
este, lo grande ha sido muy raro: pero en los otros ha do-
minado la mediocridad; en este, en cambio, la nulidad.
De manera que, al querer todos ser todo, el ruido y la con-
fusión es tal, que no se les presta ninguna atención a
los pocos grandes que, pese a todo, creo que existen; a los
cuales, entre la inmensa multitud de competidores, les es
imposible abrirse camino. Y así, mientras todos los ínfi-
mos se creen ilustres, la oscuridad y la nulidad del resulta-
do se convierten en el destino común de ínfimos y excel-
sos. Pero ¡viva la estadística! ¡Vivan las ciencias económicas,
morales y políticas, las enciclopedias portátiles, los ma-
nuales, y todas las bellas creaciones de nuestro siglo! ¡Y
viva por siempre el siglo XIX! Quizá pobre en cosas, pero

riquísimo y pletórico en palabras: lo cual, como sabéis, siempre ha sido una óptima señal. Y consolémonos con que, por otros sesenta y seis años más, este siglo será el único que hable y diga sus razones.

AMIGO: Por lo que parece, vos habláis un poco irónicamente. Pero deberíais al menos recordar que este es un siglo de transición.

TRISTÁN: ¡Oh! ¿Y qué conclusión sacáis vos de ello? Más o menos todos los siglos han sido y serán de transición, porque la sociedad humana nunca está quieta y nunca llegará un siglo en el que alcance un estado que vaya a ser duradero. De modo que esta preciosa palabra no excusa en absoluto al siglo XIX o, cuando menos, comparte tal excusa con todos los siglos. Queda por saber —dado el camino que hoy lleva la sociedad— adónde irá a parar, es decir, si la transición que ahora se está haciendo es de lo bueno a lo mejor o de lo malo a lo peor. Quizá queréis decirme que la presente es una transición por excelencia, un rápido paso de un estado de la civilización a otro muy diferente. En ese caso, pido licencia para reírme de este rápido paso y respondo que todas las transiciones conviene que se hagan despacio, porque si se hacen de golpe, de ahí a poquísimo tiempo se vuelve atrás para después rehacerlas pasito a pasito. Así ha sucedido siempre. La razón es que la naturaleza no da saltos, y que, forzándola, no se consiguen efectos que duren. O, dicho de otro modo, que tales transiciones precipitadas solo son aparentes, no reales.

AMIGO: Os lo ruego, no hagáis estos discursos con demasiadas personas, pues os ganaréis muchos enemigos.

TRISTÁN: Poco importa. A estas alturas, ni enemigos ni amigos me harán mucho daño.

AMIGO: O más probablemente seréis despreciado, considerado poco entendedor de la filosofía moderna y poco experto del progreso de la civilización y de las luces.

TRISTÁN: Lo lamento mucho, pero ¿qué se puede hacer? Si me desprecian, intentaré consolarme.

AMIGO: Pero, al final, ¿habéis cambiado de opinión o no? ¿Y qué vais a hacer con este libro vuestro?

TRISTÁN: Lo mejor es quemarlo. No queriendo quemarlo, conservarlo como un libro de sueños poéticos, de invenciones y de caprichos melancólicos, es decir, como expresión de la infelicidad del autor: porque, en confianza, os diré, querido amigo, que yo os creo feliz a vos y felices a todos los demás, pero, con vuestro permiso y el del siglo, yo soy muy infeliz, y tal me creo, y todos los periódicos de los dos mundos no me convencerán de lo contrario.

AMIGO: Yo no conozco las razones de esa infelicidad que decís. Pero de si uno es feliz o infeliz personalmente, nadie es juez sino la propia persona, y el juicio de esta no puede fallar.

TRISTÁN: Muy cierto. Y además os digo, francamente, que yo no me someto a mi infelicidad, ni agacho la cabeza ante el destino, ni hago pactos con él, como hacen los demás hombres; y me atrevo a desear la muerte —y a desearla sobre todas las cosas— con tanto ardor y sinceridad como no creo, firmemente, que la puedan desear en el mundo sino muy pocos. Y no os hablaría así si no estuviese seguro de que, llegada la hora, los hechos no desmentirán mis palabras; ya que, aunque yo no vea aún ningún resultado final para mi vida, tengo en mi interior un sentimiento que me da la certeza de que la hora que digo no está muy lejana. Estoy demasiado maduro para la muerte; demasiado absurdo e increíble me parece que, estando cómo estoy —tan muerto espiritualmente, tan concluida en mí bajo todos los aspectos, la fábula de la vida—, yo deba durar aún los cuarenta o cincuenta años con los que me amenaza la naturaleza. Solo de pensarlo me estremezco. Pero igual que lo que sucede con todos aquellos males que son vencidos, por así decir, por la fuerza de la imaginación, así este mío me parece un sueño y una ilusión imposible de que se realice. Es más, si alguien me habla de un porvenir lejano como de algo que me pertenece, en mi fuero interno no puedo contener una sonrisa: tal es mi confianza en que la vida que me queda por cumplir no es larga. Y puedo decir que este es el único pensamiento que me sostiene. Los libros y los estudios —que a menudo me maravillo de haber amado tanto—, los proyectos de grandes cosas, las esperanzas de gloria y de inmortalidad, también son algo sobre lo que ha pasado incluso el tiempo de reír. De los proyectos y de las esperanzas de este siglo no me río: le deseo con toda el alma todo el éxito posible, y admiro, elogio y honro profunda y sinceramente su buena intención; pero no envidio a nuestros descendientes, ni a aquellos que todavía tienen mucho que vivir. En otros tiempos, he envidiado a los tontos, a los ignorantes y a aquellos que tienen un gran concepto de sí, y con gusto me habría cambiado por alguno de ellos. Hoy ya no envidio ni a los tontos ni a los sabios, ni a los grandes ni a los pequeños, ni a los débiles ni a los potentes. Envidio a los muertos, y solamente por ellos me cambiaría. En mi soledad, toda imaginación placentera, todos los pensamientos sobre el porvenir, con los que paso mi tiempo, consisten en la muerte, y de ahí no saben salir. En este deseo de muerte, ni siquiera el recuerdo de los sueños de mi primera edad y el pensamiento de haber vivido en vano me turban ya como solían. Si logro la muerte, moriré tan tranquilo y contento como si nunca hubiese esperado ni deseado otra cosa en el mundo. Este es el único beneficio que puede reconciliarme con el destino. Si me diesen a elegir entre la fortuna y la fama de César y de Alejandro incólume de toda mancha, o morir hoy, yo diría morir hoy; y no necesitaría tiempo para decidirme.

LA RETAMA O LA FLOR DEL DESIERTO[13]

Y los hombres prefirieron
más bien las tinieblas a la luz

Juan, III, 19

Aquí, en la árida falda
del formidable monte
devastador Vesubio,
que a ningún otro alegra, ni árbol ni flor,
tus solitarios juncos cerca esparces,
perfumada retama,
contenta del desierto. También te vi
con tus tallos ornar yermos parajes
que rodean la ciudad
señora de los mortales un tiempo,
y del perdido imperio

---

13. Compuesta en 1836 en Torre del Greco, a las faldas del Vesubio. Publicada póstuma en 1845 y colocada por Ranieri como último de los *Cantos*, siguiendo, según su testimonio, la voluntad de Leopardi.

cual si con su grave y callado aspecto
dieran fe y recuerdo a los peregrinos.
Ora te veo en este lar, de tristes
sitios, dejados por el mundo, amante
y de afligidas suertes compañera.
Estos campos regados
de cenizas infecundas, capa de
lava petrificada,
que a su paso resuena al peregrino;
donde anida y bajo el sol se retuerce
la sierpe, y donde al propio
cavernoso cubil vuelve el conejo;
fueron gayas villas y cultivadas,
y dorar de espigas y resonar
del ganado mugiendo;
palacios y vergel,
al ocio del potente
grato refugio; y hubo insignes urbes
que con su corriente el altivo monte
de ígnea boca fulminando truncó
incluidas sus gentes. Hoy, en torno
la ruina todo envuelve,
donde te sientas, flor amable, y casi
mal ajeno compadeciendo, al cielo
de dulce perfume das un aroma
que el desierto consuela. A estas riberas
venga aquel que suele hacer alabanza
de nuestro estado; y vea
en qué cuidado tiene a nuestra especie
la amorosa natura. Y el poder
ya con justa medida

podrá estimar de la semilla humana,
al que atroz nodriza, cuando no teme,
con leve gesto en un momento anula
en parte, y con temblores
poco menos leves, súbitamente,
aniquila del todo.
En el margen grabadas
son de la humana gente
las magníficas suertes progresivas.

Mira y refléjate aquí,
siglo soberbio, estulto,
que el sendero hasta entonces
por el Renacimiento proyectado
abandonaste, y regresas los pasos,
de recular te jactas
y progresar lo llamas.
A tu parlotear las mentes todas,
de las que rea suerte te hizo padre
van adulando, aunque
entre ellos a menudo
de ti se burlen. No así
con tal vergüenza yo seré enterrado,
sino que más bien el desdén que siente
ante ti el corazón
habré mostrado con toda franqueza,
sabiendo que el olvido
aplasta a quien juzga a su propia edad.
De este mal, que contigo
me es común, mucho desde ya me río.
Libertad vas soñando, y siervo a un tiempo

quieres al pensamiento
por el cual resurgimos
de la barbarie en parte, por el cual
la civilización crece y guía
los públicos eventos.
Tanto odiaste la verdad
de la acerba suerte y del vil lugar
que natura nos dio. Y así la espalda
cobarde le volviste a la luz
que lo hizo claro; y huyendo, llamas
mezquino a quien la sigue,
y magnánimo a aquel
que, loco o sagaz, humillando a todos
el grado mortal eleva a los astros.

Hombre de pobre estado y frágil cuerpo,
que sea en el alma generoso y alto,
no se llama ni se cree a sí mismo
rico de oro y gallardo,
y de espléndida vida o de valiente
persona entre la gente
no da risible pose,
sino que, de fuerza y de lujos pobre,
se da a conocer sin vergüenza y nombra
hablando abiertamente y de sus cosas
hace juicio de acuerdo con lo real.
Magnánimo animal
no creo, sino tonto
el nato a perecer, nutrido en penas,
que dice: para gozar fui creado,
y de fétido orgullo

vierte tinta, altos hechos y nuevas
felicidades, que no ya este orbe,
el cielo ignora, prometiendo en tierra
a pueblos que una onda
de bravo mar, un soplo
de aire maligno, un sismo bajo tierra
destruye, así que queda
a duras penas de ello algún recuerdo.
Noble natura es esa
que a elevar se atreve
su mirada mortal
al común hado, y que, con franca lengua,
sin ahorrarse verdades,
confiesa el mal que nos fue dado en suerte,
y el bajo estado y frágil;
esa que grande y fuerte
se muestra al sufrir, y odios o iras
fraternas, aún más graves
que todo mal, ni aumenta ni añade
a sus miserias, al hombre inculpando
de su dolor, y da la culpa a aquella
que en verdad es rea, que de mortales
madre es de parto, en el querer, madrastra.
A esta llama enemiga; y contra ella
pensándola reunida
como así es, y ordenada en origen
la humana compañía,
estima confederados a todos
los hombres, y así a todos abraza
con verdadero amor, ofreciéndoles
válida y presta y esperando ayuda

en los diversos peligros y angustias
de la guerra común. Y armar la diestra
del hombre ante ofensas, y tender trampas
al vecino e insidias
cree absurdo como quien en el campo
rodeado de enemigos, al vivo
fragor de la batalla,
olvidándolos, lacerantes luchas
trabara con los suyos
haciendo huir y perecer a espada
a los propios soldados.
Tal modo de pensar
cuando sea —como fue— noto al pueblo,
y el horror que primero,
por la impía natura,
unió al ser mortal en social cadena
en parte se encarrile
por saber veraz, el honesto y recto
dialogar ciudadano
y justicia y piedad otra raíz
tendrán, en vez de soberbias quimeras
donde fundada probidad del vulgo
encuentra basamento
como lo que en error tiene su asiento.

A veces a la orilla
que, asolada, de negro
viste la pétrea ola, y casi ondea
me siento por la noche; y sobre el páramo
en purísimo azul
veo en lo alto llamear estrellas,

a las que, de lejos, hace de espejo
el mar, y todo en torno de centellas
al vacuo sereno brillar el mundo.
Si los ojos a esas luces apunto,
que a los mismos les parecen un punto,
y son inmensas, como
un punto frente a ellas son tierra y mar
de veras; para las que
no ya el hombre, sino este
globo donde los hombres no son nada,
extraño es del todo; y cuando miro
aquellos aún más, sin un fin, remotos
casi nudos de estrellas
que nos parecen niebla,
para los que, no el hombre,
y no ya la tierra, mas todas juntas,
en su infinito número y su mole,
y con el áureo sol nuestras estrellas
son ignotas, o parecen como un
punto, igual que la tierra para ellos,
de luz nebulosa: ¿a mi pensamiento
qué pareces entonces, oh estirpe
del hombre? Y recordando
tu estado aquí abajo, que testimonia
el suelo que piso; y por otra parte,
que te crees reina y fin
dado al Todo; y al notar cuántas veces
fantasear te gustó, en este oscuro
granito de arena, al que llaman Tierra,
que, por tu causa, de todas las cosas
los autores bajasen con placer

a hablar; y al recordar
que los burlados sueños
renovando, a los sabios insulta
incluso la actual edad, que en saber
y en civiles costumbres
a todas adelanta: ¿qué sentir,
mortal prole infeliz, qué juicio al fin
sobre ti a mi corazón convence?
No sé si risa o piedad prevalece[14].

Como, de árbol cayendo, leve fruto
—que allá en el tardo otoño
la madurez, sin más, hace caer—
dulces hogares de un pueblo de hormigas
cavados con esfuerzo
en la tierra, y las obras
y los bienes que reunidos, con gran
fatiga, constante gente había
aprovisionado para el estío,
machaca, arrasa y cubre
en un punto; así, precipitándose
del útero tonante,
lanzada al hondo cielo,
de cenizas, de pumita[15] y de rocas,
noche y ruina inyectadas
de arroyos hirviendo

14. La estrofa cuarta de esta versión de «La ginestra o il fiore del deserto» ha sido llevada a cabo por Chiara Algeri, Alice Cataffo, Julen Díaz e Alessandra Lucchina, alumnos del máster de traducción literaria de la UCM. (N. de la T.).
15. Piedra volcánica, de textura esponjosa, frágil, de color agrisado, que raya el vidrio y el acero, y es muy usada para desgastar y pulir. (N. de la T.).

o en el flanco del monte
furiosa entre la hierba,
de licuefechas piedras,
de metales y de encendida arena
bajando, inmensa onda
las ciudades, que en su extrema orilla
moja el mar, fundió
destruyó y cubrió
en instantes: y sobre ellas hoy pasta
la cabra y nuevas urbes
surgen del otro lado que se asientan
sobre las sepultas; y caídos muros
el arduo monte a sus pies casi aplasta.
No siente la natura
por los humanos más estima o celo
que por la hormiga; y si es rara en ellos
más que en aquella la desaparición,
sucede así por una sola cosa,
porque su progenie es menos copiosa.

Ya mil y ochocientos
años hace que fueran oprimidas
por la ígnea fuerza estas poblaciones,
y el campesino atento
a su vid, que apenas en este campo
nutre la muerta tierra hecha cenizas,
alza aún la mirada
con sospecha a la cima
fatal, que, para nada mitigada,
tremenda aún preside, aún amenaza
ruina para él, sus bienes y sus pobres

hijos. Y a menudo
el pobre, en el tejado
de su rústica vivienda, al sereno,
toda la noche insomne,
saltando a cada instante, explora el curso
del temido hervor, que otra vez rebosa
del inexhausto vientre
sobre el lomo de arena, que ilumina
de Capri la marina,
de Nápoles el puerto y Mergellina.
Y si cerca lo ve, o si en lo oscuro
del doméstico pozo oye el agua
de burbujas hervir, llama a los críos,
a la esposa y, deprisa, con aquellas
cosas que consiguen reunir, huyendo,
ve, lejos, su habitual
hogar y su terruño,
que fueron del hambre solo refugio,
presa de ardiente ola
que, crepitando e inexorablemente
petrificando, sobre ellos se expande.
Vuelve al celeste rayo
después del antiguo olvido la extinta
Pompeya, esqueleto
que desde el subsuelo
avaricia o piedad a la luz traen;
y en el desierto foro
de frente, entre las filas
de rotos pilares, el peregrino
lejos mira la bipartita cima
y la cresta humeante

que aún amenaza a las dispersas ruinas.
Y en el horror de la secreta noche,
por vacíos teatros,
por informes templos y derruidas
casas donde el murciélago se oculta,
como siniestra antorcha
que por vacua mansión, tetra, se mueva,
corre el fulgor de la funérea lava,
que lejos por las sombras
las proximidades de rojo tiñe.
Así, al hombre ajena —y a las eras
que él llama antiguas, y a cómo siguen
tras los padres los nietos—,
siempre verde esta natura, es más, va
por tan largo camino
que parece quieta. Mientras caen reinos,
pasan gentes, lenguas: ella no ve;
y el hombre se jacta de ser eterno.

Y tú, mansa retama,
que de odorantes tallos
estos campos estériles adornas,
también tú, pronto, a la cruel potencia
sucumbirás del subterráneo fuego,
que regresando al sitio,
ya noto, ampliará su avaro borde
en tus blandas selvas. Y agacharás
bajo el peso mortal, sin renitencia,
tu inocente cabeza:
mas no bajada hasta entonces en vano,
cobardemente, suplicando ante

el futuro opresor; pero no erguida
con insensato orgullo a las estrellas,
ni hacia el desierto, donde
la cuna y el asilo,
por suerte, y no por voluntad, tuviste;
sino más sabia, sino
menos enferma que el hombre, porque tú
tus gráciles estirpes
no viste, por hado o por ti, inmortales.

Cronología

1798   Napoleón conquista Recanati. Nace la República Helvética. El filósofo Friedrich Schlegel utiliza por primera vez la palabra «romanticismo» para indicar el nuevo movimiento cultural y artístico que está surgiendo en Alemania. En Inglaterra se inaugura el primer ferrocarril público.

Giacomo Leopardi nace el 29 de junio en Recanati, pequeña ciudad del Estado Pontificio, de la noble familia de los Leopardi. Su padre es el conde Monaldo, y su madre, la marquesa Adelaide Antici. La familia Leopardi es una de las primeras y más importantes de la región de las Marcas, con propiedades agrícolas y una gran casa señorial en Recanati.

1803-1804   Estados Unidos compra Luisiana a Francia, duplicando así su extensión territorial. Gran Bretaña declara la guerra a Francia. Napoleón es proclamado emperador tras un plebiscito. Haití declara su independencia de Francia. España declara la guerra a Gran Bretaña. El poeta alemán Friedrich Schiller publica *Guillermo Tell*. En España se suprimen por decreto las corridas de toros. Nacen: el escritor español Ramón Mesonero Romanos; el compositor francés Hector Berlioz; la novelista francesa George Sand; el teólogo alemán Ludwig Feuerbach. Mueren: el escritor francés Pierre Choderlos de Laclos; el filósofo alemán Immanuel Kant.

La familia Leopardi atraviesa un periodo de crisis financiera causada por la mala administración del padre, por lo que esta pasa a la madre, que impone un régimen de austeridad que al mismo tiempo permita mantener las apariencias. Esta austeridad material de la madre va acompañada de una religiosidad severa, que la lleva a ser fría y poco cariñosa con los hijos, pero apabullante en el control de estos; véase el inquietante retrato que de ella hace Leopardi en *Zibaldone* (*Zib.* 353-356, pp. 123-126).

1805   En Milán, Napoleón I se corona rey de Italia. En la localidad italiana de Isernia un terremoto provoca cinco mil quinientos muertos. En Roma, Simón Bolívar jura la libertad de su patria y de América. Una flota franco-española es derrotada por la Armada inglesa en la batalla de Trafalgar. Napoleón gana la batalla de Austerlitz. Nacen: el escritor danés Hans Christian Andersen; el pensador francés Alexis de Tocqueville. Mueren: el poeta y filósofo alemán Friedrich von Schiller; el compositor y músico italiano Luigi Boccherini.

El conde Monaldo, hombre ilustrado con veleidades literarias, funda la Academia de los Desiguales sobre el modelo de la homónima Academia del siglo XV.

1807   En Fontainebleau, Francia y España firman un tratado secreto para repartirse Portugal, algo que sin embargo nunca tendrá lugar. Estados Unidos abole el comercio de esclavos. El filósofo alemán Georg W. F. Hegel publica *Fenomenología del espíritu*. El químico británico Humphry Davy descubre el potasio y el sodio. Nace el militar y político italiano Giuseppe Garibaldi.

Junto con sus hermanos menores Carlo y Paolina Leopardi, Giacomo es dirigido en los estudios de corte católico-ilustrado por dos preceptores religiosos: el abad Sebastiano Sanchini y el sacerdote Vincenzo Diotallevi.

1808   Entran por Cataluña las primeras tropas francesas. En Aranjuez, Carlos IV es obligado a abdicar en favor de su hijo, Fernando VII. En Madrid se da el levantamiento del 2 de mayo contra las tropas francesas; poco después, la batalla de Bailén supone la primera derrota del ejército francés en España. El poeta y dramaturgo alemán Heinrich von Kleist publica *La marquesa de O.*, y Wolfgang von Goethe, la primera parte de *Fausto*. Estreno de la *Sinfonía no 5 (Heroica)* de Beethoven. Nacen: el poeta español José Espronceda; el inventor italiano Antonio Meucci.

A finales de enero, los tres hermanos Leopardi presentan el primer ensayo de sus estudios en una solemne reunión parecida a un rito académico que se celebra en la biblioteca (compuesta por más de diez mil volúmenes) y en el que, siguiendo la metodología jesuita, responden en latín.

1809   Zaragoza capitula ante los franceses tras varios meses de asedio y más de cincuenta mil muertos. Los Estados Pontificios son anexados al imperio napoleónico. El papa Pío VII es tomado como prisionero de Napoleón. Nacen: el escritor estadounidense Edgar Allan Poe y el español Mariano José de Larra; el compositor alemán Felix Mendelssohn-Bartholdy; el naturalista británico Charles Darwin; el futuro presidente estadounidense Abraham Lincoln; el escritor ruso Nikolái Vasílievich Gógol.

Tras leer a Homero, crea su primera composición poética: el soneto «La morte di Ettore». La elección del héroe vencido de la *Ilíada* no es casual, pues a Giacomo le atrae la virtud del perdedor. Comienza a adquirir toda la erudición posible. Compone los poemas «I Re Magi» e «Il Paradiso terrestre».

1810   Tras apoderarse de Jaén, Córdoba, Sevilla y Granada, las tropas napoleónicas entran en Málaga. Napoleón decreta que Roma es la segunda capital del imperio. Venezuela, Colombia, México, Chile y Perú toman las primeras iniciativas que les llevarán a independizarse de España. En Viena, Beethoven compone *Para Elisa*. Nacen: el compositor polaco Fryderyk Chopin y el alemán Robert Schumann.

Compone el poema «Il Balaamo», la antología *Catone in Africa*, los poemas en endecasílabos sueltos «Notti puniche» y «Diluvio universale». Es sometido al rito religioso preparatorio de la tonsura, pues sus padres contemplan para él una carrera clerical.

1811   Venezuela se independiza del Reino de España. Jane Austen publica *Sentido y sensibilidad*. Nace el pianista y compositor húngaro Franz Liszt. Mueren el arquitecto español Juan de Villanueva y el dramaturgo y poeta alemán Heinrich von Kleist.

La pericia alcanzada en el latín a sus trece años de edad le permite a Giacomo traducir *Ars poetica* de Horacio en octava rima. Escribe la tragedia *La virtù indiana*. En el campo filosófico, se ejercita con disertaciones y ensayos. En ellos resume y afronta, desde su actual iluminismo-católico de corte jesuita, diferentes temas que reaparecerán, subvertidos, en los años siguientes.

1812   En Cádiz se promulga la Constitución española de 1812. Estados Unidos declara la guerra al Reino Unido. Napoleón inicia la invasión de Rusia. El incendio de Moscú destruye tres cuartas partes de la ciudad. Beethoven compone su *Octava sinfonía*. Nace el escritor británico Charles Dickens.

Giacomo ya es autónomo en el estudio. Se encierra en la biblioteca paterna para leer y meditar, absorbido por el estudio que él mismo definirá «enloquecido y desesperado», impulsado por la búsqueda del afecto y de la aprobación del padre —que en ello se regocija— y que más tarde se transforma en un desmedido deseo de gloria. Continúa su actividad de producción literaria con la tragedia *Pompeo in Egitto* y la traducción de epigramas precedidos por el *Discorso sopra l'epigramma,* en prosa. Escribe también el *Dialogo filosofico sopra un moderno libro intitolato «Analisi delle idee ad uso della gioventù»* —en el que refleja todavía la influencia de las ideas antilibertinas de su padre—, así como el discurso sagrado *Il trionfo della croce.*

1813   El asedio anglo-portugués a San Sebastián obliga a los franceses a rendirse. Nacen: el filósofo y teólogo danés Søren Kierkegaard; el compositor alemán Richard Wagner; el compositor italiano Giuseppe Verdi; el escritor y dramaturgo alemán Georg Büchner.

Comienza a estudiar griego y hebreo de forma autodidacta. Escribe la obra *Storia dell'astronomia dalla sua origine fino all'anno MDCCCXI,* que intuye ya claramente el fundamento cosmológico del pensamiento arcaico. Gracias a su tío Carlo Antici, obtiene el permiso para la lectura de los libros prohibidos. Empieza a manifestarse una forma aguda de tuberculosis ósea que compromete el desarrollo del joven produciéndole una forma de escoliosis que desemboca en dos malformaciones de la columna. Los padres, que comparten una devoción religiosa muy pronunciada, barajan para él, de acuerdo con sus altas dotes intelectuales y sus condiciones físicas, la carrera de doctor de la Iglesia.

1814   Fernando VII vuelve a España y suspende las Cortes de Cádiz. Los franceses se retiran de Barcelona. Napoleón es enviado al exilio en la isla de Elba. Comienza el Congreso de Viena para restaurar el estado previo a las campañas de Napoleón. Nace el revolucionario y anarquista ruso Mijaíl Bakunin. Fallecen: el filósofo alemán Johann Gottlieb Fichte y el escritor francés marqués de Sade.

Escribe una obra filológica sobre *De viris doctrina claris,* de Esiquio Milesio, así como *Dissertazione sopra l'origine e i primi progressi dell'Astronomia,* y el ensayo filosófico *Porphyrii de vita Plotini ed ordine librorum eius commentaribus,* elogiado por el historiador y erudito Francesco Cancellieri. Traduce del griego *Scherzi epigrammatici.*

1815   Napoleón, huido de Elba, inicia el llamado «gobierno de los cien días». Definitivamente derrotado en la batalla de Waterloo, es desterrado a la isla de Santa Elena. Luis XVIII de Francia restaura la monarquía francesa. Joaquín Murat, rey de Nápoles, exhorta a los italianos a la unidad nacional, dando así comienzo al Resurgimiento italiano. El 15 de octubre Murat es fusilado por los austriacos.

Continúan las traducciones poéticas de obras como los *Idilios* de Mosco y la *Batracomiomaquía pseudo-homérica,* de la que se ocupará sucesivamente y que será la base para su futuro poema burlesco «Paralipomeni della Batracomiomachia». De este año es también una de sus más bellas obras juveniles: el *Saggio sopra gli errori popolari degli antichi* obra de erudición filológica que encierra temas y figuras mítico-poéticas que Leopardi desarrollará en el futuro. Escribe además la poesía «Orazione agli italiani per la liberazione del Piceno», en la que aún comparte las opiniones restauradoras y antinapoleónicas de su padre. Recuerda y describe este feliz año en un pensamiento del *Zibaldone* (*Zib.* 72, p. 20).

1816   El médico francés René Laennec inventa el estetoscopio. Argentina declara su independencia de España. En Roma,

Gioachino Rossini estrena *El barbero de Sevilla*. Nace la novelista inglesa Charlotte Brontë.

Se produce la llamada «conversión poética» de Leopardi y su paso de los estudios filológicos y eruditos a los literarios. En la lectura en voz alta y traducción de los clásicos se le revela su vocación de poeta. Traduce el primer libro de la *Odisea* y el segundo de la *Eneida*, así como el *Moretum* pseudovirgiliano. Desprecia el gusto arcádico y se acerca a la sensibilidad neoclásica. Sigue la polémica clásicos-románticos desatada por los artículos de Madame de Staël en la revista *Biblioteca italiana*, escribiendo la «Carta a los compiladores de la biblioteca italiana», donde comienza a elaborar su teoría estética y poética. Se publica su «Saggio di traduzione dell'Odissea» en la revista *Spettatore italiano o straniero* y entra en contacto con el editor Stella, con el que, a partir de ahora, trabajará a menudo. De este año es también la traducción de las obras de Frontón, halladas por el cardenal, teólogo y filólogo Angelo Mai. Compone sus poesías «Le rimembranze» y «Appressamento della morte», inspirada en la *Divina comedia* de Dante, el *Inno a Nettuno* y las *Odae Adespotae*, que merecen una mención aparte por su originalidad, pues el primero, escrito en italiano, finge ser la traducción de un texto griego antiquísimo supuestamente descubierto, acompañado de una advertencia y de una serie de notas eruditas que dan credibilidad al engaño, mientras que las odas, de un supuesto «autor desconocido», son igualmente una ficción literaria, a saber, dos supuestos originales griegos antiguos, junto a sus traducciones al latín, que permiten a Leopardi dar muestra de su total dominio del arte de los antiguos. Ambas obras serán publicadas en la revista *Spettatore italiano*. Escribe además *La dimenticanza,* una sátira en verso sobre los pedagogos. Se agrava su tuberculosis ósea, que se manifiesta con síntomas tales como una grave forma de escoliosis y dificultades en la vista. La identificación con el padre y la búsqueda constante de su aprobación se van mermando a la vez que toma conciencia de su valor y de su soledad.

1817   El filósofo alemán Georg W. F. Hegel publica la *Enciclopedia de las ciencias filosóficas*. El alemán Karl Drais inventa el velocípedo, hoy conocido como bicicleta. El compositor polaco Fryderyk Chopin debuta a la edad de siete años. El poeta, escritor y dramaturgo alemán J. W. von Goethe publica el segundo volumen de *Viaje a Italia*. Inauguración de la Bolsa de Nueva York. Nace el poeta y dramaturgo español José Zorrilla. Muere la escritora Jane Austen.

En marzo entra en contacto epistolar con el intelectual Pietro Giordani, a quien ha leído ya en la revista *Biblioteca italiana* defendiendo una posición neoclásica en la «polémica clásicos-románticos», que da origen al romanticismo italiano, provocada por el citado artículo de Madame de Staël, exponente del romanticismo, en el que la escritora insta a los italianos a traducir obras extranjeras para revitalizar las letras en su país (que, recordemos, está aún por renacer). El año anterior Leopardi había escrito una carta en respuesta a la baronesa situándose del lado de los defensores de los clásicos, que el director de la revista, Giuseppe Acerbi, no publica. La relación que nace entre Leopardi y Giordani, que se convierte en su maestro, es como un bálsamo para el joven, atormentado por el aislamiento y el retraso del Estado Pontificio y deseoso de traspasar sus angostas fronteras. Traduce otra obra descubierta por Angelo Mai, *Antichità romane*, de Dionisio de Halicarnaso. Comienza a escribir un diario que aglutina toda clase de pensamientos estéticos, filológicos, filosóficos, biográficos, etcétera, que seguirá enriqueciendo hasta 1832 y que tomará el nombre de *Zibaldone*. Se enamora por primera vez, durante una breve visita, de Geltrude Cassi Lazzari, una prima de su padre. De esta experiencia nacen «Elegia I (Il primo amore)» y «Diario del primo amore». Escribe también los satíricos «Sonetti in persona di ser Pecora fiorentino beccaio», y traduce la *Titanomaquia*, de Hesíodo. Compone el soneto «Letta la vita dell'Alfieri scritta de esso», siendo este autor del siglo XVIII italiano crucial para su elaboración del titanismo y del heroísmo como ideales vinculados a la antigüedad griega y romana agónicamente propuestos en el presente de decadencia.

1818 Chile declara su independencia de España. Illinois se convierte en el 21er estado de Estados Unidos. En Madrid se funda el Museo del Prado. En Londres se publica la novela de Mary Shelley *Frankenstein o el moderno Prometeo*. Nacen el filósofo alemán Karl Marx y la escritora británica Emily Brontë.

De nuevo intenta participar en la polémica del romanticismo, respondiendo a un escrito de Ludovico di Breme sobre *El Giaour* de Lord Byron —publicado en *Spettatore* como principal manifiesto de la sensibilidad romántica en Italia—, por medio de su *Discorso di un italiano intorno alla poesia romantica;* este ensayo, extraído de sus apuntes de *Zibaldone* (*Zib.* 76-79, pp. 87-89), que se publica un siglo después —si bien desde su particular defensa del clasicismo—, es quizá la más alta cota del pensamiento estético del romanticismo italiano, una reflexión a la altura de los filósofos alemanes y una teorización de la primera poética leopardiana. Frente a la defensa de Di Breme de lo sentimental y patético como descubrimiento de los modernos —que superarían así a los antiguos—, Leopardi critica la posición romántica por espiritualizar la poesía, que, de ser imitación de la naturaleza (como en la poesía de imaginación de los antiguos), pasa a ser poesía sentimental y patética, que no busca el deleite sino lo verdadero *(vero)* según la razón. En este momento de su itinerario poético Leopardi tiene en mente una poesía como imitación de la naturaleza —la misma para nosotros y para los antiguos—, inmutable y numinosa, vista como fuente divina e inagotable de ilusiones y como objeto de la sensibilidad y la imaginación. Imitar a los antiguos es imitar el modo en que estos accedían a la naturaleza, no una repetición externa de modelos sino la reinvención de aquel contacto incontaminado e infantil, alejado de la razón moderna, que invade la poesía romántica. En realidad muy pronto va a variar esta tesis reconociendo la importancia de lo sentimental en la poesía de los modernos, que es la suya, la cual, si bien debe evitar lo patético (exceso de *pathos*), no puede no cultivar los errores de la imaginación poética en presencia de la razón filosófica. Continúa el intenso epistolario con Giordani, a quien narra —en cartas estilísticamente altísimas pero no por ello menos sinceras y conmovedoras— sus males físicos, su soledad y su aislamiento en Recanati. Comienza a separarse de la figura del padre y a alejarse de su «catolicismo ilustrado» (que niega férreamente toda hipótesis de *Risorgimento* permaneciendo fiel al papa que gobierna el Estado Pontificio, al que pertenece Recanati). Comienza a imaginar una posible vida fuera del hogar paterno: un proyecto que Giordani, de ideas progresistas y anticlericales, alienta en sus cartas y aún más durante la visita que realiza a Recanati para conocer en persona al joven genio, al que valora enormemente como promesa de las letras italianas. La visita constituye para Giacomo la oportunidad para su primera salida fuera del hogar paterno sin la vigilancia del padre. Las conversaciones con Giordani —a quien Monaldo mira con recelo y sospechas— le abren un nuevo universo, cuyo fruto más alto serán las canciones patrióticas «All'Italia» y «Sopra il monumento di Dante che si preparava in Firenze», publicadas a finales de año, que abren el libro de los *Cantos*. Muere Teresa Fattorini, joven humilde que vive cerca del palacio de los Leopardi, *alter ego* de Giacomo en el canto «A Silvia», que escribirá años después.

1819   España cede Florida a Estados Unidos. Se inaugura el Museo del Prado. Simón Bolívar funda la República de Colombia. Inglaterra prohíbe trabajar a los niños menores de diez años. El filósofo alemán Arthur Schopenhauer publica *El mundo como voluntad y representación*. Erupción del volcán Vesubio. Nacen Victoria I, futura reina británica y emperatriz de India, y el poeta estadounidense Walt Whitman. Fallece el rey de España Carlos IV.

Escribe dos canciones de inspiración social con víctimas femeninas como objeto: «Per una donna inferma di malattia lunga e mortale» y «Nella morte di una donna fatta trucidare col suo portato dal corruttore per mano ed arte di un chirurgo», poesías que son desechadas por el autor al considerarlas una caída en el gusto patético entonces de moda. La enfermedad de los ojos, que le impide leer, le lleva a reflexionar obsesivamente. El descubrimiento de la «sólida nada» (*Zib*. 85, p. 23) que impregna cada cosa, oxímoron con el que Leopardi formula en *Zibaldone* su concepción existencial, marca su llamada «conversión filosófica», a partir de la cual la belleza ya siempre irá acompañada de la conciencia de la nada, que provoca el conocimiento de los límites de las cosas, es decir, el punto de vista de la razón (*Zib*. 143-144, p. 159). La depresión le hace cada vez más insoportable su entorno. Medita la fuga de Recanati con la ayuda de un amigo de la familia, pero Monaldo descubre y aborta el plan. Las relaciones con su padre se recrudecen, viéndose impedida la realización de una carrera como librepensador. Se dan así las condiciones anímicas, intelectuales y poéticas que propician el nacimiento del idilio[1] leopardiano, composición en la que el *locus amoenus* objetivo típico del idilio antiguo (recordemos que Leopardi traduce idilios antiguos de Mosco y Teócrito) es subvertido por la presencia incumbente del sujeto lírico sentimental. Escribe así «L'infinito» (p. 72) y «Alla luna» (p. 73), así como «Ricordi d'infanzia e di adolescenza» (impregnado de esa atmósfera del idilio leopardiano), «Lo spavento notturno» (inspirado en un sueño de Leopardi en el que la luna cae). De esta época son también los primeros proyectos de prosas satíricas.

1820   Jorge IV asciende al trono de Inglaterra. Edward Bransfield desembarca en la Antártida. Maine se convierte en el 23er estado de Estados Unidos. El poeta romántico británi-

---

1. Idilio: del latín *idyllium*, del griego εἰδύλλιον, diminutivo de εἶδος «imagen». En la literatura griega, breve composición poética en la que se describe un «cuadro» o «boceto» normalmente de tipo bucólico o campestre. Son ejemplares los de Teócrito y de Mosco. En la modernidad el idilio realiza una idealización de la vida cercana a la naturaleza, lejos del mundanal ruido de la civilización, con su carácter de paz y vida contemplativa. Leopardi es otra vez un renovador profundo del género al recrear en sus idilios un cuadro de vida natural, pero para mostrar después el límite racional de esa belleza desde la conciencia de la nada, subvirtiendo y dotando de un universo sentimental la objetiva descripción del *locus amoenus*. Así, en un primer momento se publican con el título de *Idilios* (1825-1826) seis poesías de carácter y tono contemplativo, que después, en la edición de los *Cantos* (1835), asumen títulos definitivos (por ejemplo, «L'Infinito», «La sera del dì di festa», «Alla luna»*).* A estos se suman más tarde los que el crítico Francesco de Sanctis definirá como «grandes idilios», a saber, los hoy llamados «cantos pisano-recanatenses», como «A Silvia», «Il passero solitario», «Le ricordanze» y otros.

co John Keats publica «Oda a una urna griega». Nacen Víctor Manuel II, futuro primer rey del Reino de Italia, y el filósofo y revolucionario alemán Friedrich Engels.

Primeros apuntes e intentos de diálogos que en el futuro configurarán las *Operette morali*, cumbre (junto con *Los novios* de Alessandro Manzoni) de la prosa italiana del siglo XIX *(Novella. Senofonte e Niccolò Machiavello; Dialogo... Filosofo greco, Murco senatore romano, Popolo romano, Congiurati; Dialogo fra due bestie, p. e. un cavallo e un toro; y Dialogo di un cavallo e un bue)*, en las que Leopardi comienza a plantear sus ideas antiantropocéntricas derivadas del pensamiento de Jenófanes de Colofón. Es posible que pertenezca a este periodo también el impactante *Frammento del suicidio* (p. 271). Formula su «teoría del placer» en algunas fundamentales páginas de *Zibaldone* (pp. 17 y sigs.). Para celebrar el descubrimiento del cardenal Angelo Mai del manuscrito de *De republica* de Cicerón, Leopardi escribe la canción «Ad Angelo Mai», en la que reinterpreta el pesimismo histórico (la crítica de la contemporaneidad como alejamiento de la naturaleza en sentido positivo) en una clave más amplia, en la que está destinado a prevalecer el conocimiento como descubrimiento de la nada, ya que «descubriendo, solo la nada se acrecienta» y la imaginación («caro imaginar») es truncada e impedida por la realidad («vero»). También es probablemente de este año el melancólico idilio «La sera del dì di festa».

1821   Comienza la guerra de independencia de Grecia del Imperio otomano. Muere Napoleón I Bonaparte. Se firma el Acta de Independencia del Imperio Mexicano. Costa Rica y Panamá proclaman su independencia. Hegel publica *Fundamentos de filosofía del Derecho*. Nacen: el poeta francés Charles Baudelaire; el novelista ruso Fiódor Dostoievski;

el escritor francés Gustave Flaubert. Muere el poeta John Keats.

Fracasa su intento de obtener un puesto en la Biblioteca Vaticana de Roma. Proyecta algunos *Inni Cristiani*, de los que se conservan los manuscritos inacabados, donde se puede apreciar su gradual alejamiento de la fe cristiana. Escribe el idilio «La vita solitaria», así como las canciones «Nelle nozze della sorella Paolina», «A un vincitore nel pallone» y «Bruto minore», canción esta última en la que la exaltación del heroísmo no impide al protagonista (*alter ego* de Leopardi) declarar la vanidad de la virtud, marcando así un punto de inflexión en el paso del mundo de los antiguos al de los modernos. Escribe *Dialogo. Galantuomo e mondo*. Comienza el poema satírico, que terminará en 1837, «Paralipomeni della Batriacomiomachia», continuación inspirada en la obra pseudohomérica, en la que, sirviéndose de ratones y cangrejos, representa satíricamente los acontecimientos revolucionarios de los años 1820-1821, en los que la rebelión de los italianos contra los austriacos se hacía necesaria para dar los pasos oportunos hacia la unificación de Italia.

1822   En la *Gaceta de Madrid* se publica la nueva división territorial de España. Fernando VII pide ayuda a la Santa Alianza (Austria, Rusia y Prusia) para derrocar a los liberales y devolverle su plena soberanía. Ecuador se independiza de España. Brasil se independiza de Portugal. El Congreso de Verona decide la reinstauración del absolutismo en España. En Viena hace su debut el pianista Franz Liszt. Franz Schubert compone su *Sinfonía en si menor, n.º 8 (inconclusa)*. Los *Diálogos* de Galileo Galilei son sacados de la lista de libros prohibidos de la Iglesia católica. Nace el químico francés Louis Pasteur.

Escribe las canciones: «Alla primavera o delle favole antiche» (p. 135), «Inno ai patriarchi» y «Ultimo canto di Saffo», en la que la poetisa griega (otro *alter ego* del poeta) expresa su dolor ante una naturaleza bella y terrible que la excluye de su regazo. Compone la prosa *Comparazione delle sentenze di Bruto minore e di Teofastro vicini a morte*. Se divierte traduciendo un antiguo libro francés a una presunta lengua del siglo XIV, pretendiendo engañar a los puristas: *Martirio de' Santi padri del Monte Sinai*. Consigue el permiso del padre para hacer su primer viaje fuera de Recanati. Parte para Roma, donde permanece seis meses, hospedado por su tío materno Carlo Antici.

1823 En España, el desbordamiento del río Guadalquivir provoca la inundación total de Sevilla al tiempo que comienza la llamada «Década Ominosa». En Roma se incendia la Basílica de San Pablo Extramuros. Simón Bolívar es nombrado presidente de Perú. Beethoven publica su *Sinfonía n.º 9 en re menor*.

La estancia en Roma es una gran desilusión. Las proporciones e idiosincrasia de la gran ciudad le desagradan: el ruido, el caos, el peligro... Le indigna el tipo de cultura, solo atenta a la historia y al anticuariado, o al gusto por la Arcadia. Descubre en la Biblioteca Barberiniana un manuscrito griego de Libanio, del que sin embargo se adueña Angelo Mai, lo que provoca en Leopardi una decepción que marca un amargo punto de inflexión en sus relaciones. Sin embargo, llora de emoción ante la tumba de su amado Torcuato Tasso. Entra en contacto con importantes personajes que le profesan gran admiración, como el historiador y filólogo alemán Barthold Georg Niebuhr o el escritor y diplomático Christian Karl Josias von Bunsen. Le produce una gran impresión la prostitución, por demás, en la capital del cristianismo. Ese amargo encuentro con la sexualidad le hará escribir a su regreso a Recanati su más bella poesía amorosa, «Alla sua donna» (p. 208), donde, entre stilnovismo e ironía, canta a la mujer que no se halla en la tierra, a la vez que traduce el misógino texto: *Satira di Simonide sopra le donne.*

1824   Fundación del Estado Libre y Soberano de México. El Congreso Federal de Centroamérica declara la abolición de la esclavitud. En Estados Unidos se funda el Partido Demócrata. Ludwig van Beethoven estrena en Viena su *Novena Sinfonía.* Nace el director de orquesta y compositor checo Bedřich Smetana. Muere el poeta romántico británico Lord Byron.

Aunque ello no le lleve a resignarse a su suerte, su primer regreso a Recanati ha trastocado la idea obsesiva de poder ser feliz solo huyendo de la ciudad natal. Lee a los atomistas y a los ilustrados mecanicistas como Paul Henri d'Holbach, que reequilibran su primigenia visión de la naturaleza. Las diferentes reflexiones sobre las relaciones del hombre con la naturaleza se suceden en *Zibaldone,* verdadera oficina en la que Leopardi origina múltiples desarrollos filosóficos y poéticos que luego pule en sus obras. El escritor y editor Giovanni Pietro Vieusseux, que en Florencia dirige la revista *Antología,* le invita a participar como corresponsal de cultura del Estado Pontificio. Leopardi escribe para él el *Discorso sopra lo stato presente dei costumi degli italiani,* en el que, además de denunciar la decadencia de Italia, denosta la cultura moderna de las revistas. Sin embargo, deja inacabado el *Discurso* (que se publicará solo en 1906) y rechaza la propuesta de Vieusseux para escribir diecinueve de los veinticuatro *Opúsculos morales.* En agosto se publica en Bolonia una primera compilación de poesías con el título *Canzoni* y con sus *Annotazioni*. A finales de año empieza a traducir a los estoicos: los opúsculos de Isócrates y el manual de Epicteto.

1825 Muere en Nápoles Fernando I de Borbón, rey de las Dos Sicilias. Le sucede su hijo, Francisco I. En Inglaterra se inaugura la primera línea ferroviaria de pasajeros, entre Stockton y Darlington. El inventor francés Joseph Nicéphore Niépce toma una heliografía considerada la primera fotografía de la historia. El poeta, novelista y dramaturgo ruso Aleksandr Pushkin publica *Borís Godunov*. Nace el compositor y músico vienés Johann Strauss (hijo). En Rusia, muere el zar Alejandro I.

El editor Stella le propone hacer la edición de todas las obras de Cicerón, para lo cual Leopardi parte para Milán. En el viaje hace una parada en Bolonia para ver a su amigo Giordani y conoce a Bringhetti, director de la revista *Il caffè di Petronio*, donde publica la poesía «Il sogno». En Milán conoce al poeta Vincenzo Monti y al abad Antonio Cesari, principal exponente del purismo, movimiento literario que aboga por retrotraer la lengua literaria a las formas del siglo XIV. En otoño escribe el *Frammento apocrifo di Stratone da Lampsaco* (p. 224), pensado como opúsculo moral, excluido de la primera edición pero añadida posteriormente. Regresa a Bolonia, donde vive de la asignación del editor Stella y de clases privadas. El diplomático Bunsen le ofrece una cátedra en la universidad romana La Sapienza, que finalmente no se concreta. Escribe el opúsculo *Dialogo di Cristoforo Colombo e di Pedro Gutierrez*.

1826 En Nápoles se estrena la ópera *Bianca e Fernando,* de Vincenzo Bellini. En Valencia, la Inquisición española ejecuta por ahorcamiento lento a un maestro de escuela con ideas deístas. Es la última víctima de la Inquisición en España. El físico y matemático francés André-Marie Ampère publica *Teoría de los fenómenos electrodinámicos*. El escritor estadounidense James Fenimore Cooper publica *El último mohicano*.

Traba amistad con el conde Carlo Pepoli, para quien escribe *Epistola al Conte Carlo Pepoli,* canción filosófica leída ante el público en la Academia de los Felsinei, en la que revela su interés por la especulación filosófica del «arcano universo», ya que, aunque triste, «el estudio de lo real tiene sus deleites» («ha i suoi diletti il vero»). Publica con Stella las *Rimas* de Petrarca con sus comentarios. También se hace amigo del médico Giacomo Tommassini y frecuenta su casa. Se enamora de Teresa Carniani Malvezzi, que escribe poesía y por la que inicialmente se cree correspondido. Publica *Versi* y a finales del año regresa a Recanati por acabarse la asignación del editor Stella. Bunsen le consigue una cátedra de literatura italiana en Berlín o Bonn, pero a Leopardi le da miedo que el clima nórdico acabe con su ya precaria salud.

1827 En Milán se estrena la ópera *Il pirata* de Vincenzo Bellini. En Cataluña se lleva a cabo una sublevación carlista. El escritor Alessandro Manzoni termina la segunda edición de *Los novios*. El inglés John Walker inventa los fósforos. El novelista francés Victor Hugo escribe *Cromwell*. Mueren: el músico alemán Ludwig van Beethoven y el físico italiano Alessandro Volta.

Por encargo de Stella, trabaja en *Crestomazia della prosa* y en *Crestomazia della poesia*, antologías de lo mejor de la literatura italiana según su criterio, la primera de las cuales se publica ese mismo año. Desesperado de Recanati, vuelve a Bolonia, donde se produce un encuentro que va a ser esencial para su vida: el de Antonio Ranieri, un exiliado napolitano de ideas progresistas. Simultáneamente a *Los novios* de Manzoni, publica en Milán la primera edición de *Operette morali*. En junio viaja a Florencia, donde conoce en persona a Vieusseux y a otros exponentes del grupo, como Gino Capponi, Pietro Colletta y Alessandro Poerio. Conoce también al poeta Niccolò Tommasseo, que le será siempre hostil, criticando su filosofía pesimista aunque admirando su pluma. Gracias a Vieusseux, conoce a Manzoni, el cual, sin embargo, no reconoce al otro genio con el que comparte el primer puesto en las letras italianas del siglo XIX. También conoce a Stendhal. Escribe otros dos opúsculos morales, que se incluirán en la edición de 1845 preparada por Ranieri: *Dialogo di Plotino e di Porfirio* (sobre el tema del suicidio) y *Copernico*. Redacta el *Indice del mio Zibaldone*. Antes de acabar el año se traslada a Pisa, ciudad de mediana dimensión y clima saludable en la que pasa uno de los periodos más plácidos de su vida.

1828   Uruguay se declara estado independiente. El demócrata Andrew Jackson logra la presidencia de Estados Unidos. Nacen: el novelista francés Jules Verne; el político español Antonio Cánovas del Castillo; el dramaturgo noruego Henrik Ibsen; el novelista ruso Lev Tolstói. Mueren: el pintor español Francisco de Goya y el compositor austriaco Franz Schubert.

En Pisa renace su inspiración poética y escribe «Il risorgimento», «A Silvia» (recordando a Teresa Fattorini, *alter ego* del poeta e imagen de la esperanza perdida) y el epigrama *Scherzo*. Se publica en Milán *Crestomazia della poesia*. Le llega la noticia de la triste muerte de su hermano menor, Francesco, de veinticuatro años. Regresa a Florencia, donde conoce a Vincenzo Gioberti, jesuita y escritor, defensor de una idea de Italia como federación de estados bajo el gobierno del papa. Con él hará el viaje de regreso a Recanati, pues ya no tiene la posibilidad de mantenerse por sí mismo.

1829   México decreta la expulsión de los españoles residentes. Un terremoto causa 389 muertos y destruye tres mil casas en Torrevieja (España). El Protocolo de Londres reconoce la independencia de Grecia. En Roma, el cardenal Castiglioni es elegido papa con el nombre de Pío VIII. En Texas se restablece la esclavitud. El novelista francés Honoré de Balzac publica *La comedia humana*. El compositor alemán Felix Mendelssohn dirige la *Pasión según san Mateo* de Johann Sebastian Bach por primera vez desde su muerte. En Parma se estrena la ópera *Zaira*, de Bellini, y en París, *Guillermo Tell* de Rossini.

Permanece en el palacio paterno durante un año y medio, periodo en el que se debate entre la desesperación y la resignación; en medio de una gran depresión, trata de pedir ayuda a los amigos para lograr su autonomía. Tommassini le consigue una plaza de profesor de minerología en la Universidad de Parma, que no acepta por demasiado alejada de sus competencias. Bunsen, en ese momento ministro prusiano, vuelve a ofrecerle un puesto en Bonn o Berlín, pero la idea del frío le frena de nuevo. Gino Capponi hace que las *Operette morali* concursen en un premio, dotado con mil escudos, instituido por la Accademia della Crusca, pero el premio es adjudicado a Carlo Botta por su *Storia d'Italia*. El general Colletta le ofrece —en nombre de «los amigos de Toscana», o, si lo prefiere, como préstamo a devolver— una asignación que le permitiría vivir fuera de Recanati, pero Leopardi rechaza la oferta. Pese a su desesperación, de cuando en cuando los recuerdos de niñez y de primera juventud alimentan su ensoñación, dando lugar al resto de sus grandes idilios: «Le ricordanze», «La quiete dopo la tempesta», «Il sabato del villaggio», en los que la conciencia de la vanidad de las cosas y de la inconsistencia del placer conviven con la exaltación de la belleza. En octubre inicia el «Canto notturno di un pastore errante dell'Asia» (p. 230), en el que la poesía y la filosofía encuentran, en las preguntas del pastor, una de sus más altas confluencias.

1830 En Varsovia, el compositor Fryderyk Chopin estrena el *Concierto n.º 2 en fa menor*. El presidente estadounidense Andrew Jackson firma el Acta de Remoción de los Indios, que autoriza la movilización forzosa de los indios nativos al oeste del río Misisipi. Guillermo IV asciende al trono del Reino Unido. Carlos X de Francia suprime la libertad de prensa. Francia e Inglaterra reconocen la independencia de Bélgica. En París, Victor Hugo estrena *Hernani*. Stendhal publica *Rojo y negro*. Nacen: el célebre bandolero italiano Carmine Crocco; el pintor impresionista francés Camille Pissaro; la poetisa estadounidense Emily Dickinson; la futura reina de España Isabel II. Mueren: el militar y político Simón Bolívar; el papa Pío VIII.

No encontrando otro modo de huir de Recanati, Leopardi opta por aceptar la ayuda de «los amigos de Toscana», que le permite viajar primero a Bolonia y, después, a Florencia. Aquí conoce a Fanny Targioni Torzetti, de quien se enamora profundamente. Se trata de una mujer liberal a la que Leopardi, en honor a la maestra de retórica griega, apoda Aspasia. Un nuevo encuentro con Ranieri marca el inicio de una sociedad destinada a durar el resto de su vida. Ranieri hace de intermediario entre Leopardi y su amada, la cual no le corresponde y muestra en cambio, interés por el joven y bien parecido Ranieri, lo que da lugar a un triángulo amoroso muy triste para el poeta. Conoce al filólogo Luigi de Sinner, otro gran admirador suyo. Probablemente escribe entonces «Il passero solitario», canto comenzado años atrás, y vuelve a la escritura de los *Paralipómenos*. Cuando se producen los movimientos revolucionarios de 1830 –que partiendo de Módena se extienden por Emilia Romaña y Marcas–, se crea en Bolonia un gobierno provisional, y Leopardi, que se ha ganado cierta fama de liberal gracias a los *Opúsculos morales*, es nombrado diputado de la asamblea nacional del Consejo Público de Recanati.

1831   Las tropas francesas ocupan Orán y se extienden por toda Argelia. En Roma, el cardenal Cappellari es elegido papa con el nombre de Gregorio XVI. En España se decreta la ley de creación de la Bolsa de Madrid. En Milán se estrena *Norma*, de Bellini. Chopin escribe el *Estudio en do menor, opus 10 n.º 12, «Revolucionario»*. Nacen: el general y político español Fernando Primo de Rivera. Muere el filósofo alemán Georg W. F. Hegel.

Se publica en Florencia la primera edición de los *Cantos*[2], con la que Leopardi espera devolver el préstamo de Colletta. Junto a Ranieri, viaja a Roma, donde espera pasar

---

2. *Cantos* incluye las canciones ya publicadas en Bolonia en 1824, así como los idilios ya publicados con el nombre de *Versos* en 1826 y los llamados «grandes idilios», que constituyen en realidad la más alta innovación formal en el recorrido estilístico de Leopardi. La palabra «canto» –del todo original en la tradición italiana, ya usada en los títulos «Ultimo canto di Saffo» y «Canto notturno di un pastore errante dell'Asia»– abarca distintas composiciones temáticas y métricas, y designa todo texto poético que emane del sentimiento lírico, siendo este, para Leopardi, el género primordial.

mejor el invierno y encontrar trabajo. Su amigo De Sinner no consigue que se publiquen algunos manuscritos que Leopardi le ha entregado. En este periodo de miseria, proyecta el *Spettatore fiorentino,* una revista que debería ocuparse, provocadoramente, de lo inútil, pero esta, debido a las sospechas de las autoridades, no llega a realizarse.

1832   En París se desata una epidemia de cólera que ocasiona un gran número de víctimas. Un terremoto destruye el noreste de la región italiana de Calabria. En Milán, se estrena la ópera *L'elisir d'amore,* de Gaetano Donizetti. Johann Wolfgang von Goethe publica la segunda parte de *Fausto.* El físico alemán Carl Friedrich Gauss descubre la fuerza del magnetismo terrestre. Nacen: el pintor y escultor francés Gustave Doré y el impresionista Édouard Manet; el novelista británico Lewis Carroll; el ingeniero, dramaturgo y político español José Echegaray. Muere Johann Wolfgang von Goethe.

De regreso a Florencia, en la revista *Antologia* aparece desmentida la autoría de Leopardi de una obra reaccionaria titulada *Dialoghetti sulle materia correnti nell'anno 1831,* cuyo autor es, en realidad, su padre, Monaldo. Compone sus dos últimos diálogos: *Dialogo di un venditore di almanacchi e di un passeggere* y *Dialogo di Tristano e di un amico* (p. 286). Suplica a su padre que le conceda una asignación mensual de doce escudos para poder quedarse en Florencia. En diciembre deja de escribir su *Zibaldone* y comienza a elegir los ciento once textos que habrán de conformar su obra *Pensamientos* (publicados póstumos en 1845). Escribe la *Palinodia al marquese Gino Capponi,* una falsa retractación de su pensamiento, llena de ironía.

1833   El inventor estadounidense Samuel Morse presenta al público el telégrafo eléctrico. Fundación de la ciudad de Chicago. El Reino Unido abole «oficialmente» la esclavitud. Fallece el rey de España Fernando VII. El general Santos Ladrón de Cegama proclama como rey de España a Carlos María Isidro de Borbón, dando así comienzo a la Primera Guerra Carlista. Balzac publica *El médico rural* y *Eugenia Grandet*, y Victor Hugo, *Lucrecia Borgia*. Nacen: el compositor alemán Johannes Brahms y el químico sueco Alfred Nobel.

Solo, en Florencia, Leopardi le escribe a Ranieri cartas apasionadas, instándole a reunirse con él en una «ya inseparable conjunción». En septiembre, anuncia a su padre su intención de trasladarse a vivir a Nápoles, patria del amigo, donde de hecho los dos se establecen definitivamente. La hermana de Antonio, que se llama igual que su querida hermana, Paolina, le asiste amorosamente, y Giacomo parece mejorar gracias al clima templado. Empieza a escribir los poemas que, de aquí a 1835, compondrán el llamado «ciclo de Aspasia»: «Consalvo», el más romántico de todos; «El pensamiento dominante» (p. 260) —donde el pensamiento de amor, que en este momento siente por Fanny, eleva el espíritu en este siglo muerto, presa del utilitarismo, que hace todo vano—; «Amore e morte; A se stesso»; y «Aspasia», donde el amor, ya consciente de su vanidad, precipita en una lúcida amargura. Escribe también el impresionante esbozo de *Ad Arimane* —que no llega, sin embargo, a constituirse en obra terminada—, donde la ensoñación de la naturaleza con fuerza divina de signo maligno alcanza su más atrevida manifestación.

1834 En Italia, fracasa el intento de invasión de la Saboya por parte de los miembros de la organización republicana Giovine Italia, liderada por Giuseppe Mazzini, entre los que se encuentra también Giuseppe Garibaldi. Mazzini huye a

Suiza. Nacen: el escritor y poeta checo Jan Neruda y el pintor impresionista francés Edgar Degas.

En Florencia sale la segunda edición de *Operette morali*, que incluye nuevos diálogos y las notas del propio Leopardi. En la cultura napolitana están en boga las ideas católicas y liberales amalgamadas por un ardiente nacionalismo literario, así como un regreso al espiritualismo, que se ven reflejados en la revista *Il progresso*, con la que colabora el poeta Niccolò Tommaseo, que humilla al «jorobado de Recanati».

1835 El presidente Andrew Jackson sobrevive al primer atentado contra la vida de un presidente estadounidense. El archiduque de Austria Fernando I sube al trono del Imperio austriaco. El naturalista y explorador británico Charles Darwin llega a las Islas Galápagos a bordo del barco *HMS Beagle*. Nacen: el poeta italiano Giosuè Carducci; el médico y criminólogo italiano Cesare Lombroso; el escritor estadounidense Mark Twain. Muere el compositor italiano Vincenzo Bellini.

Aparece la edición napolitana de los *Cantos*, que añade las siguientes composiciones: el «ciclo de Aspasia», «Il passero solitario», «Sopra un bassorilievo antico sepolcrale» y «Sopra il ritratto di una bella donna», y la «Palinodia al marchese Gino Capponi». Firma un contrato con el editor Saverio Starita para publicar siete volúmenes de sus obras, el primero de los cuales —que incluye una versión aumentada de los *Cantos*— sale en septiembre. El joven crítico Francesco de Santis tiene ocasión de conocer al poeta, sobre cuya obra posteriormente escribirá. Se traslada al barrio de Stella junto con Ranieri, que recuerda que el poeta paseaba a menudo por diferentes lugares de la ciudad —parando casi siempre en el café Vito Pinto, donde consumía sus célebres sorbetes, o en el puesto de la lotería, donde, debido a sus jorobas, la gente supersticiosa le pedía números, que el poeta les daba—, así como por Pompeya y Herculano.

1836   Arkansas se convierte en el 25.º estado de Estados Unidos. En España, estalla el motín de la Granja de San Ildefonso, un golpe de Estado liberal que obliga a la reina regente María Cristina de Borbón a restablecer la Constitución liberal de 1812. Tras cinco años de viaje, Darwin regresa a Inglaterra con datos biológicos que utilizará para su teoría de la evolución. El escritor inglés Charles Dickens comienza a publicar mensualmente su primer éxito, *Las aventuras de Mr. Pickwick*. Se fundan la Universidad de Londres y la Complutense de Madrid. El inventor estadounidense Samuel Colt recibe la patente para su revólver, que permite disparar varias veces sin tener que recargar. Nacen: el escritor español Gustavo Adolfo Bécquer y Francisco II, futuro rey de las Dos Sicilias.

El gobierno borbónico de Nápoles retira los *Opúsculos morales*. Los intelectuales de *Il progresso* tildan su filosofía de «moral enferma». En respuesta a todo ello, Leopardi escribe la polémica poesía «I nuovi credenti», al tiempo que ultima sus «Paralipomeni della Batracomiomachia» (que serán publicados póstumamente por Ranieri en París en 1842). Por consejo de los médicos, en abril se trasladan a una casa de campo cercana a Torre del Greco, a los pies del Vesubio. Allí Leopardi compone «La ginestra o il fiore del deserto» (p. 298), su testamento poético, y el «Tramonto della luna», que, gracias a Ranieri, se publicarán póstumas en la edición florentina de 1845. Se difunden las primeras noticias de una epidemia de cólera, lo que le obliga a seguir en el campo incluso en el invierno.

1837   En España se promulga la Constitución de 1837. Míchigan
        y Texas pasan a formar parte de Estados Unidos. Tras la
        muerte de Guillermo IV, sube al trono del Reino Unido
        la reina Victoria, que traslada su residencia del Palacio de
        Kensington al de Buckingham. En el norte de India una
        hambruna causa ochocientos mil muertos. Nace la escrito-
        ra y poetisa española Rosalía de Castro. Mueren: el poeta,
        dramaturgo y novelista ruso Aleksandr Pushkin, fundador
        de la literatura rusa moderna, y el escritor y dramaturgo
        alemán Karl Georg Büchner.

El 16 de febrero, Leopardi regresa enfermo a Nápoles. A
mediados de mayo, el médico le diagnostica un edema pul-
monar. Su comunicación con el padre se ha vuelto muy di-
fícil ya que este no tolera su modo de vida y no está dis-
puesto a ayudarle económicamente. Aun así, Giacomo le
envía una última petición de ayuda. El 14 de junio, tras un
festín de dulces empieza a sentirse muy mal y, aunque asis-
tido por Paolina, Ranieri y el médico, Leopardi muere. De-
bido a la epidemia de cólera, la ciudad ha dispuesto que to-
dos los fallecidos sean sepultados en fosas comunes, pero
Ranieri logra evitar que eso le pase a Leopardi y consigue
que sus restos sean sepultados en la iglesia de San Vitale
Fuorigrotta. Su lápida, escrita por Giordani, reza: «Filólogo
admirado fuera de Italia / escritor de filosofía y de poesía al-
tísimo / solo comparable con los griegos / que con 39 años
dejó la vida / misérrima por constantes enfermedades / hizo
Antonio Ranieri / unido durante siete años hasta su hora ex-
trema / al amigo adorado». En 1838, sus restos son llevados
al Parque Virgiliano de Piedigrotta y enterrados cerca de la
tumba de Virgilio.

Bibliografía

Ediciones de obras de Giacomo Leopardi empleadas en este volumen

Canti (introduzione e commento di M. Fubini), Turín, Loescher Editore, 1978.

Operette morali (studio introduttivo e commento di Mario Fubini), Turín, Loescher Editore, 1979.

Operette morali (a cura di Paolo Ruffilli), Milán, Garzanti, 1984 (1982).

Zibaldone di pensieri (a cura di Giuseppe Pacella), Milán, Garzanti, 1991.

Poesie e prose, vols. 1 e 2 (a cura di Mario Andrea Rigoni), Milán, Arnoldo Mondadori Editore, 1998 (1987).

Zibaldone, vols. 1, 2 e 3 (a cura di R. Damiani), Milán, Arnoldo Mondadori Editore, 1999 (1997).

Operette morali (a cura di Laura Melosi), Milán, BUR, 2010 (2008).

Obras de Giacomo Leopardi traducidas al español

ARGULLOL, Rafael, *Zibaldone de pensamientos*, Barcelona, Tusquets, 1990.

BUSQUETS, Loreto, *Cantos*, Barcelona, Bosch, 1980.

CACCIAPUOTI, Fabiana (ed.), Giacomo Leopardi. *Las pasiones* (epílogo y traducción de Antonio Colinas), Madrid, Siruela, 2013.

COLINAS, Antonio (traducción y prólogo), *Cantos. Pensamientos*, Barcelona, Random House Mondadori, 2008.

MARTÍNEZ DE MERLO, Luis, *Cantos escogidos*, Madrid, Hiperión, 1998.

MUÑIZ MUÑIZ, María de las Nieves, *Cantos* (edición bilingüe), Madrid, Cátedra, 1998.

NAVARRO, Diego, *Cantos*, Barcelona, Planeta, 1983.

PATAT, Alejandro (traducción, introducción y notas), *Opúsculos morales*, Buenos Aires, Colihue, 2015.

SÁNCHEZ ROSILLO, Eloy, *Antología poética* (selección de 19 cantos más el esbozo «Il canto della fanciulla»), Madrid, Buenos Aires, Valencia, Pre-Textos, 1998.

Biografías de Giacomo Leopardi y otras obras

BURGOS, Carmen de (Colombine), *Giacomo Leopardi, su vida y sus obras*, Valencia, F. Sempere y Compañía, 1911(?)

CITATI, Pietro, *Leopardi*, Milán, Arnoldo Mondadori Editore, 2011 (2010).

COLINAS, Antonio, *Hacia el infinito naufragio*, Barcelona, Tusquets, 1988.

GUARRACINO, Vincenzo, *Guida alla lettura di Leopardi*, Milán, Arnoldo Mondadori Editore, 2003 (1999).

—, *Giacomo Leopardi – Antonio Ranieri. Addio, anima mia. Carteggio*, Turín, Aragno, 2016.

MARTONE, Mario, y DI MAJO, Ippolita, *Il giovane favoloso. La vita di Giacomo Leopardi*, Milán, Mondadori, 2014.

MINORE, Renato, *Leopardi. L'infanzia, le città, gli amori*, Milán, Bompiani, 2001 (1987).

PICCHI, Mario, *Storie di Casa Leopardi*, Milán, BUR, 1990.